easy**vegetarian**

Designer Luis Peral-Aranda
Editor Sharon Ashman
Art Director Gabriella Le Grazie
Publishing Director Alison Starling

First published in Great Britain in 2003.

This paperback edition published in 2007
by Ryland Peters & Small
20–21 Jockey's Fields
London WC1R 4BW
www.rylandpeters.com

Text © Tessa Bramley, Ursula Ferrigno, Alastair Hendy, Louise Pickford, Fiona Smith, Fran Warde, Lesley Waters and Ryland Peters & Small 2003, 2007
Design and photographs
© Ryland Peters & Small 2003, 2007

注

スプーンの計量は、特にただし書きのない場合はすべてすりきりです。

オーブンは、指示のある温度まで予熱しておきます。ファン付きオーブンの場合は、メーカー指示に従って調理時間を短くしましょう。

生卵や半熟状の卵は幼児、老人、虚弱者、妊婦には与えないようにしましょう。

珍しい食材は、輸入食材を扱うスーパーマーケットなどで入手できます。

保存びんは食器用洗剤を溶かしたお湯につけて洗った後、煮沸消毒します。大きめのなべにびんを入れ、お湯を注ぎましょう。なべにふたをして火にかけ、沸騰したらそのまま15分間沸騰させ続けます。火を止め、使う直前までびんをなべに入れたままにしておきます。ふたの消毒には5分間煮沸消毒をするか、あるいはメーカーの説明書に従いましょう。びんが熱いうちに中身を入れて、ふたをします。

シンプルでおしゃれなレシピ

106ベジタリアン

テッサ・ブラムリー／アーシュラ・フェリグノ
シルバナ・フランコほか 著

加野 敬子 訳

目次

ベジタリアン料理はとっても簡単 6

ブランチ 8
シナモングラノーラ　フレッシュフルーツ添え／ブラックベリーバターミルクパンケーキ　アップルバター添え／ブルーベリーとアーモンドのマフィン／ベリーのはちみつヨーグルト／ハニーローストピーチ　リコッタチーズとコーヒー豆シュガー添え／フレンチトースト　フライドトマトのせ／ハーブオムレツ

アペタイザーとスナック 24
ジンジャーアスパラガス　カシューナッツ入り／ポートベロマッシュルームのバジルペースト詰め　枝付きトマト添え／ほうれんそうとリコッタチーズのフィロ　ローストトマト添え／生春巻き　しょうゆディップ添え／ベイクドフェンネル　エシャロットとスパイシードレッシング添え／スタッフドピーマン／モッツァレラチーズ　フェンネルと新じゃが添え／トマトのモッツァレラチーズ焼き／ガーリックブレッド／ターキッシュブレッドトースト／バタートースト　マッシュルームのせ／ズッキーニとチェダーチーズのトースト／ブルスケッタ　紫たまねぎマーマレードとゴートチーズのせ／フムスとサラダのフラットブレッド巻き／根菜チップス　コリアンダーマヨネーズ添え／マッシュルームバーガー　エシャロットとジャムとガーリックマヨネーズ添え／バーベキューアーティチョーク　チリライムマヨネーズ添え

スープ 60
パスタと豆のスープ／バターナッツかぼちゃとカシューナッツのスープ／豆とハーブのスープ／根菜スープ　タラゴンソースかけ／ワイルドマッシュルームスープ　サワークリームとチャイブ添え／赤ピーマンと豆のスープ／クレソンスープ

チーズと卵 76
フォンドゥータ／赤ピーマンのチーズフォンデュ／バシュランフォンデュ　キャラメライズドエシャロット添え／クリーミーエッグ　ゴートチーズ添え／ルッコラエッグ　サルサベルデ添え／きのこのフリタータ

サラダとサイドディッシュ 90
アスパラガスとローストピーマンのサラダ／きのこのサラダ　ビーツとしょうがあえ／新じゃがのサラダ　ガスパチョドレッシング／パスタ、バターナッツかぼちゃとフェタチーズのサラダ　オリーブドレッシングあえ／ビーツ、ゴートチーズと松の実のサラダ　メルバトースト添え／なすのステーキ　フェタチーズサラダ添え／パンツァネッラ／サラダリーフとハーブのサラダ／豆とクスクスのサラダ／トマトタプナードサラダ／いんげんとミントのサラダ／ハーブポテトロスティ／バター入りほうれんそうのマッシュキャロットあえ

ピザ、パイ、パン..118
ベジタブルポレンタピザ／チーズとグレモラータのカルツォーネ／フィオレンティーナ／たまねぎ、タイムとゴートチーズのパイ／アーティチョークとチーズのパイ／マッシュルームとじゃがいものパイ／フォカッチャ／ソーダブレッド

パスタと麺類..136
ブロッコリーと松の実のペーストパスタ／秋のゴートチーズラザニア／3種のチーズのベイクドペンネ／ローストパンプキンのパスタ　セージ、レモン、モッツァレラバターあえ／ケッパーとオリーブのシンプルスパゲティ／ひらたけとしいたけ、豆腐のそば／ベジタブル焼きそば／マッシュルーム入り中華麺／ヌードルマウンテン／ベジタブルクスクス

ライス..158
ズッキーニとリコッタチーズのリゾット／ライスコロッケ／マッシュルームリゾット／ベイクドライス／パンプキンリゾット／トマトリゾット／アーティチョークリゾット

豆類...174
トマト入りビーンズサラダ／アボカドとヒヨコ豆のサラダ／白と緑のビーンズサラダ／ヒヨコ豆、トマトと赤ピーマンのサラダ／レンズ豆の地中海風ホットサラダ／レンズ豆とほうれんそうのカレー風味

ワンディッシュミール...188
かぼちゃと紫たまねぎのトマトソース／パーニップとバターナッツかぼちゃのカレー風味／モッツァレラチーズ入りベジタブルグラタン　オレガノ添え／ヒヨコ豆と野菜のカレー／セージとりんご入りポテトグラタン／はちみつ入りテリヤキベジタブル／根菜の蒸し煮　ヒヨコ豆とタイム添え／ベジタブルグーラッシュ　レモンとクミンの粗挽き小麦添え

デザート...206
はちみつとアーモンドのパンナコッタ　すいかとローズウォーターのサラダ添え／ルバーブクランブル　しょうがとバニラ添え／ネクタリンタルト／ティラミス／ホットチョコレート・コーヒープディング／ラズベリーとパッションフルーツのパブロバ／ライスプディング　キャラメライズドパイナップルとバナナ添え／ライムポレンタケーキ

基本のレシピ..224
基本のピザ生地／基本のトマトソース／ホットトマトソース／バジル入りトマトソース／クリスピークラム／基本のバジルペースト／野菜ストック／ディジョンドレッシング／フレッシュ赤ピーマンジャム

索引...236

ベジタリアン料理はとっても簡単

ベジタリアンフード人気は今までにないほど高まり、その人気はまったく肉を使わない食事をする人たちの間だけにとどまりません。口にする肉類の量を減らす人が増えて、肉の代わりによりヘルシーな野菜料理に目が向けられるようになってきました。けれどベジタリアンフードは、ヘルシーだからという理由だけで人気が出てきているわけではありません。現在のベジタリアンクッキングはおいしく独創的で、野菜料理は味気なくつまらないという10年ほど前までの評判を覆すものとなっているのです。

熟練したベジタリアン料理人でもなければ、まったく肉を使わず料理をするというのは難しく感じることかもしれません。豆類は何時間も水に浸して長時間煮る必要があるし、野菜は延々皮をむいたり刻んだりしなくてはならないのではないか。そんな誤解から、ベジタリアンフードは時間がかかって準備が大変だと思われがちです。けれど本書で、その誤解は解けることでしょう。暖かでほっこりする食事から新鮮で元気になりそうなサラダ、手軽なスナック、ディナーパーティーに使えるゴージャスな料理まで、簡単なレシピがたくさん詰まっています。

本書は熱心なベジタリアン、ベジタリアンの友人に料理するためのアイデアが必要な人、そして単にもっとヘルシーな料理を望む人にとってもぴったりな本のはずです。

ブランチ

牛乳　400cc
シナモン　小さじ½
はちみつ　大さじ2

グラノーラ
ロールドオーツ　200g
オートミール　50g
オートブラン　50g
ナッツ
（ヘーゼルナッツ、
アーモンド、マカダミア、
カシューナッツなど。刻む）
150g
サンフラワーシード　大さじ2
パンプキンシード　大さじ2
白ごま　大さじ2
レーズン　50g
ドライフルーツ
（アプリコット、フィグ、
デーツ、バナナ、マンゴなど。刻む）
100g

仕上げ
フルーツ各種　200g
牛乳

4人分

グラノーラを一晩シナモン風味の牛乳に浸したポリッジは、しっとりとしていてフルーティ、甘くてとてもおいしいのです。食べる直前に、ベリー類など好きなフルーツを加えましょう。グラノーラが残ったら、密閉容器で保存します。

シナモングラノーラ
フレッシュフルーツ添え

グラノーラを作る。フライパンにロールドオーツを入れて中火にかけ、かき混ぜながらこんがりキツネ色になるまで炒る。オートミール、オートブラン、ナッツ、サンフラワーシード、パンプキンシード、白ごまもそれぞれ同様にこんがりと炒る。冷めたら全部ボウルに入れ、レーズンとドライフルーツを加えてよく混ぜる。

なべに牛乳、シナモン、はちみつを入れ、火にかける。沸騰直前になったら火からおろす。

グラノーラを4等分してそれぞれ盛り付け用のボウルに盛り、温めた牛乳を注ぎ、冷ます。

一晩冷蔵庫で冷やす。食べる前に室温に戻し、フルーツ、牛乳を加える。

ブラックベリーバターミルクパンケーキ
アップルバター添え

りんごとブラックベリーは素晴らしい組み合わせ。ここでは、ブラックベリー入りのパンケーキにバター入りアップルソースを添えました。ブラックベリーを、ラズベリーやブルーベリーに変えてもいいでしょう。

アップルバター
- りんご(紅玉など) 500g
- ブラウンシュガー 大さじ3
- シナモン ひとつまみ
- レモンの絞り汁 小さじ1
- バター 25g

パンケーキ
- セルフレージング粉(ベーキングパウダー、食塩などの入った小麦粉。入手できない場合はホットケーキミックスで代用) 125g
- 重曹 小さじ1
- コーンミール 25g
- 上白糖 40g
- 卵(溶き卵) 1個
- バターミルク(室温に戻す。入手できない場合は、低脂肪牛乳あるいはヨーグルトで代用) 350cc
- バター(溶かしバター) 15g
- ブラックベリー(小さいもの) 125g
- サラダ油 適量

仕上げ
- 生クリーム(乳脂肪分の低いものを選ぶ)
- ブラックベリー(飾り用)

6人分

アップルバターを作る。りんごの皮をむき芯を取ったら、細かく刻む。なべに刻んだりんご、ブラウンシュガー、シナモン、レモンの絞り汁と水大さじ1を入れる。火にかけ、沸騰したらふたをして弱火にし、りんごがやわらかくなるまで15-20分煮る。りんごがやわらかくなったらフォークでつぶし、バターを加えてふたをはずしたまま煮詰める。できあがれば、冷ます。

パンケーキを作る。粉と重曹をふるいながらボウルに入れ、コーンミール、上白糖を加えてよく混ぜる。別のボウルに卵、バターミルク、溶かしバターを入れ、泡立て器でよくかき混ぜる。これを粉の入ったボウルに加えて混ぜて、なめらかでしっかりした生地にまとめる。ブラックベリーを加える。

テフロン加工のフライパンを火にかけ、温まったらうすくサラダ油をひいて、生地を流し小さなパンケーキを作る。表面にぷつぷつと穴ができるまで、2分ほど焼く。裏返して、火が通るまでさらに1分焼く。焼き上がったパンケーキは低い温度にしたオーブンに入れて、残りのパンケーキを焼いている間に冷めないようにする。

パンケーキにアップルバターをスプーン一杯のせ、生クリームとブラックベリーを飾る。

ブルーベリーと
アーモンドのマフィン

薄力粉　200g

ベーキングパウダー　小さじ1½

スパイス(各種)　小さじ1

アーモンドプードル　50g

砂糖　175g

卵　1個

バターミルク
(入手できない場合は、
低脂肪牛乳あるいは
ヨーグルトで代用)　300cc

バター(溶かしバター)　50g

ブルーベリー　250g

アーモンド(刻む)　15g

マフィン型マフィンカップ

10個分

手軽で簡単に作れるマフィンはおしゃれな朝食、あるいはブランチにぴったりです。マフィンを温めて、コーヒーと一緒にどうぞ。

オーブンを200度に温めておく。薄力粉、ベーキングパウダー、スパイスを大きめのボウルにふるい入れ、アーモンドプードルと砂糖を加えてよく混ぜる。別のボウルに卵、バターミルク、溶かしバターを入れ、泡立て器でよくかき混ぜる。これを粉の入ったボウルに加えて混ぜ、なめらかな生地にまとめる。

ブルーベリーを加えて混ぜる。マフィン型にカップを敷き、生地を10等分して各カップにスプーンで流し入れる。刻んだアーモンドを飾り、予熱したオーブンでこんがりと膨らむまで18-20分焼く。マフィンをオーブンから取り出し、網の上で冷ます。温かいうちに、あるいは冷めたものは温めて出す。

夏に戸外で食べるブランチや朝食は、何ものにも代えがたいほど楽しいものです。このレシピは、シドニー郊外にある美しいビーチ、バルモラルのカフェで出会ったメニューにヒントを得たものです。バルモラルでは朝食を大切にしていて、数多くのカフェやビストロ、バーなどで仕事に向かう人々に手軽でヘルシーでステキな食事が用意されています。ブルーベリーの一部をラズベリーに変えて作ってもいいでしょう。

ベリーのはちみつヨーグルト

ブルーベリー 200g
レモンの皮 1切れ
レモンの絞り汁 少々
シナモン ひとつまみ
プレーンヨーグルト 600cc
はちみつ 大さじ6

4-6人分

飾り用にきれいなブルーベリーを少し残し、残りをなべに入れる。レモンの皮、レモンの絞り汁、シナモンと水大さじ1をなべに加える。ブルーベリーが少しやわらかくなるまで、弱火で3分加熱する。火からおろして冷ます。

各グラスにブルーベリーを入れ、上からヨーグルトとはちみつを入れる。残しておいたブルーベリーを上に飾る。

ハニーローストピーチ
リコッタチーズとコーヒー豆シュガー添え

コーヒー豆を角砂糖と一緒に挽くのはイタリア風、新鮮でジューシーな桃に加えればパリパリとした食感がおいしさをより引き立てます。魅力的なこのレシピ、夏の朝に楽しみましょう。

桃、あるいはネクタリン
（大きめのもの）
6個

はちみつ　大さじ2

コーヒー豆　大さじ1

角砂糖　大さじ1

リコッタチーズ　300g

6人分

オーブンを220度に温めておく。桃、あるいはネクタリンを半分に切り、種を取る。オーブン皿にクッキングシートを敷き、桃（ネクタリン）を切り口を上にして並べる。はちみつをかけ、予熱したオーブンで桃がやわらかくなってこんがりするまで15-20分焼く。少し冷ます。

コーヒー豆と角砂糖をコーヒーミルに入れ、豆と砂糖を一緒に粗く挽く。

桃（ネクタリン）を皿に盛り、リコッタチーズをスプーン一杯ほど添えて先ほど挽いたコーヒー豆シュガーを散らす。

フレンチトースト フライドトマトのせ

誰もが好きなフレンチトースト。フライドトマトを加えれば、ジューシーなブランチになります。トマトは焼くと風味が増し、熱を加えることでやわらかく口当たりがまろやかになります。このトマトをフレンチトーストにのせれば、本当においしい一皿のできあがりです。

卵　4個
牛乳　大さじ4
パン　4枚
バター　50g
トマト(半分に切る)　8個
塩
黒こしょう(挽いて使う)

4人分

大きめの浅い皿に卵と牛乳を入れ、塩とこしょうを加えてよくかき混ぜる。パンを入れて5分浸し、裏返してもう5分、卵液を全部パンが吸うまで浸す。

大きめのテフロン加工のフライパンを中火にかけ、卵液につけたパンを入れる。中火から弱火にして、両面3-4分ずつ焼く。

別のフライパンにバターを入れて火にかけ、バターが溶ければトマトを入れて両面2分ずつ焼く。皿を温め、熱いフレンチトーストを盛り付けて上にフライドトマトをのせる。

ハーブオムレツ

オムレツは、フライパンからおろしてすぐ食べるのが最高。ですからこのレシピを一度に作るのは、2人分までがいいでしょう。もっと大人数用に作りたいときには、材料をそれぞれ倍にするなどしてください。

卵　6個
ハーブ
(チャービル、チャイブ、マジョラム、パセリ、タラゴンなど。みじん切り)
大さじ2
バター　30g
塩
黒こしょう
チャイブ(飾り用)

2人前

ボウルに卵を割り入れ、ハーブの半量を加えて塩とこしょうで味付けし、よく混ぜる。フライパンにバターの半量を入れて火にかけ、バターを溶かす。バターがふつふつ泡立つ前に、卵液の半量をまわし入れる。

残したハーブのうちの半量を散らしたら、まんべんなく火が通るようにフォークで数度軽くかき混ぜる。

底が固まって表面はまだ半熟状のときに、温めた皿に卵を移しながらオムレツの形に半分に折る。チャイブを上に飾り、塩とこしょうを振る。すぐにテーブルに出す。残りの材料でもう1人前のオムレツを作る。

アペタイザーとスナック

新鮮なアスパラガスにしょうが、オレンジ、しょうゆ、カシューナッツを加えてごま油をふりかけ炒めれば、とても簡単で、なおかつおしゃれなアジアンスタイルのアペタイザーのできあがりです。友人と囲む食事のテーブルを、優雅にしてくれることでしょう。

ジンジャーアスパラガス
カシューナッツ入り

サラダ油	大さじ1
アスパラガス（半分に切る）	375g
しょうが（皮をむいて千切り）	2cm
カシューナッツ（ローストしたものを刻む）	75g
オレンジ（皮のすりおろし）	1個
しょうゆ	大さじ1
ごま油	大さじ1

4人分

中華なべにサラダ油を入れて火にかけ、アスパラガスとしょうがを入れて4分炒める。

カシューナッツ、オレンジの皮のすりおろし、しょうゆ、ごま油を加え、1分炒める。温めた皿に移し、すぐに出す。

ポートベロマッシュルームの
バジルペースト詰め 枝付きトマト添え

食パン(耳を取る)	6枚
バジルペースト	大さじ8
ポートベロマッシュルーム (大きめのもの。石づきを取る。 入手できない場合は、しいたけ、 大ぶりのマッシュルームで代用)	8個
オリーブオイル(はけで塗る)	適量
枝付きチェリートマト	4枝
塩	
黒こしょう(挽いて使う)	

仕上げ

ベビースピナッチ、ルッコラなど サラダリーフ	
エクストラバージンオリーブオイル	大さじ4
バルサミコ酢	大さじ2
バジル	ひとつかみ

8人分

とてもステキな、でも実は簡単なアペタイザーです。バジルペーストは市販のもの、マッシュルームを容器に使い、特に工夫を凝らさなくても枝付きトマトがあるだけでアーティスティックな感じがします。料理時間はほんの数分、でもまるで何時間もかけたかのように見える一皿です。

オーブンを200度に温めておく。詰め物を作る。食パンをフードプロセッサーに入れてかけ、粗いパン粉を作る。バジルペースト、塩、こしょうを加え、さらにもう少しフードプロセッサーにかける。マッシュルームをオーブン皿に並べ、塩とこしょうを振って全体にオリーブオイルを塗る。先ほど作った詰め物をマッシュルームに詰める。

オーブン皿に枝付きトマトを加え、塩とこしょうを振ってさらにオリーブオイルをまわしかける。予熱したオーブンで、トマトの皮がはじけるまで8分ほど焼く。

サラダリーフを皿に盛り、エクストラバージンオリーブオイルとバルサミコ酢をまわしかける。マッシュルームとトマトを皿に盛り、バジルの葉を散らす。

ほうれんそうとクリーミーなリコッタチーズをパリパリしたフィロで包んだ、おいしい一品。もともとはモロッコ料理ですが、今では地中海沿岸を中心に、さまざまなバリエーションのものが見られるようになりました。

ほうれんそうとリコッタチーズのフィロ
ローストトマト添え

トマト(横に半分に切る)
6個

ベビースピナッチ
(洗って水けを切る)
350g

フィロシート(薄いパイシート)
150g

バター(溶かしバター) 50g

リコッタチーズ 250g

松の実(フライパンで炒る) 50g

塩

黒こしょう

天板

6人分

ローストトマトを作る。オーブンを130度に温めておく。半分に切ったトマトを皮の部分を下にして、間隔を十分取ってオーブン皿に並べる。予熱したオーブンで2時間焼く。

ほうれんそう(ベビースピナッチ)を大きめのなべに入れて中火にかけ、全体がしんなりとするまで5分ほど混ぜながら火を通す。火からおろして大きめのざるにあけて水けを切り、冷ます。

まな板、あるいはカウンターの上にふきんを敷き、フィロシートを広げる。溶かしバターをはけで塗り、その上に層になるようにしてあと3枚、それぞれに溶かしバターを塗ったフィロシートをのせる。リコッタチーズ、松の実、冷ましたほうれんそう、塩、こしょうをボウルに入れ、混ぜる。これを、周囲5cmを残してフィロの上に広げる。

長い辺を手前にして、フィロシートを巻く。下に敷いてあるふきんを使って巻くと巻きやすい。両端を軽くねじって閉じる。溶かしバターを全体にはけで塗り、天板の上にのせて、180度に予熱したオーブンでキツネ色になるまで30分焼く。切って皿に盛りつけ、ローストトマトを添える。

生春巻き しょうゆディップ添え

ライスペーパー　12枚
にんじん（千切り）　2本
万能ねぎ（4cmに切る）　6本
もやし　75g
タイバジル（葉）　1束
クレソン　1束
炒り白ごま　大さじ1

しょうゆディップ
はちみつ　大さじ2
しょうゆ　大さじ1
テリヤキソース
（しょうゆ、酒、みりん、砂糖を同量で混ぜ合わせる）
大さじ1
赤唐辛子（小口切り）　1本

12本分

時間はかかりますが、それだけの価値のある一品です。できれば誰かに手伝ってもらうといいでしょう。前もって作っておき、ラップと湿らせたふきんで包めば冷蔵庫で保存しておくことができます。

ライスペーパーをお湯に浸し、お湯を何度か変えながらやわらかくなるまで4分ほど戻す。

にんじん、万能ねぎ、もやし、タイバジル、クレソンを少しずつ取り、やわらかくなったライスペーパーの中心に置く。炒り白ごまを散らして野菜を中心に巻く。

しょうゆディップを作る。はちみつ、しょうゆ、テリヤキソースを小さめのボウルに入れ、混ぜる。赤唐辛子を加え、小皿などに入れてライスペーパー包みと一緒に出す。

フェンネルは美しい野菜で、さまざまな方法で使えます。たとえばいろいろな野菜と一緒にオーブンで焼いてもいいし、薄切りにしたり細かく刻んで生のままサラダにしてもおいしく食べられます。根の部分が細くて長いものと丸くてどっしりしているものがあり、細いものは雄株、丸いものは雌株です。

ベイクドフェンネル
エシャロットとスパイシードレッシング添え

オーブンを170度に温めておく。フェンネルの根元、上部を切り落として縦に4つに切り、中心の固い部分を取り除く。フェンネルを耐熱皿に入れ、エシャロット、砂糖、オリーブオイル大さじ2を加える。よく混ぜ、予熱したオーブンで30分焼く。

残りのオリーブオイルを小さめのなべに入れ、にんにく、しょうがを入れてごく弱火で10分炒める。万能ねぎ、ごま油、レモンの絞り汁、チリパウダーを加え、塩、こしょうで味付けする。とろ火で火を通したら調理したフェンネルにかけ、よく混ぜて、汁も一緒に盛り付ける。

フェンネル(ウイキョウ)　2個
エシャロット(みじん切り)　4本
砂糖(できれば未精製のもの)　小さじ1
オリーブオイル　大さじ3
にんにく(みじん切り)　1かけ
しょうが(皮をむいてみじん切り)　3cm
万能ねぎ(斜め切り)　1束
ごま油　大さじ1
レモン(絞り汁)　1個
チリパウダー　小さじ½
塩
黒こしょう(挽いて使う)

8人分

スタッフドピーマン

ピーマン(甘長とうがらし)
(縦に半分に切って、種を取る)
4本

マッシュルーム(みじん切り) 200g

モッツァレラチーズ
(水けを切って角切り)
150g

にんにく(みじん切り) 2かけ

オリーブオイル 大さじ3

オリーブ(種を取ってみじん切り)
75g

パプリカパウダー 大さじ½

塩

黒こしょう(挽いて使う)

天板(薄く油をひく)

4人分

長くて甘みのある甘長とうがらしは、このレシピにぴったりです。甘長とうがらしが手に入らない場合はピーマンを使い、サイズの大きい分詰め物を多めにしましょう。

オーブンを180度に温めておく。ピーマン(甘長とうがらし)を、切り口を上にして油をひいた天板に並べる。

マッシュルーム、モッツァレラチーズ、にんにく、オリーブオイル、オリーブ、パプリカパウダーをボウルに入れる。塩とこしょうで味付けし、よく混ぜる。これを、ピーマン(甘長とうがらし)に詰める。予熱したオーブンの一番上に入れ、30分焼く。温かいうちに出す。

水牛の乳を使ったモッツァレラチーズ（水牛モッツァレラ）は、牛乳でできたモッツァレラチーズよりずっとクリーミーで舌ざわりがやわらかです。良質な分、牛乳でできたモッツァレラより高価ですが、それだけの価値はあります。

モッツァレラチーズ
フェンネルと新じゃが添え

新じゃが　200g
フェンネル（ウイキョウ）　1個
モッツァレラチーズ　1個（約125g）
オリーブオイル　125cc
バルサミコ酢　大さじ4
塩
黒こしょう（挽いて使う）

4人分

大きめのなべにお湯を沸騰させて新じゃがを入れ、やわらかくなるまで12-14分ゆでる。水けを切り、冷ます。冷めれば半分に切る。

フェンネルの根元と上部を切り落とし、半分、あるいは4等分に切る。中心の固い部分を切り落とし、よく切れる包丁かスライサーを使って薄く切る。

モッツァレラチーズを薄切りにする。

新じゃが、フェンネル、モッツァレラチーズを4等分して、各盛り皿に重ね合わせるようにして盛り付ける。重ね合わせるときに、何度か塩、こしょうで味付けする。

食べる直前に、オリーブオイル、バルサミコ酢をまわしかける。

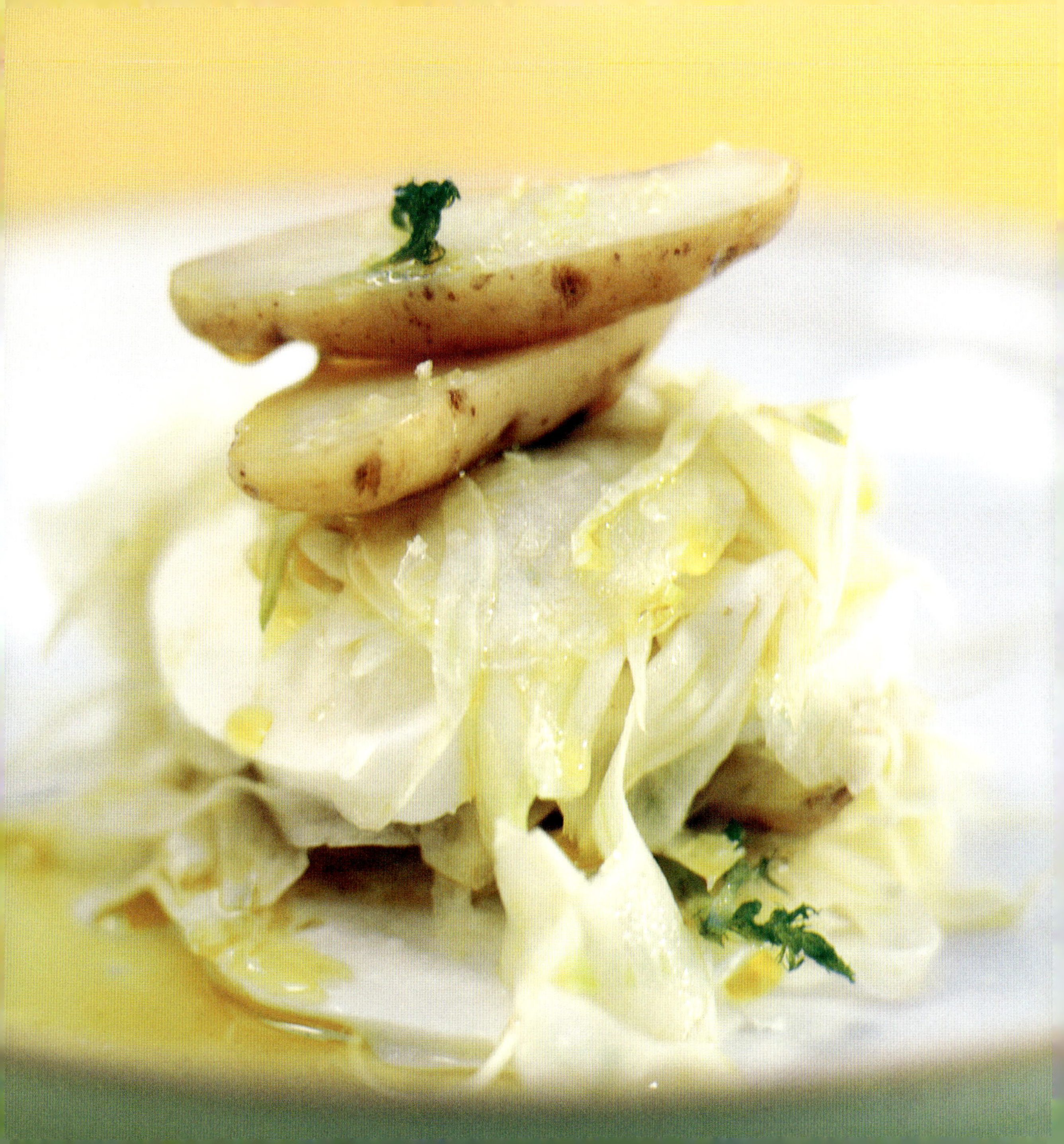

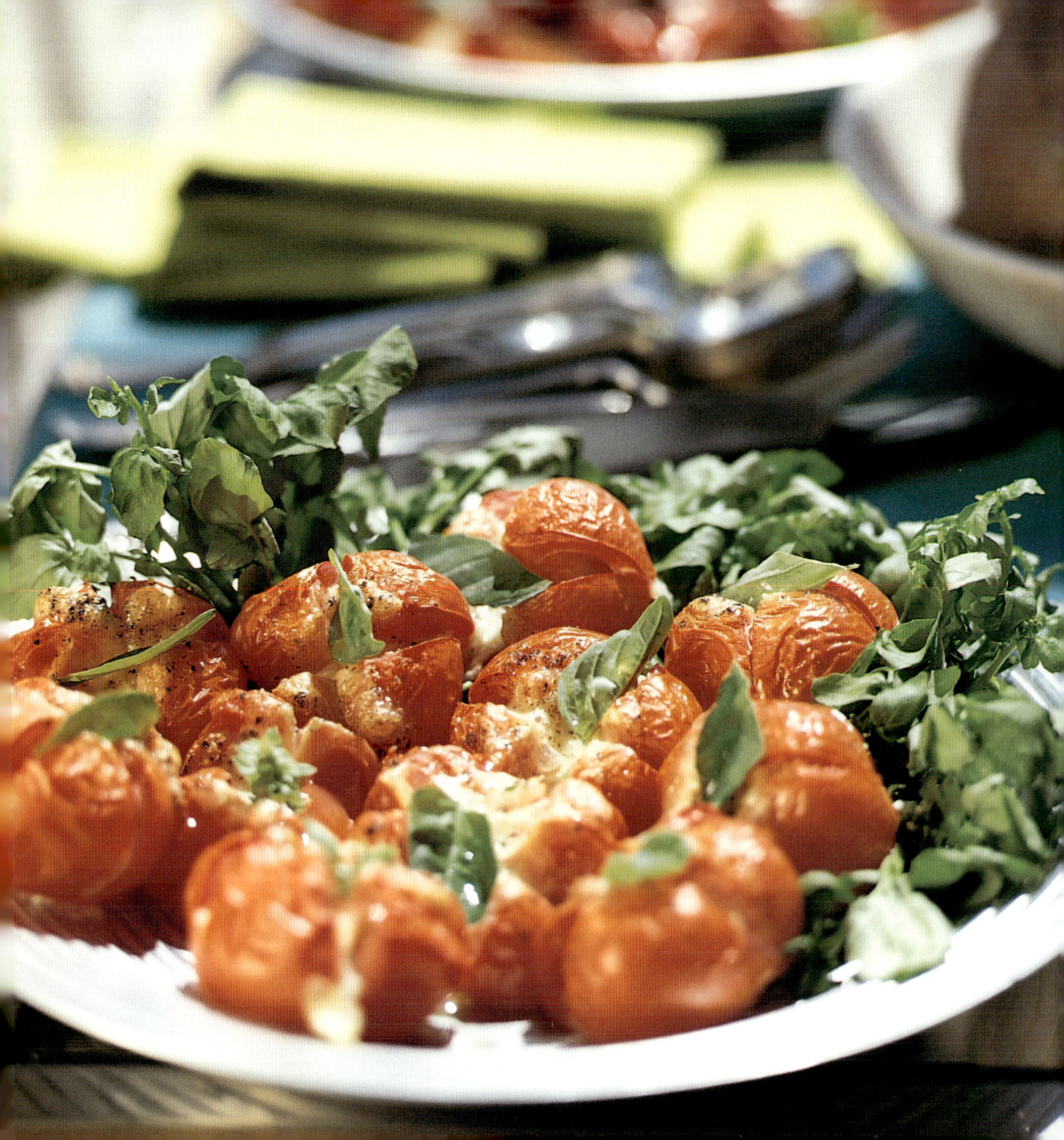

トマトの
モッツァレラチーズ焼き

もし手に入れば紫バジルを使うと、緑のバジルで作るよりも一層華やかにできあがります。本当に手軽な一品にもかかわらず、トマトを半分に切って作るローストトマトとは少し違った趣です。

完熟トマト　20個

モッツァレラチーズ
(水けを切って、20個に切り分ける)
2個(約250g)

オリーブオイル　100cc

バジル(ちぎる)　1束

塩

黒こしょう(挽いて使う)

天板(薄く油をひく)

20個分

オーブンを170度に温めておく。トマトの上から半分くらいまで十字に切り込みを入れて、各トマトに1切れずつモッツァレラチーズを入れる。油をひいた天板に並べ、塩とこしょうを振る。

予熱したオーブンで、トマトがやわらかくなり切り口が開くまで25分焼く。オーブンから出し、オリーブオイルをまわしかけて、バジルを散らす。温かいうちに出す。

ガーリックブレッドは、皆に好まれるスナックです。一般的にはバゲットを使うことが多いのですが、どんなパンでもいいでしょう。イギリスパン、コテージパン、チャバッタ、全粒パン、マルチグレインブレッド、ロールパンなどを切って、使ってみましょう。手軽に作る場合はパンをスライスして片側をトーストし、反対側にガーリックバターを塗って焼きます。

ガーリックブレッド

パン　1本
にんにく　3かけ
バター
（やわらかくする）
100g
塩　小さじ1
イタリアンパセリ
（みじん切り）　1束
黒こしょう（挽いて使う）

天板

4人分

オーブンを180度に温めておく。パンをスライスするか、あるいは厚みを半分に切る。

包丁の腹でにんにくをつぶし、皮をむいてみじん切りにし、ピューレ状になるまですりつぶして塩を加える。

ピューレ状のにんにくとバター、イタリアンパセリ、こしょうをボウルに入れて混ぜ、パンの切り口に塗る。

パンをホイルで包み、天板に並べて予熱したオーブンで20分焼く。ホイルを取って、熱いうちに出す。

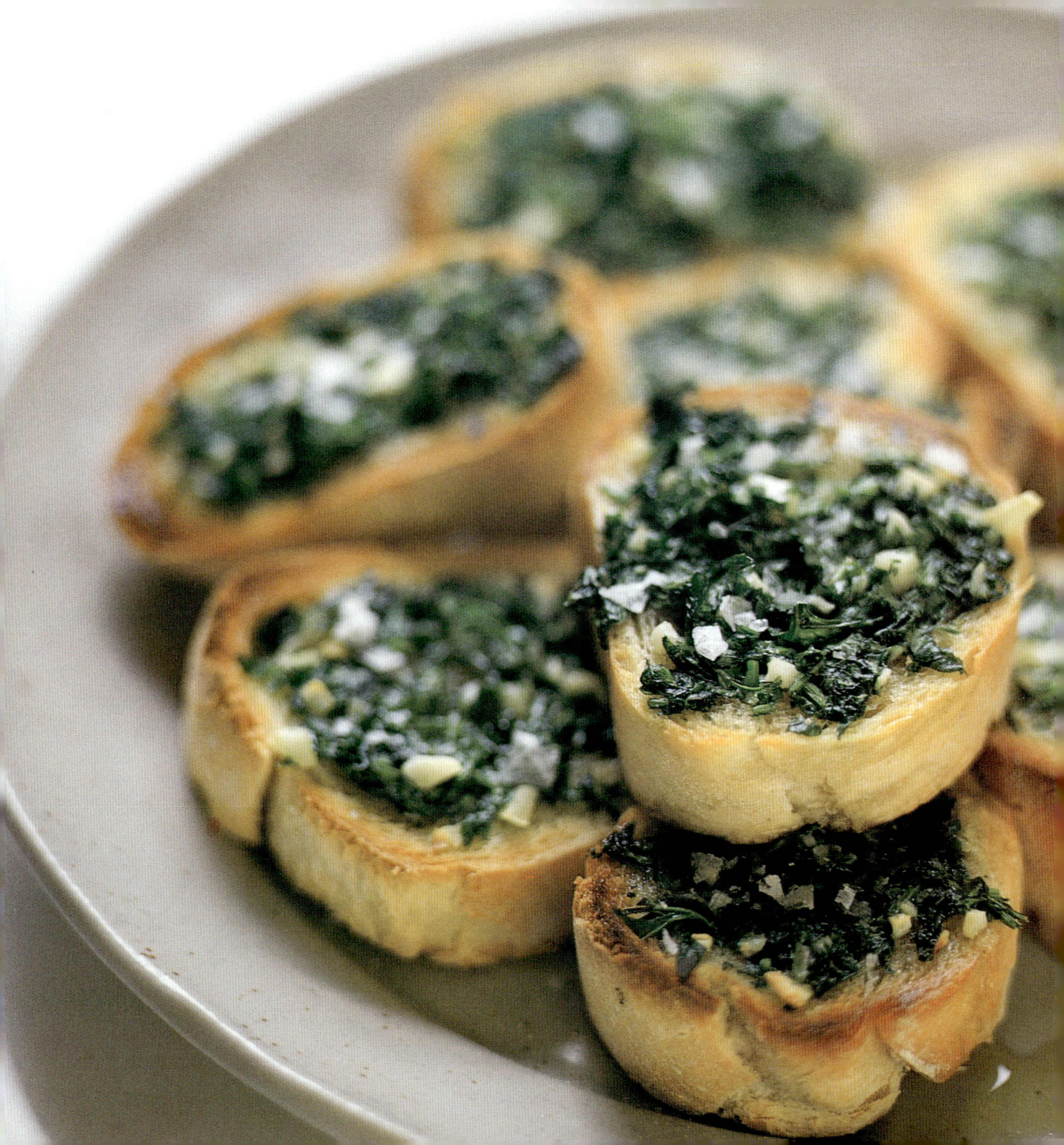

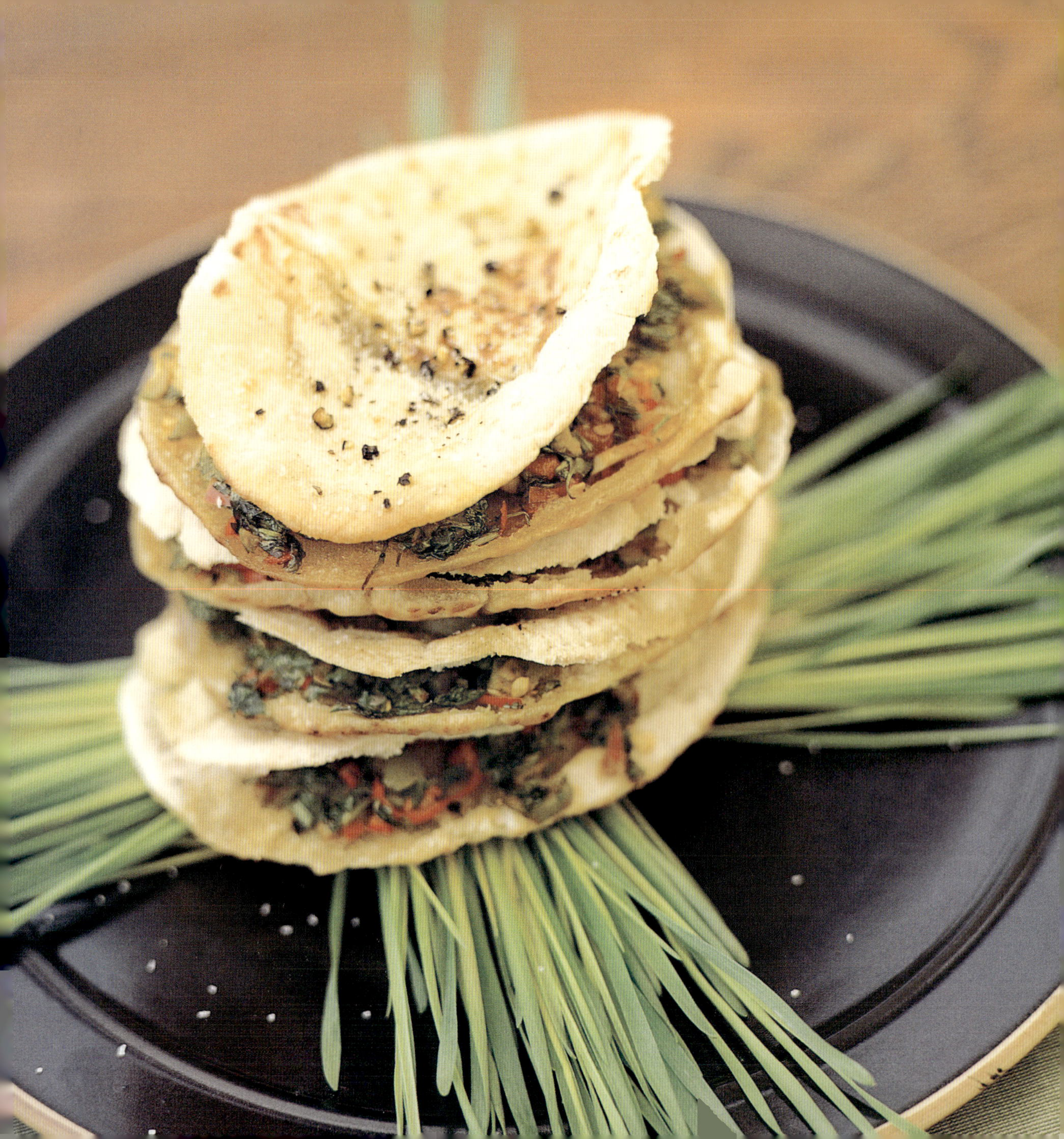

ターキッシュブレッドトースト

ハリッサは唐辛子とスパイスを混ぜた辛みの強い香辛料で、輸入食材を扱うスーパーなどで入手できます。手元にあれば、どんな料理も手軽にスパイシーに変身させることができます。クスクスに混ぜたり、ヨーグルトに混ぜてディップとして使ったりしましょう。

ハリッサ　小さじ1
コリアンダー(みじん切り)　1束
オリーブオイル　大さじ2
オリーブ
(種を取ってみじん切り)　50g
赤唐辛子
(種を取ってみじん切り)
2本
ターキッシュブレッド、ピタパン、トルティーヤなど平たいパン
(横にスライスする)
4切れ

天板

4人分

オーブンを170度に温めておく。ハリッサ、コリアンダー、オリーブオイル、オリーブ、赤唐辛子を小さめのボウルに入れてよく混ぜる。これをパンのスライスそれぞれにのせて、サンドイッチ状に重ねる。

天板に並べ、予熱したオーブンで10分焼く。温かいうちに出す。

アペタイザーとスナック

とても簡単で、おなかがすいたときにぴったりのスナック。
その上、驚くほどおいしい一皿です。

バタートースト
マッシュルームのせ

無塩バター
大さじ4とパンに塗る分量

マッシュルーム　500g

食パン(厚切り)　4枚

塩

黒こしょう(挽いて使う)

4人分

バターを大きめのフライパンに入れ、中火にかけてバターを溶かし、マッシュルームを加えてキツネ色になるまで3分ほど炒める。何回かに分けて炒めてもいい。マッシュルームから水分が出て蒸し煮のようになってしまわないよう、火を弱めすぎないように気をつける。塩とたっぷりのこしょうで味付けする。

パンをこんがりとトーストし、バターをたっぷり塗る。温めた皿4枚それぞれにトーストを置き、マッシュルームをのせる。フライパンに残った汁けを上からかけ、こしょうを挽いて出す。

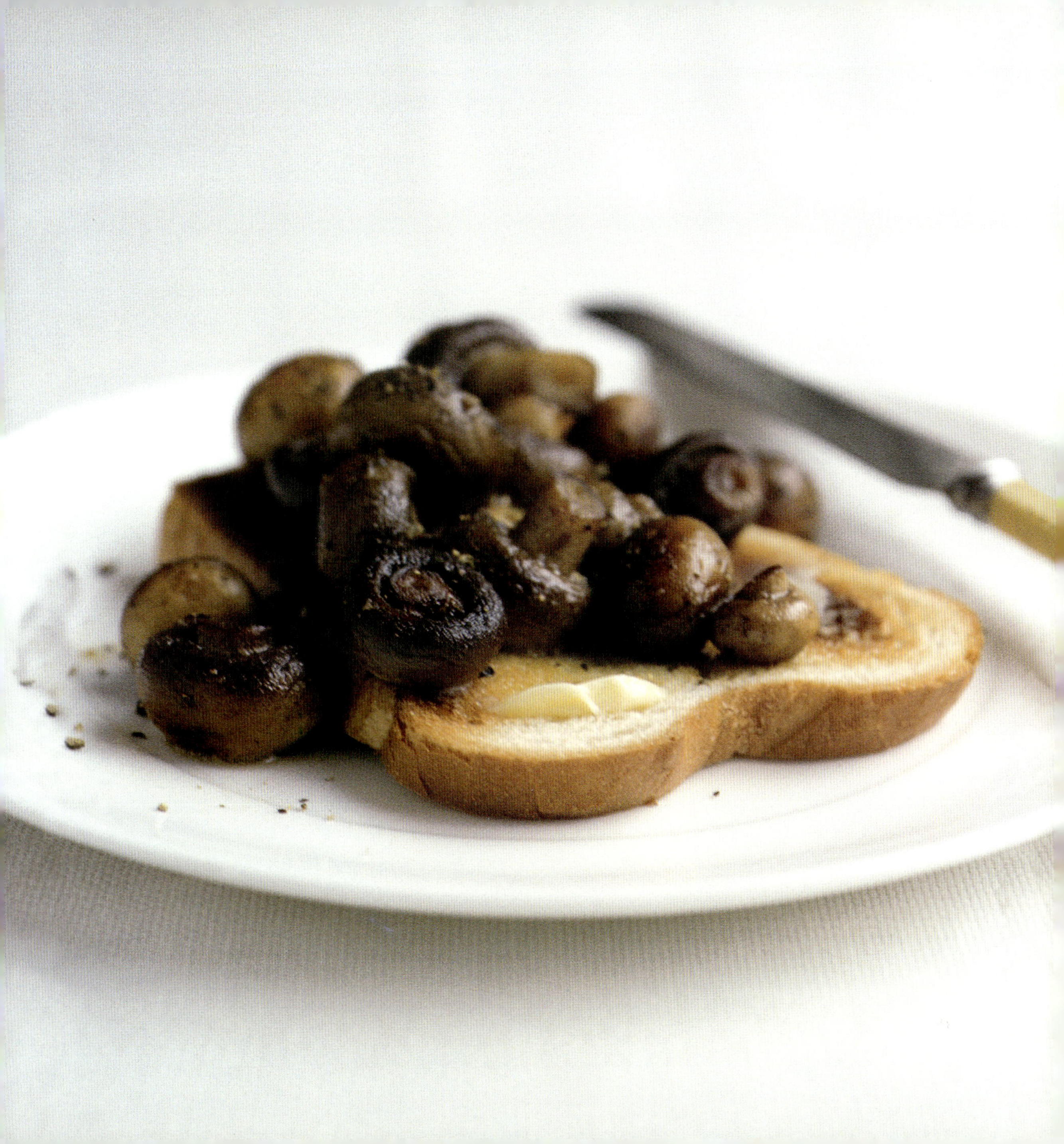

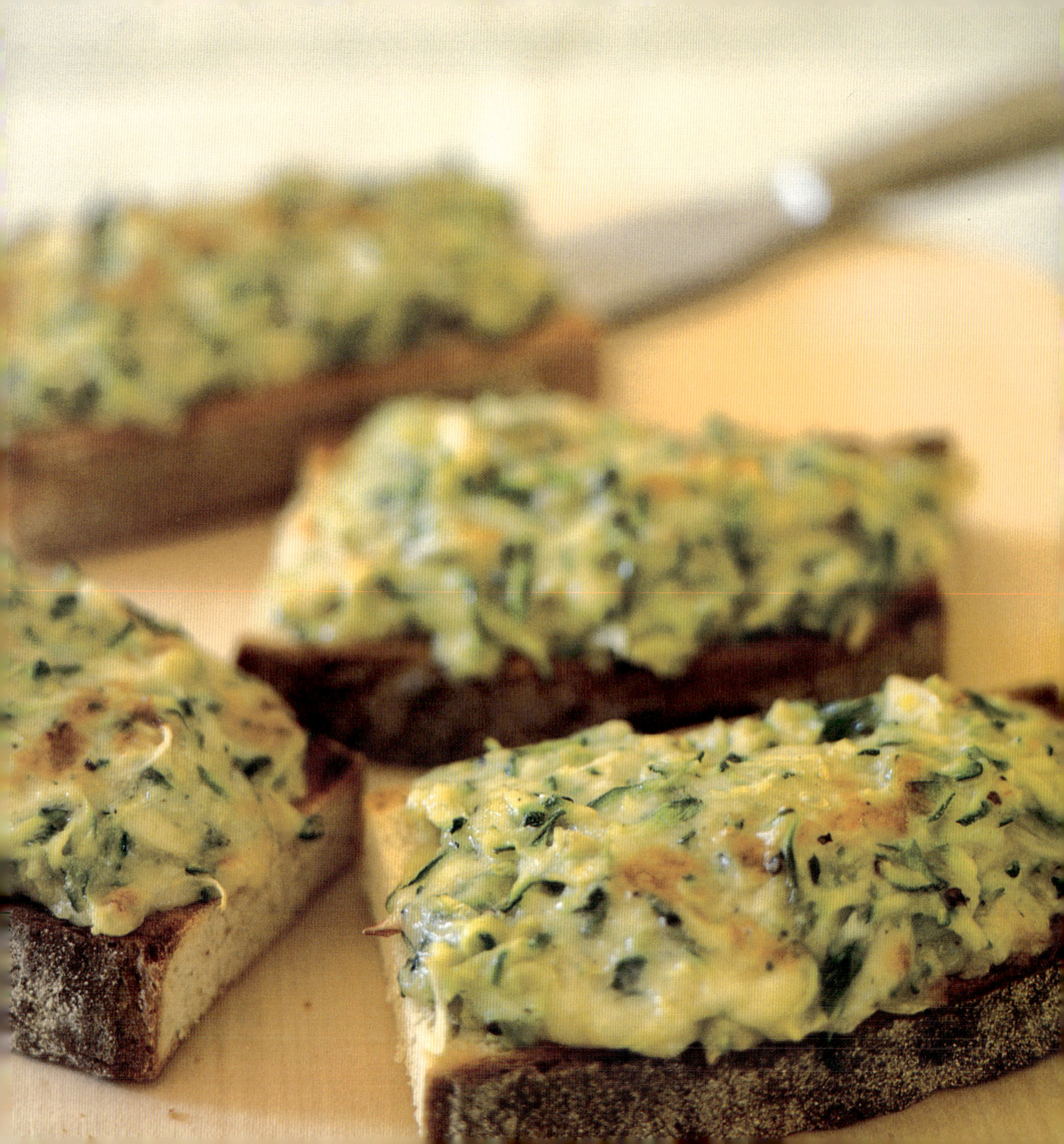

ズッキーニと
チェダーチーズのトースト

シンプルな組み合わせですが、素晴らしいおいしさです。パンがふやけてしまわないよう、おろしたズッキーニをしっかりと絞るのがコツです。ベジタリアン用のウスターソースは、健康食品店などで購入できます。

ズッキーニ(粗くおろす)　2本
チェダーチーズ(おろす)　200g
エシャロット(みじん切り)　1本
卵(軽く泡立て器で混ぜる)　1個
ウスターソース　少々
パン(トーストする)　4枚
塩
黒こしょう(挽いて使う)

天板

4人分

おろしたズッキーニを乾いたふきんで包み、しっかり絞って水けを完全に切る。

水けを切ったズッキーニをボウルに入れ、チェダーチーズ、エシャロット、卵、ウスターソース、塩、こしょうを加えてよく混ぜる。

トーストしたパンを天板に並べ、ズッキーニとチーズを混ぜたものを上にのせ、オーブントースターでこんがり焼く。温かいうちに出す。

ブルスケッタ
紫たまねぎマーマレードとゴートチーズのせ

チャバタロール(横半分に切る) 2個

サラダリーフ 4つかみ

エクストラバージンオリーブオイル
大さじ1と盛り付け用

ゴートチーズ(マイルドなもの)
125g

塩

黒こしょう(挽いて使う)

紫たまねぎマーマレード

オリーブオイル 大さじ2

紫たまねぎ(薄切り) 750g

ローリエ 1枚

タイム 小さじ1

デメララシュガー
(粒の粗いザラメ糖に似た砂糖。
入手できない場合はザラメ糖で代用)
50g

バルサミコ酢 大さじ3

赤ワイン 150cc

オレンジ(皮のすりおろしと絞り汁)
1個

塩

黒こしょう(挽いて使う)

4人分

炭焼きのパンは、単にトーストしたものとは一味違います。中はもっちりとかみごたえがあり、スモーキーな風味がします。そして、グリルパンで焼くことでパンにストライプ模様がつきかわいらしく見えます。

紫たまねぎマーマレードを作る。大きめのなべにオリーブオイルを入れ、火にかける。熱くなったら紫たまねぎ、ローリエ、タイムを入れ、塩とこしょうで味付けする。ふたをして、ときどきかき混ぜながら弱火で30分、紫たまねぎが透明になってしんなりするまで火を通す。

砂糖、バルサミコ酢、赤ワイン、オレンジの皮のすりおろし、オレンジの絞り汁を加える。ふたをはずしてさらに1時間半、汁けがなくなり紫たまねぎが深い赤色になるまで火にかけたままにする。紫たまねぎが焦げつかないように、最後の30分はかき混ぜる。

紫たまねぎマーマレードを冷まし、冷めたら消毒したびんに入れる(p.2参照)。残ったマーマレードは、数週間冷蔵保存できる。

グリルパンを火にかける。熱くなったらチャバタロールをのせ、両面1-2分ずつ、軽くトーストする。

サラダリーフをボウルに入れ、エクストラバージンオリーブオイルを加えて塩とこしょうで味付けする。よくかき混ぜる。

トーストしたチャバタロールに紫たまねぎマーマレードを大さじ1ずつのせ、皿に盛る。その上にサラダリーフをのせて、砕いたゴートチーズを散らす。エクストラバージンオリーブオイルをまわしかけ、上から黒こしょうをたっぷり挽く。

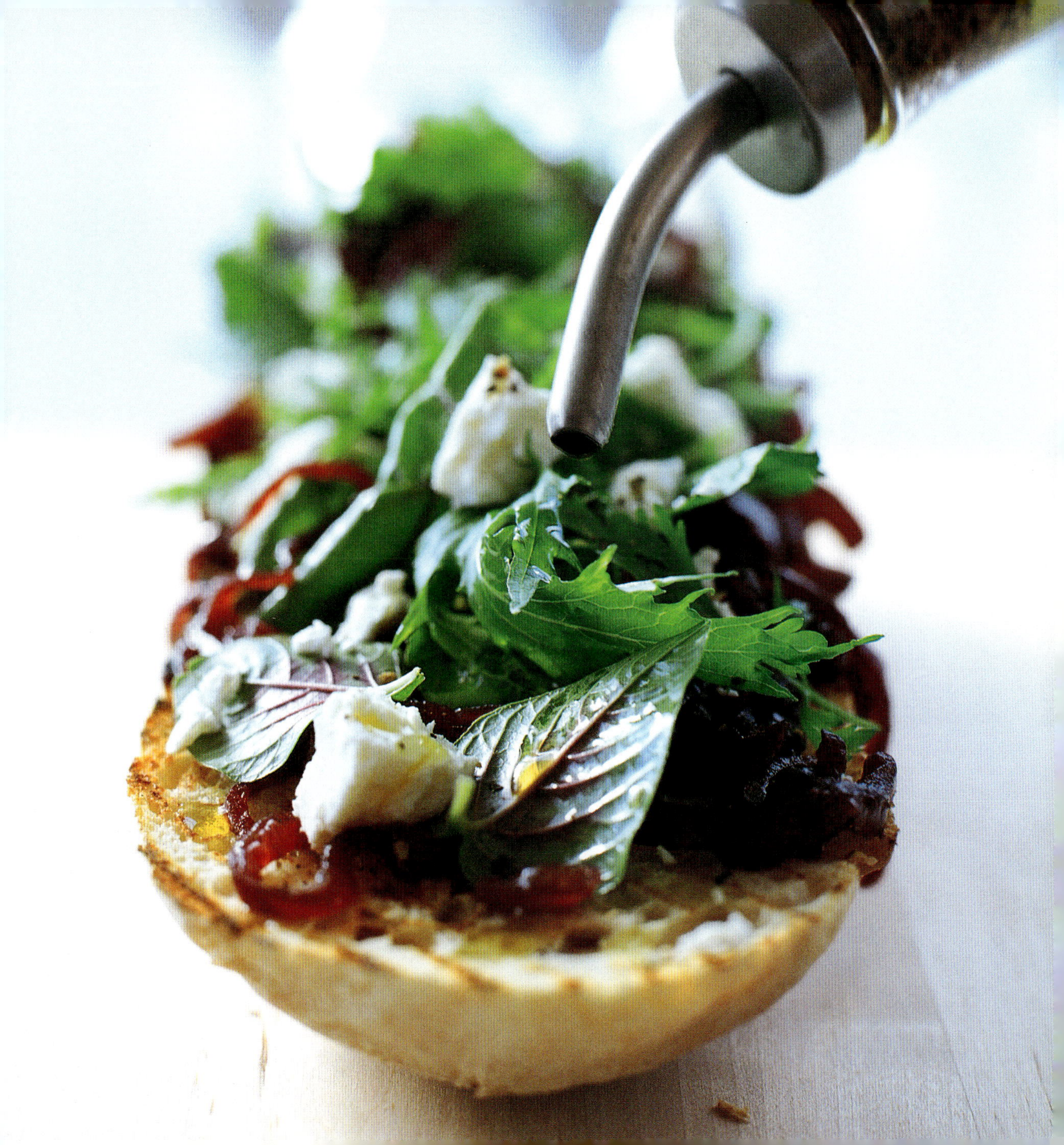

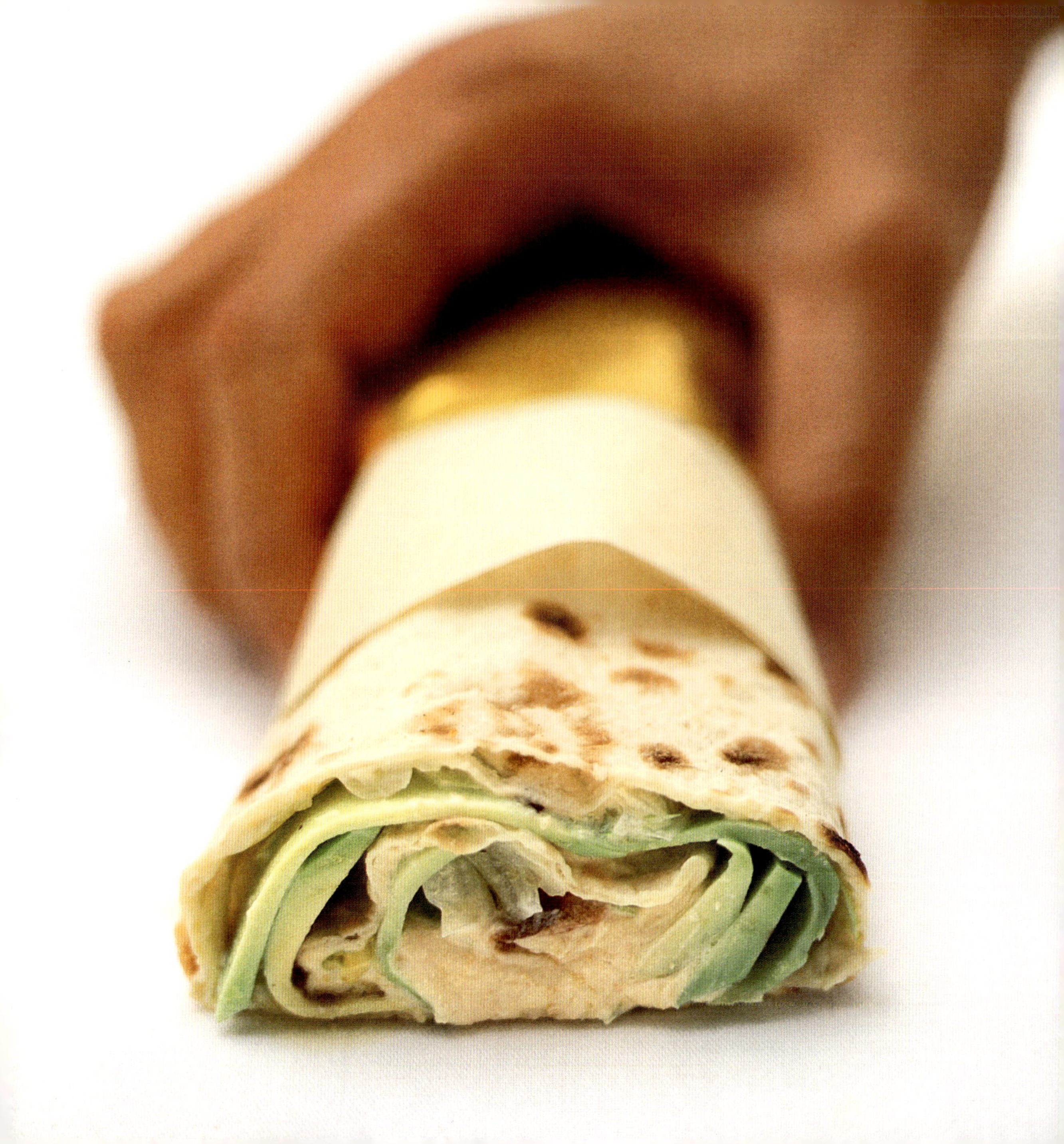

フムスとサラダの
フラットブレッド巻き

ターキッシュブレッドが手に入らなければ、トルティーヤやピタパンを使いましょう。ピタパンの場合は軽くトーストして中をポケット状に開き、そこに具を詰めてください。

ターキッシュブレッド
（厚みの薄いもの）　4枚
フムス（ヒヨコ豆のペースト）
　　　　　　　　175g
レタス　¼個
アボカド
（半分に切って種を取り薄切り）
　　　　　　　　2個
レモン（絞り汁）　1個
オリーブオイル　大さじ2
塩
黒こしょう（挽いて使う）

4人分

平らなパンを開き、それぞれクッキングシートの上にのせて、フムスを塗る。

レタスを千切りにし、フムスを塗った上に広げる。切ったアボカドをのせ、レモンの絞り汁とオリーブオイルをまわしかける。塩とこしょうをたっぷり振る。

下に敷いたクッキングシートを使ってパンを巻く。しっかり巻いて手で筒状に形を整え、クッキングシートの両端をねじる。

半分に切る。新鮮な風味を楽しむためには、3時間以内に食べるほうがよい。

最高のチップスを作るコツは、異なる温度で2度揚げすることです。まず完全に火を通し、次に高温にした油で揚げ、カリカリした食感を出してキツネ色に仕上げます。

根菜チップス
コリアンダーマヨネーズ添え

さつまいも(薄切り)　375g
じゃがいも(薄切り)　375g
パースニップ(白にんじん。薄切り)　375g
サラダ油　適量
塩　仕上げ用

コリアンダーマヨネーズ
コリアンダー(みじん切り)　1束
マヨネーズ　大さじ4
ライムの絞り汁　少々
塩
黒こしょう(挽いて使う)

4人分

さつまいも、じゃがいも、パースニップの薄切りを冷水に10分さらす。水けを切り、ふきんでしっかりふく。

コリアンダーマヨネーズを作る。コリアンダーとマヨネーズをフードプロセッサーに入れ、水大さじ1を加えてフードプロセッサーにかける。ライムの絞り汁を加え、塩とこしょうで味付けしてよく混ぜる。

天ぷらなべか大きめのなべに油をなべの半分ほど入れ、火にかけて約180度にする。パンの角切りが1分ほどでキツネ色に揚がるくらいが、適温である。野菜を2-3回に分けて揚げる。それぞれ6-8分、火は完全に通るがこんがりとした焼き色がつかない程度まで揚げる。キッチンペーパーの上で油を切る。

油の温度を約195度、パンの角切りが20秒ほどでキツネ色に揚がるくらいの温度まで上げる。先の野菜チップスをもう1度、今度はキツネ色になるまで2-3分揚げる。

キッチンペーパーの上で油を切り、塩を振りかける。コリアンダーマヨネーズを添えて出す。

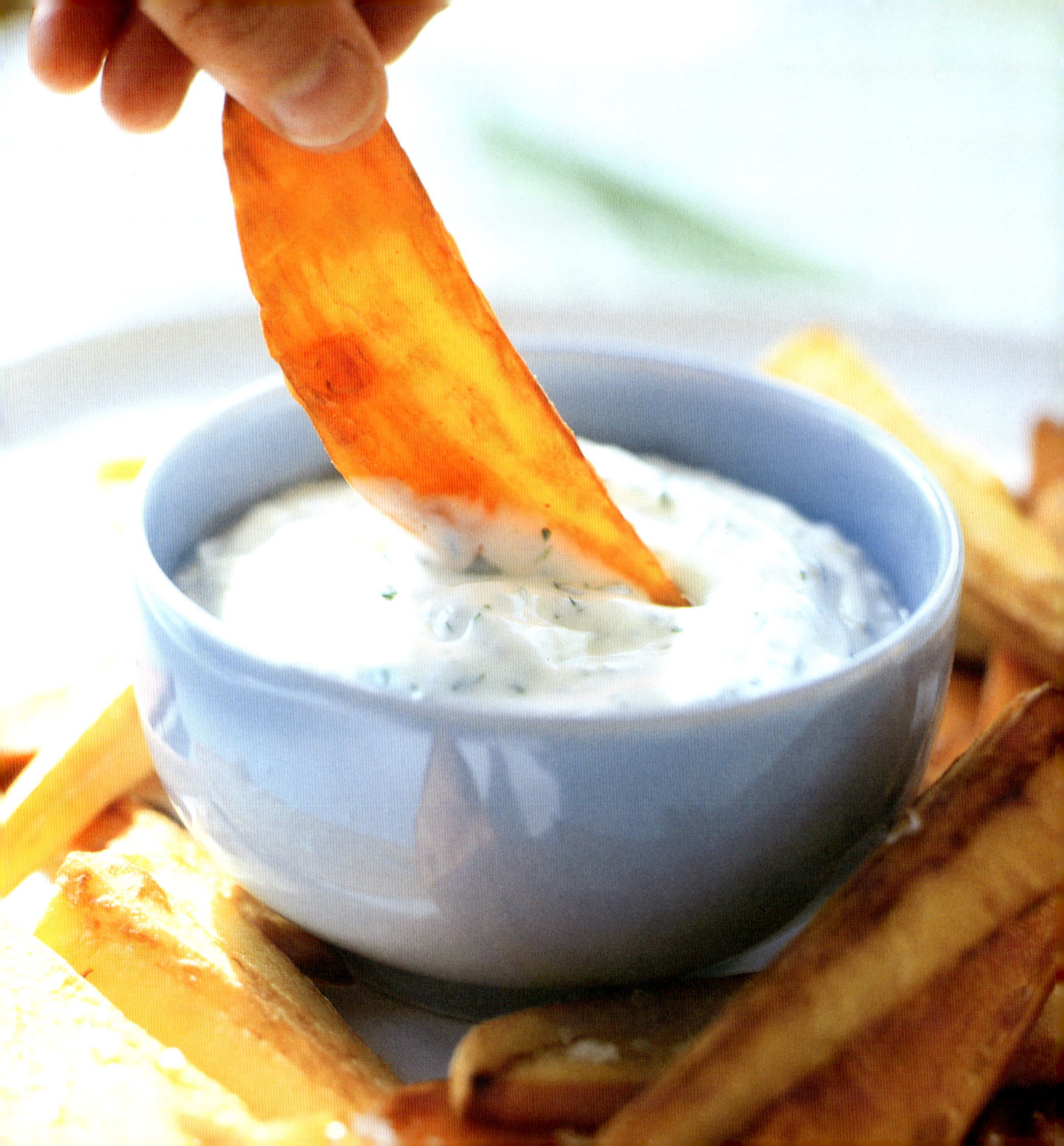

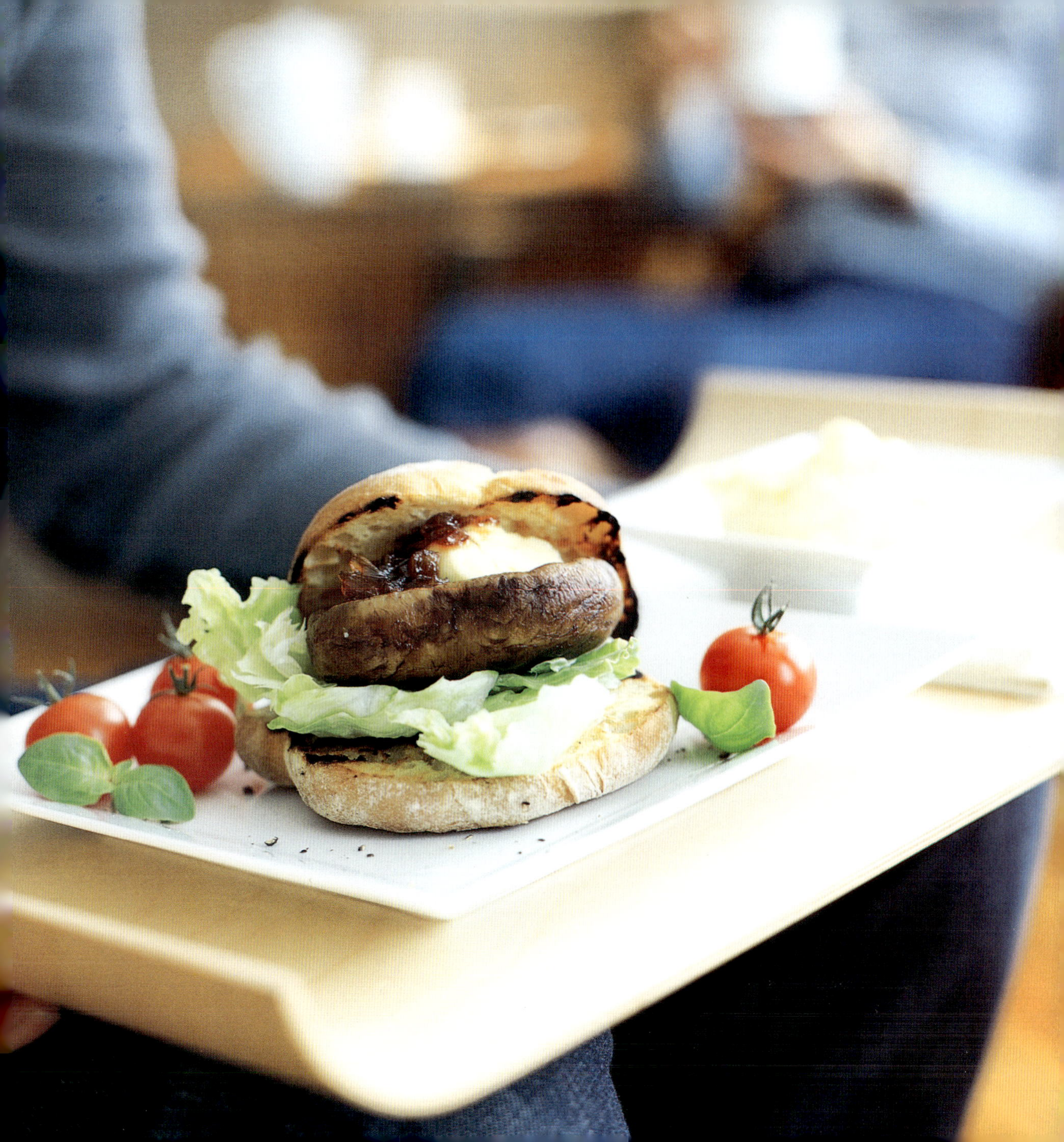

マッシュルームバーガー
エシャロットジャムとガーリックマヨネーズ添え

残ったガーリックマヨネーズは、3日間冷蔵保存できます。

エシャロットジャムを作る。小さめのフライパンにエクストラバージンオリーブオイルを入れ、火にかける。エシャロットを入れ、弱火で15分焦がさないようにして炒める。赤スグリジャム、赤ワインビネガー、水大さじ1を加え、さらに10-15分煮詰める。塩とこしょうで味付けし、冷ます。

ガーリックマヨネーズを作る。卵黄、にんにく、レモンの絞り汁、塩をボウルに入れ、泡立て器で混ぜる。泡立て器で混ぜながらオリーブオイルを少しずつ加え、つやつやして、とろりとしたマヨネーズを作る。

マッシュルーム全体にはけでエクストラバージンオリーブオイルを塗り、塩とこしょうを振る。テフロン加工のフライパンで、両面4-5分ずつ焼く。チャバッタを半分に切り、温めたグリルパンで焼く。焼いたチャバッタ4切れにマッシュルームをのせ、エシャロットジャム、ガーリックマヨネーズを上にのせ、その上にもう半分のチャバッタをかぶせる。ミックスサラダを添えて出す。

ポートベロマッシュルーム(大きめのもの。石づきを取る。入手できない場合は、しいたけ、大ぶりのマッシュルームで代用) 4個

エクストラバージンオリーブオイル 大さじ1

チャバッタ(大きめのもの) 4個

塩

黒こしょう(砕いて使う)

ミックスサラダ(つけ合わせ)

エシャロットジャム

エクストラバージンオリーブオイル 大さじ1

エシャロット(みじん切り) 125g

赤スグリジャム 大さじ2

赤ワインビネガー 大さじ1

塩

黒こしょう(挽いて使う)

ガーリックマヨネーズ

卵黄 1個

にんにく(つぶす) 1かけ

レモン(絞り汁) 小さじ1

塩 ひとつまみ

オリーブオイル 150cc

4人分

アペタイザーとスナック

バーベキューアーティチョーク
チリライムマヨネーズ添え

小さなアーティチョークで作れば、下ゆでなしで直接バーベキューで焼くことができます。大きなものを使う場合は数分下ゆでし、水けを切ってからバーベキューで焼きましょう。

アーティチョーク(小さめのもの) 18個
レモン(半分に切る) 1個
エクストラバージンオリーブオイル 大さじ2
塩
黒こしょう(挽いて使う)
ライム(くし切り。仕上げ用) 数切れ

チリライムマヨネーズ
乾燥チポトレ(唐辛子) 1本
卵黄 2個
オリーブオイル 300cc
ライム(絞り汁) 1個
塩

6人分

チリライムマヨネーズを作る。乾燥チポトレを熱湯につけて30分ほど戻す。水けを切ってふき、半分に切って種を取り除く。

チポトレをみじん切りにし、フードプロセッサーに入れる。さらに卵黄、塩少々を加え、泡立つまでフードプロセッサーにかける。フードプロセッサーの刃を回しながらオリーブオイルをじょうごでゆっくり加える。つややかにとろりとなればライムの絞り汁を加え、とろみがつきすぎている場合はお湯を大さじ1加える。味を見て足りない場合は塩を加え、ふたをしておく。

アーティチョークの茎の部分を取り除き、穂先2cmを切り取る。縦半分に切り、中心部を切り取る。レモンでアーティチョークの切り口をこすり、変色を防ぐ。

アーティチョークにエクストラバージンオイルをかけ、塩、こしょうをして混ぜる。熱めの炭で15-20分、途中で裏返してアーティチョークが焦げてやわらかくなるまで焼く。チリライムマヨネーズとライムのくし切りを添えて出す。

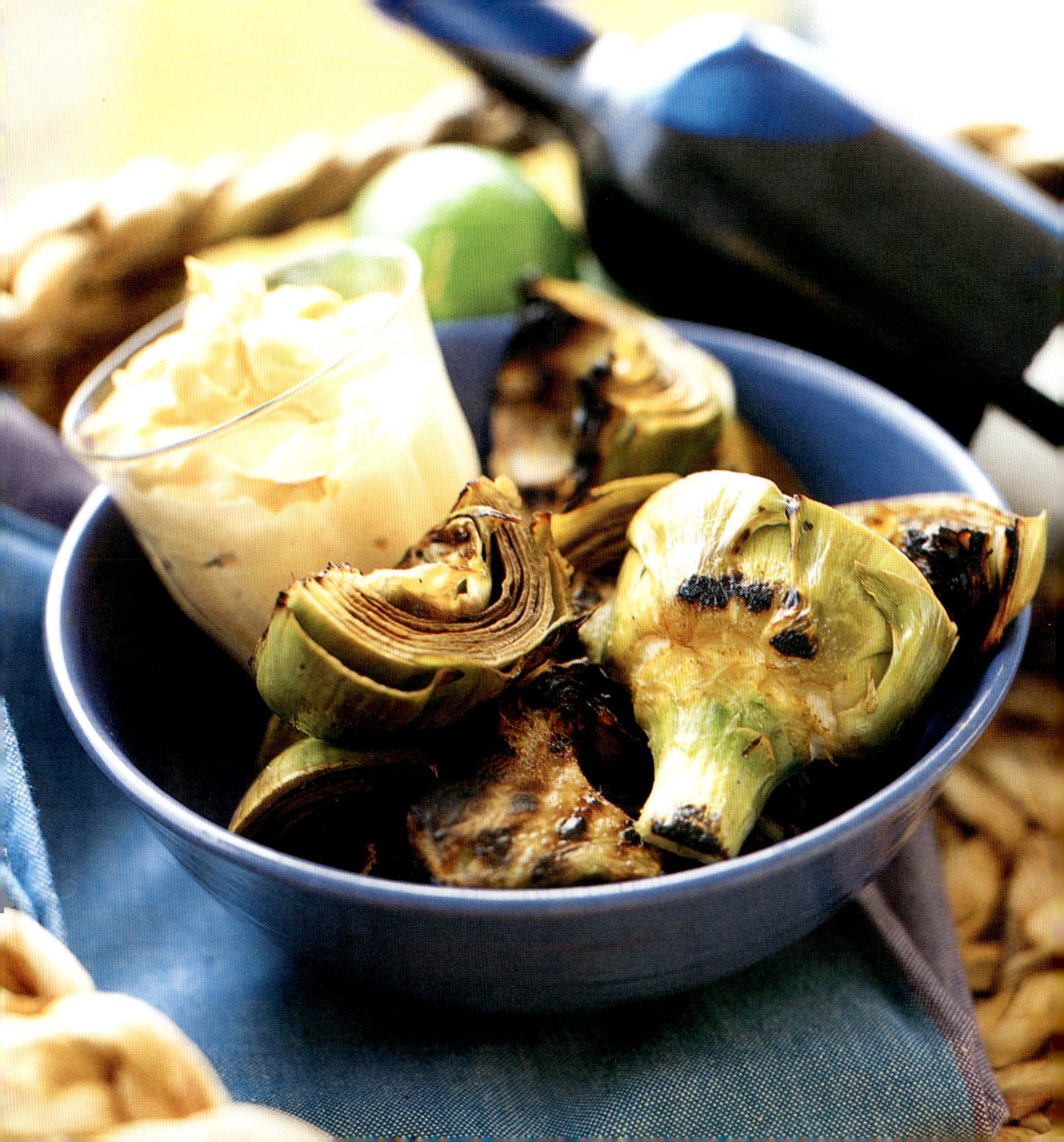

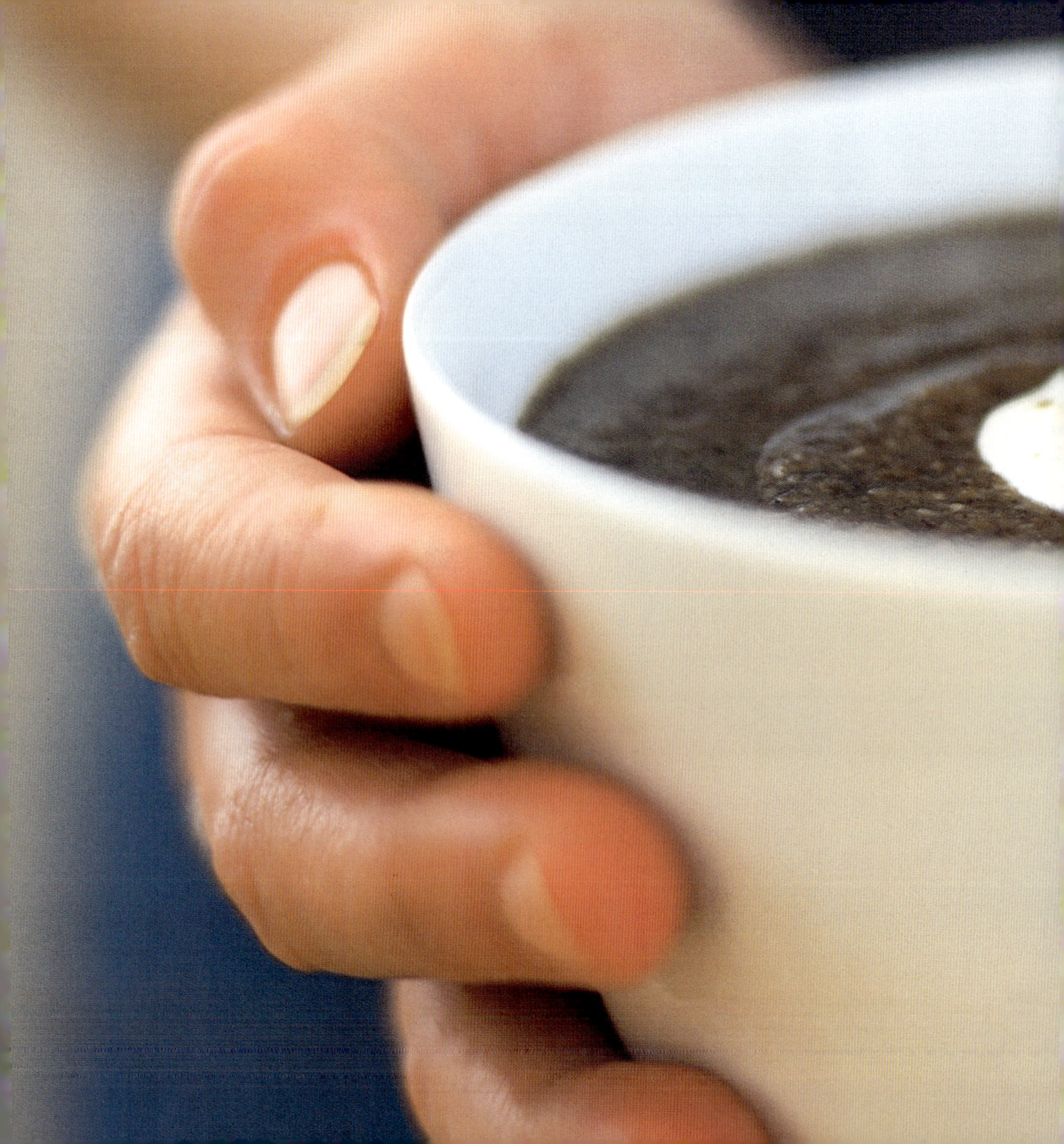

スープ

パスタと豆のスープ

元気の出るパスタと豆のスープは、イタリア東南にあるプーリア地方の伝統料理です。このスープによく使われているパスタはオリキエッティといいますが、これは「小さな耳」を意味します。

オリーブオイル　大さじ2
たまねぎ(小さめのもの。みじん切り)　1個
にんにく(みじん切り)　2かけ
じゃがいも(角切り)　1個
完熟トマト(角切り)　2個
野菜ストック(p.233参照)　1250cc
ハーブ(タイム、セージ、あるいはローズマリー)　1枝
白インゲン豆(缶詰。水を切る)　800g
ショートパスタ(オリキエッティなど)　150g
チリペッパー　ひとつまみ
塩
黒こしょう(挽いて使う)
パルメザンチーズ(おろす。仕上げ用)

4人分

オリーブオイルを大きめのなべに入れて火にかけ、たまねぎ、にんにく、じゃがいもを加えて、ときどきかき混ぜながらキツネ色になるまで3-4分炒める。トマトを加え、やわらかくなるまで2-3分炒める。

野菜ストック、ハーブ、白インゲン豆、パスタ、チリペッパー、塩、こしょうを加え、沸騰したら火を少し弱めてパスタとじゃがいもに火が通るまで10分ほど煮る。

ボウルに盛り付け、おろしパルメザンチーズをかけて出す。

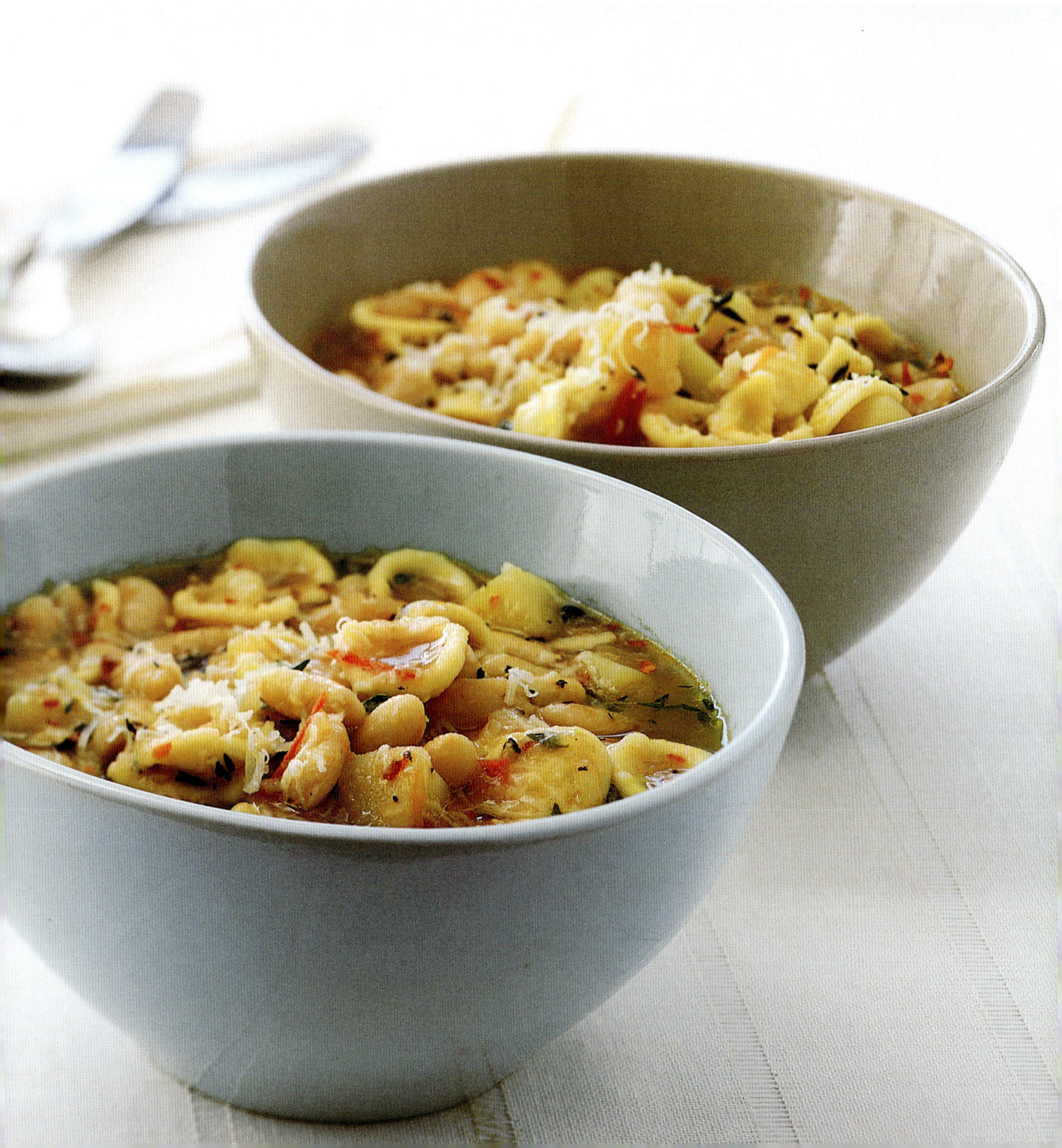

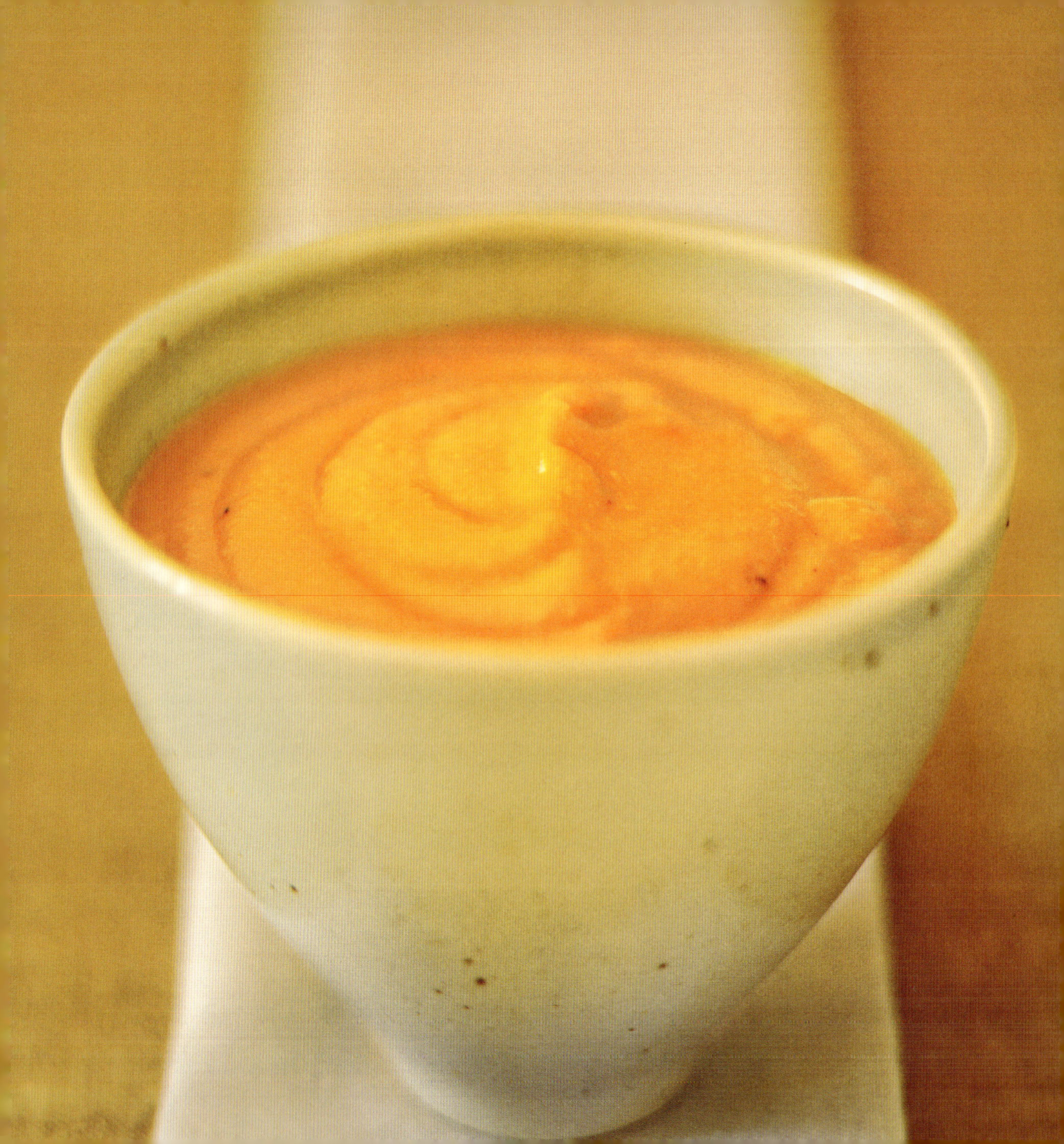

ベルベットのような舌触りの色の美しいスープは、家族皆のお気に入りとなることでしょう。パリッとしたカントリーブレッドと一緒に食べましょう。

バターナッツかぼちゃとカシューナッツのスープ

オリーブオイル　大さじ4	大きめのなべにオリーブオイルとバターを入れ、中火にかける。たまねぎを加えて、たまねぎが透き通ってしんなりするまで5分炒める。
バター　50g	
たまねぎ(みじん切り)　1個	
バターナッツかぼちゃ (1kgほどのもの。種を取って角切り)　1個	角切りにしたバターナッツかぼちゃ、カレーパウダー、塩、こしょうを加え、混ぜながら5分炒める。
カレーパウダー　小さじ1	牛乳と水500ccを加え、沸騰したら火を弱めて30分煮る。
牛乳　200cc	
カシューナッツ(みじん切り)　125g	カシューナッツを加え、冷ます。スープをミキサーかフードプロセッサーに入れ、なめらかにとろりとするまでミキサー(フードプロセッサー)にかける。1回で無理なら、何回かに分けて行う。ハンドミキサーを使って、なべの中でピューレ状にしてもよい。
塩	
黒こしょう(挽いて使う)	
カントリーブレッド (なくてもよい)	
4人分	必要ならスープを温め直し、味を見て足りなければ塩とこしょうで味を調え、温かいうちに出す。好みで、カントリーブレッドを添える。

豆とハーブのスープ

オリーブオイル　大さじ4
たまねぎ(薄切り)　1個
にんにく(みじん切り)　1かけ
野菜ストック(p.233参照)
　　　　　　　　1000cc
いんげん(2cmに切る)　200g
きぬさや(2cmに切る)　200g
そら豆(皮をむく)　200g
チャービル(みじん切り)　1束
ディル(みじん切り)　1束
塩
黒こしょう(挽いて使う)

4人分

簡単に食事を取りたいと思ったら、このスープ一皿でとてもステキな食事になります。もう少しボリュームがほしいと思えば、ストックを加えるときにパスタかヌードルを入れてください。野菜とハーブの繊細な風味を楽しむため、火にかけすぎないよう気をつけましょう。

オリーブオイルを大きめのなべに入れ、火にかける。たまねぎを入れて弱火で10分、焦がさないように気をつけながら炒める。にんにくを加えて、さらに5分炒める。

野菜ストックを注ぎ、塩とこしょうを加える。沸騰したら、さらに5分煮る。

いんげん、きぬさや、そら豆をなべに入れて4分煮たら、チャービルとディルを加えてさらに2分煮る。熱いうちに出す。

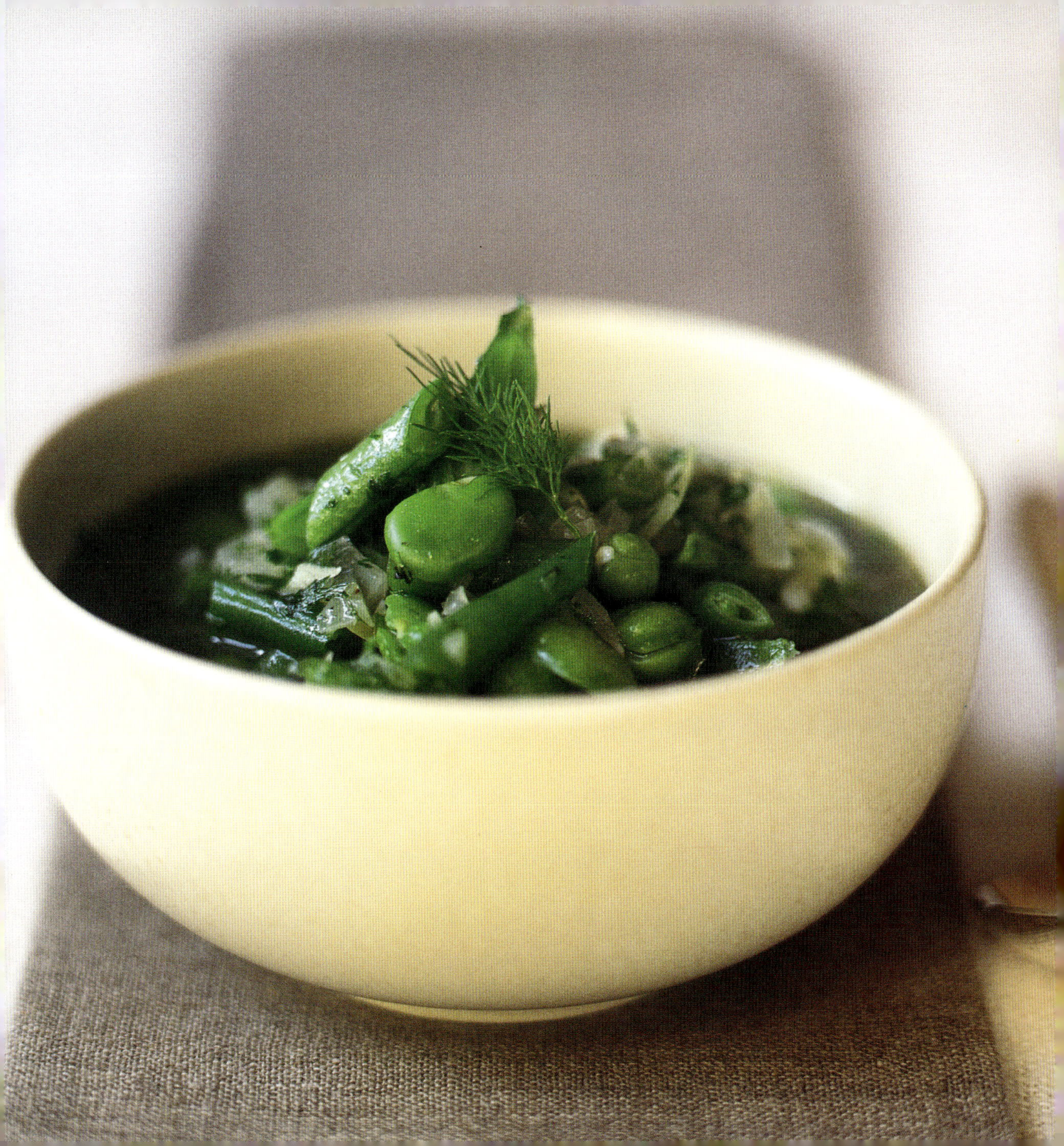

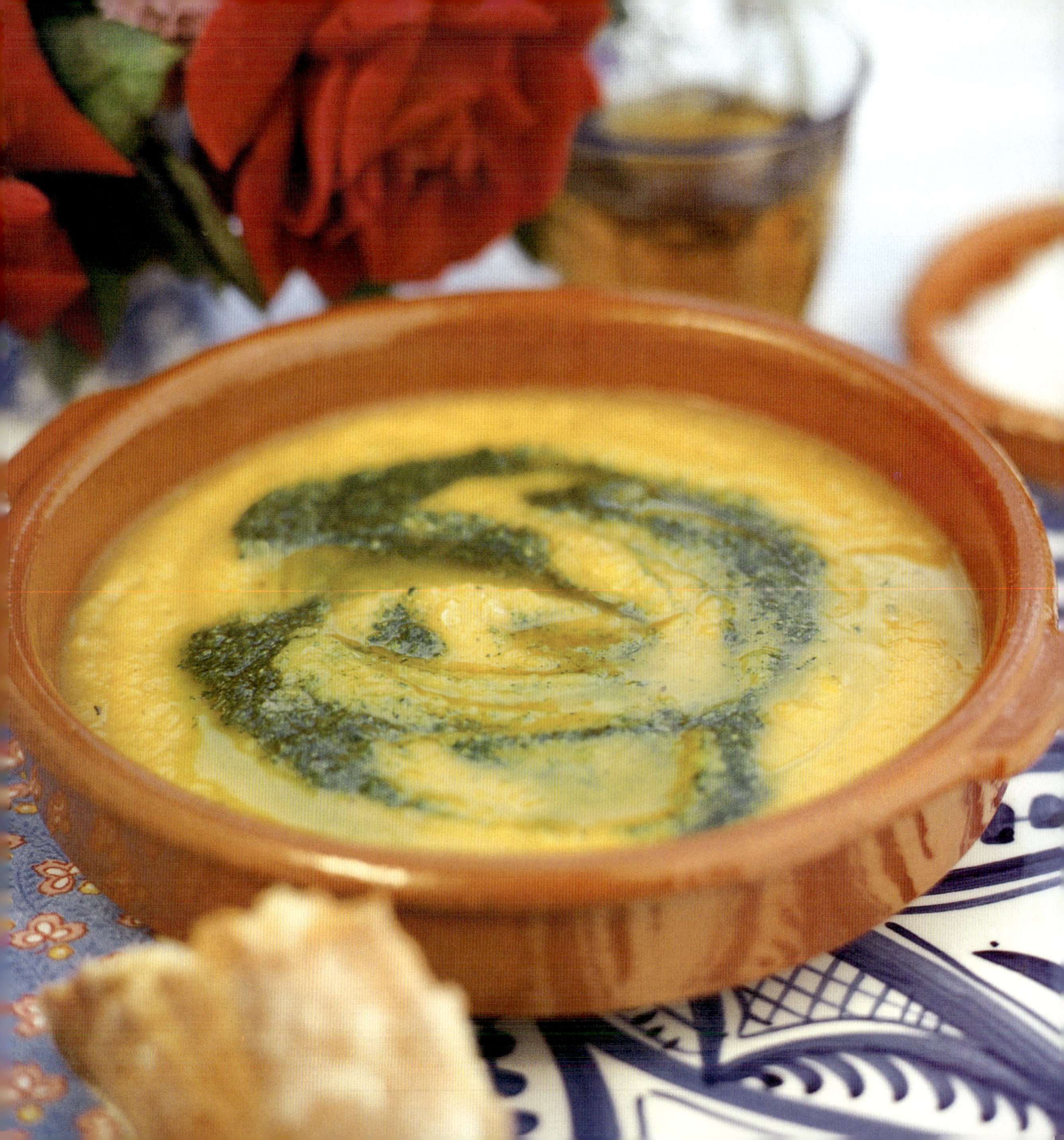

寒い冬には、濃厚でリッチなスープが嬉しいものです。焼きたての温かいパンと冷たいバターとともに、食べましょう。タラゴンソースをかけることで、どちらかというと家庭的で古風な感じのこのスープが、スタイリッシュでモダンなものに変わります。

根菜スープ
タラゴンソースかけ

オリーブオイル　大さじ1
たまねぎ(みじん切り)　2個
にんにく(みじん切り)　1かけ
セロリ(みじん切り)　3本
パースニップ
(白にんじん。みじん切り)
400g
ルタバガ
(かぶに似た野菜。みじん切り)
400g
にんじん(みじん切り)　400g
野菜ブイヨン　小さじ3½
塩
黒こしょう(挽いて使う)

タラゴンソース
タラゴン(みじん切り)　1束
レモン(絞り汁)　½個
オリーブオイル　大さじ4

4人分

大きめのなべにオリーブオイルを入れて火にかけ、たまねぎ、にんにく、セロリを加えて焦がさないように5分炒める。パースニップ、ルタバガ、にんじんを加えて3分炒める。水1500ccを沸騰させて野菜ブイヨンを加え、これを野菜の入ったなべに加える。塩とこしょうで味付けし、沸騰してから35分、野菜がやわらかくなるまで煮る。

火からおろし、少し冷ます。スープをミキサーかフードプロセッサーに入れ、なめらかになるまでフードプロセッサーにかける。1回で無理なら、何回かに分けて行う。ハンドミキサーを使って、なべの中でピューレ状にしてもよい。

タラゴンソースを作る。タラゴンをボウルに入れ、レモンの絞り汁とオリーブオイルを加える。ハンドミキサーでなめらかになるまで混ぜる。必要ならスープを温め直し、ボウルにスープを入れてタラゴンソースをまわしかける。

ワイルドマッシュルームスープ
サワークリームとチャイブ添え

乾燥ポルチーニを入れるとゴージャスで濃密な風味になり、素晴らしくリッチなスープができあがります。ポルチーニは、よく洗って砂を取り除きましょう。

乾燥ポルチーニ(洗う)　10g
バター　50g
マッシュルーム
(大きめのもの。薄切り)　500g
にんにく(つぶす)　2かけ
食パン(耳を取る)　50g
サワークリーム　150cc
チャイブ(みじん切り)　1束
塩
黒こしょう(挽いて使う)

4人分

乾燥ポルチーニを小さめのボウルに入れる。熱湯750ccを加え、30分間つけておく。

大きめのなべか中華なべにバターを入れ、火にかけて溶かす。薄切りにしたマッシュルームを加え、やわらかくなるまで5分ほど炒める。

ポルチーニの水けを切る。戻し汁は残しておく。ポルチーニを粗くみじん切りにし、マッシュルームの入ったなべに加える。さらに2分炒めたら、にんにくを加える。

なべの中に、食パンをちぎりながら加える。残しておいたポルチーニの戻し汁を注ぎ、塩とこしょうで味付けする。沸騰したら火を弱め、10分煮る。

スープをミキサーかフードプロセッサーに入れ、なめらかになるまでミキサー(フードプロセッサー)にかける。1回で無理なら、何回かに分けて行う。必要ならスープを温め直し、ボウルに入れてサワークリームをスプーン一杯すくい入れる。チャイブをのせ、黒こしょうを挽いて出す。

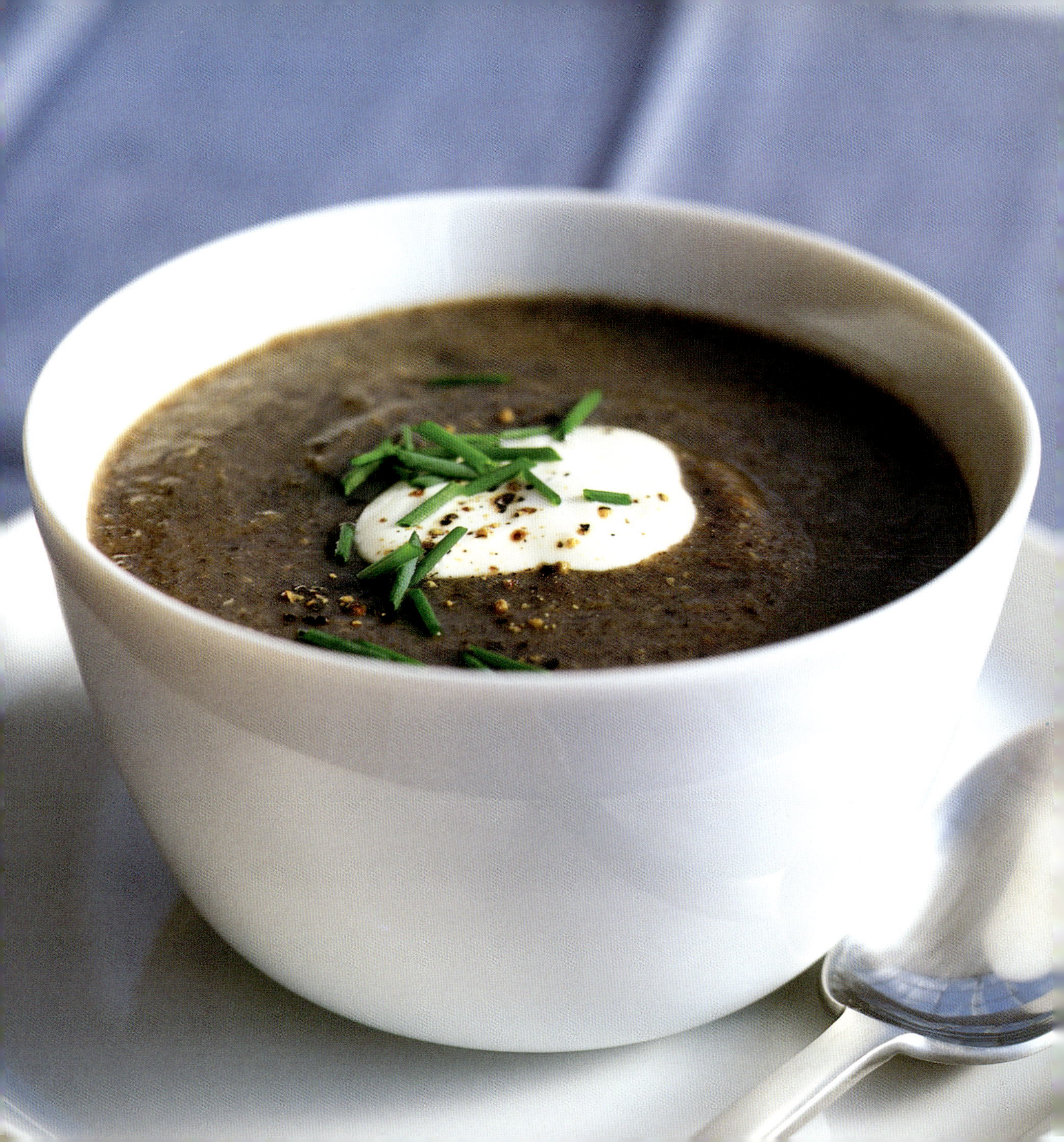

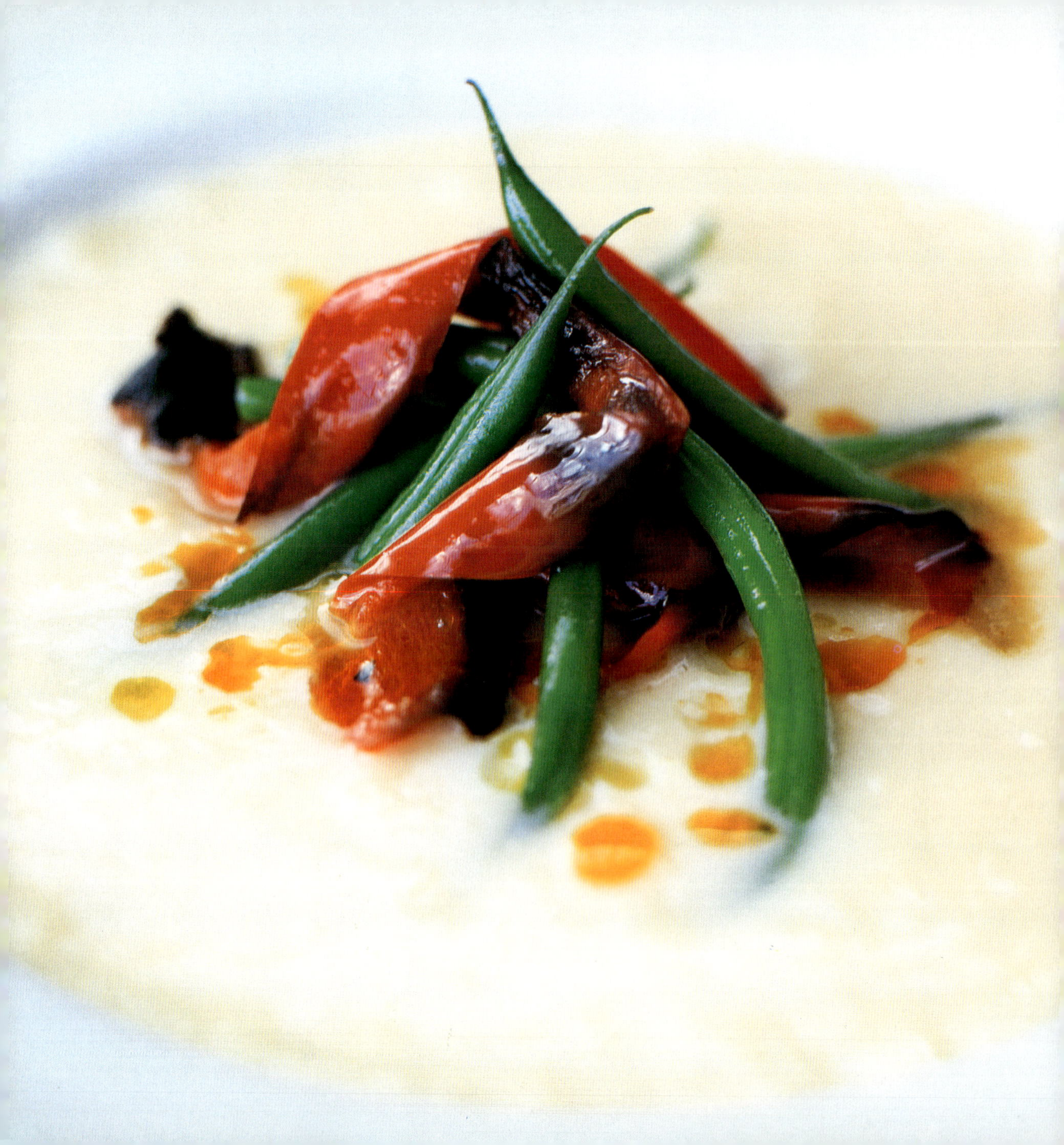

赤ピーマンと豆のスープ

缶詰の豆は、スープ、サラダ、メイン料理、そしてフィリングの具と、さまざまな用途に使えます。いろいろな種類の豆の缶詰を、いつもストックとして保存しておきましょう。

赤ピーマン
（大きめのもの。
半分にして種を取り1cm幅に切る）
2個

オリーブオイル　大さじ3

たまねぎ
（大きめのもの。みじん切り）
1個

辛口白ワイン　150cc

白インゲン豆
（缶詰。水けを切って洗う）
820g

野菜ストック（p.233参照）　700cc

いんげん　125g

塩

黒こしょう（挽いて使う）

チリオイルかガーリックオイル
（仕上げ用）

4人分

オーブンを200度に温めておく。オーブン皿に赤ピーマンを並べ、オリーブオイル大さじ1をまわしかけ、塩とこしょうを振る。オーブンに入れて、30分焼く。

残りのオリーブオイルを大きめのなべに入れて火にかける。たまねぎを入れ、中火で10分、玉ねぎが透き通ってしんなりするまで炒める。

白ワインを加え、1分ほど煮立たせる。バタービーンズと野菜ストックを加え、黒こしょうで味付けする。沸騰したら火を弱め、15分煮る。

赤ピーマンの入ったオーブン皿にいんげんを加え、さらにオーブンで8-10分焼く。

スープをミキサーかフードプロセッサーに入れ、なめらかになるまでミキサー（フードプロセッサー）にかける。必要ならスープを温め直し、スープ皿かボウルに入れて上に赤ピーマンといんげんを飾る。チリオイル、あるいはガーリックオイルをまわしかける。

クレソンスープ

オリーブオイル　大さじ2
たまねぎ(みじん切り)　1個
リーキ(みじん切り)　1本
じゃがいも
(大きめのもの。角切り)
2個
薄力粉　小さじ2
野菜ストック(p.233参照)
1200cc
クレソン
(茎を取り除いて葉をみじん切り)
300g
イタリアンパセリ(みじん切り)　1束
塩
黒こしょう(挽いて使う)

8人分

クレソンは、かむと少しピリッとした苦味が感じられ、口をすっきりさせてくれます。茎が長く深緑の美しい葉がたくさんついていて、さわやかな香りのするものを買いましょう。湿らせたキッチンペーパーに包んで冷蔵庫に入れれば、2日間は保存できます。

オリーブオイルを大きめのなべに入れて火にかけ、たまねぎ、リーキ、じゃがいもを入れる。透き通ってやわらかくなるまで、15分炒める。

薄力粉を加えてよく混ぜ、野菜ストックを注いで塩とこしょうで味付けする。30分間、煮る。

ハンドミキサーでなめらかになるまで混ぜる。クレソン、イタリアンパセリを加えて、さらに5分煮込む。必要なら塩、こしょうで味を調える。

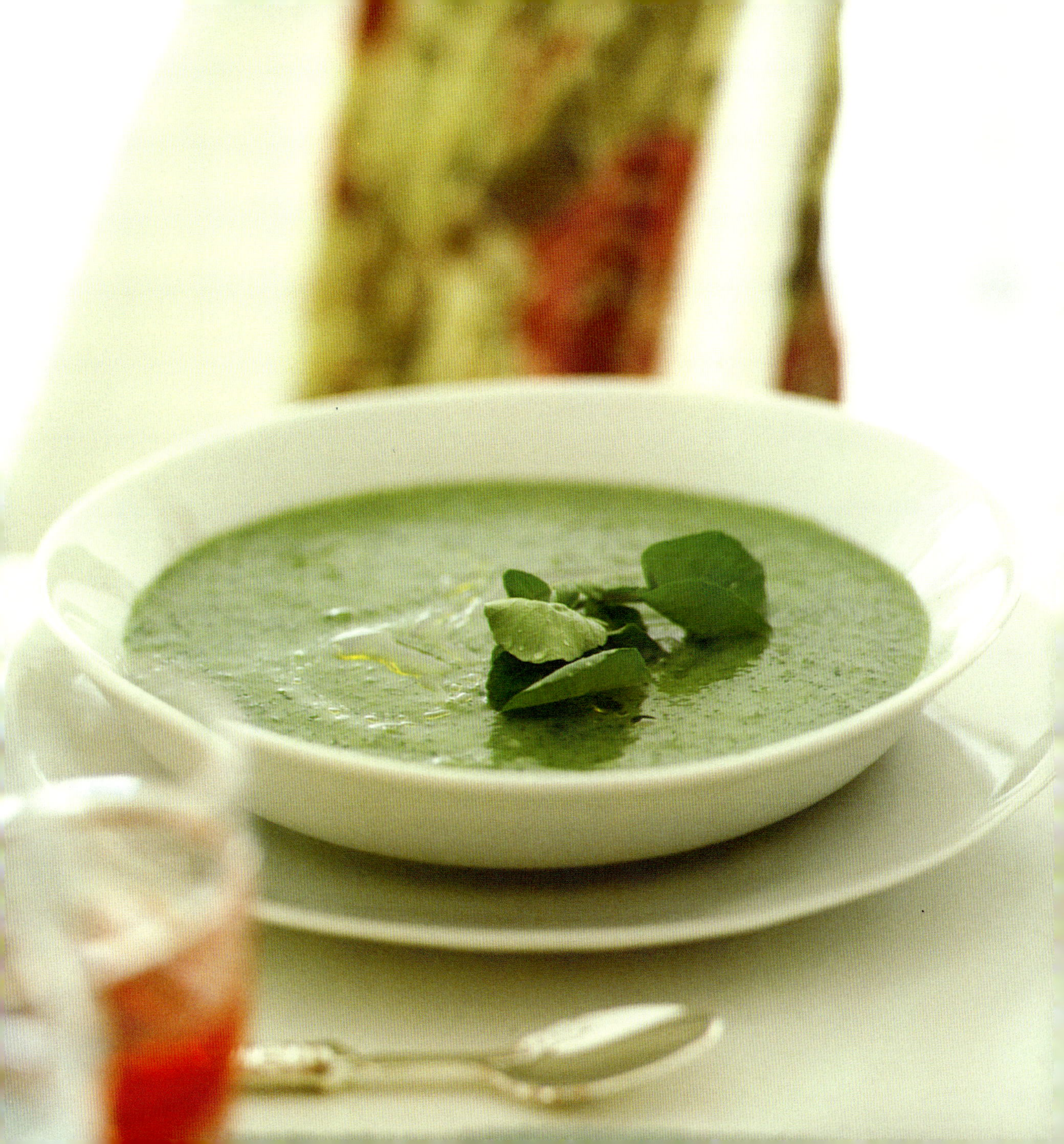

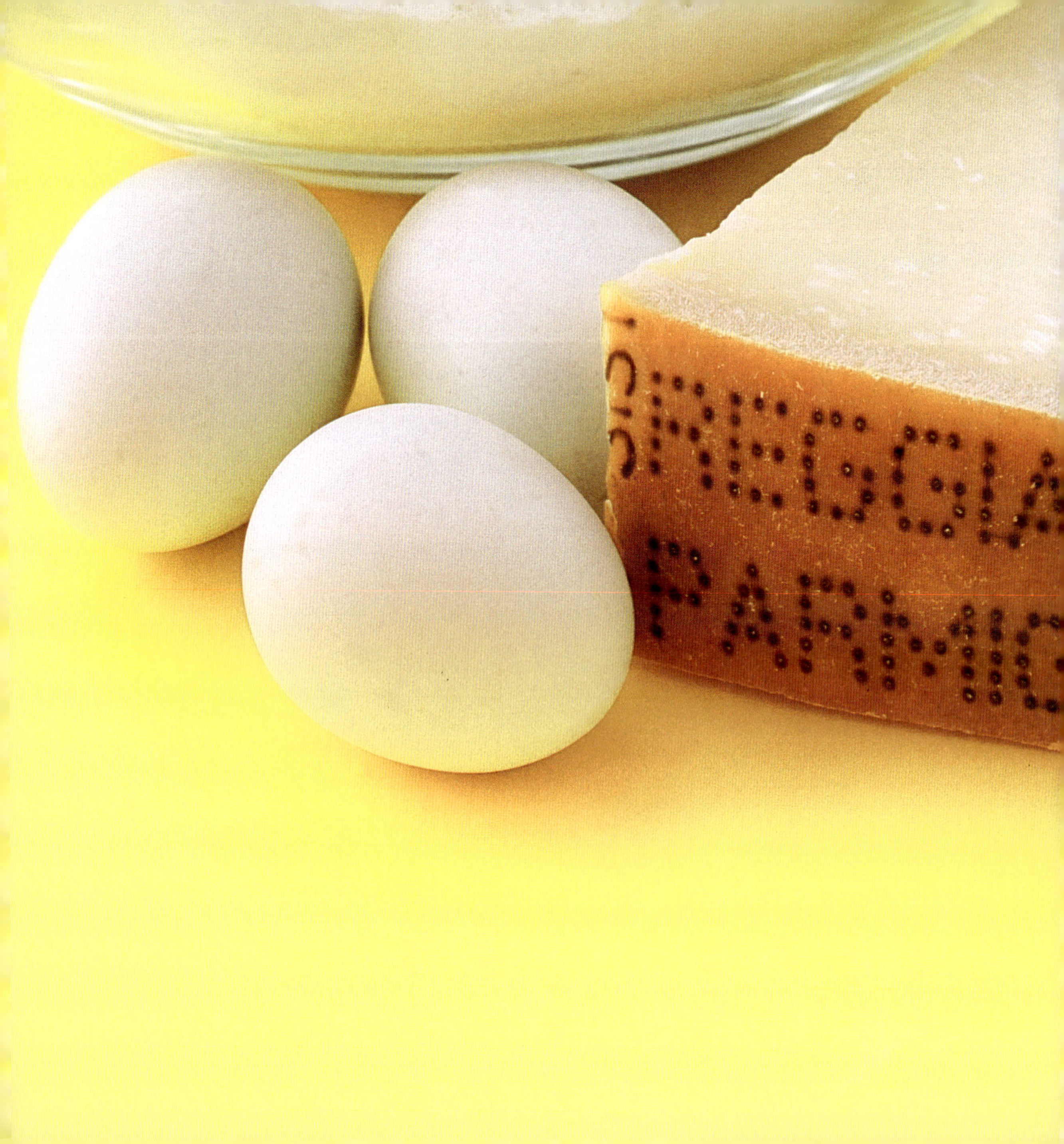

チーズと卵

コーンスターチ 小さじ½
牛乳 250cc
フォンティナチーズ（角切り） 500g
無塩バター（なくてもよい） 50g
卵黄 4個
白こしょう（挽いて使う）
白トリュフ（なくてもよい） 1個
あるいはトリュフオイル

仕上げ
蒸し春野菜
（ベビーキャロット、ベビーリーキ、ベビーターニップ、アスパラガス、フェンネル、きぬさやなどを一口サイズに切る）
トーストあるいはポレンタ

ダブルボイラー
（湯せん式2重深なべ。熱湯を張った鍋の中にボウルを入れても代用できる）

6人分

フォンドゥータはイタリア版チーズフォンデュで、イタリア北西部にあるヴァッレ・ダオスタ州の郷土料理です。フォンティナチーズを使ったフォンデュは卵黄で濃厚さを増し、近隣のピエモンテ州からの白トリュフを削ればぜいたくな一品となります。トリュフが手に入らなければ、トリュフオイルを少したらすだけでも特別な香りが楽しめます。

フォンドゥータ

小さめのボウルにコーンスターチを入れ、牛乳大さじ1を加えてコーンスターチが溶けるまで混ぜる。コーンスターチはこのように、水分で溶いて使う。

残りの牛乳をダブルボイラーの内なべに入れ、フォンティナチーズ、溶いたコーンスターチを加える。水をいれた外なべに内なべを入れ、火にかける。牛乳とチーズの入った内なべは絶えずかき混ぜ、チーズを溶かす。バターを使う場合はチーズが溶けたらバターを入れて混ぜ、なべを火からおろす。

ボウルに卵黄を入れて、軽く泡立てる。チーズを溶かした牛乳を大さじ2から大さじ3加えて卵黄を温め、泡立てる。これを牛乳の入った内なべに流し入れ、よくかき混ぜる。なべを再び火にかけ、とろりと煮詰まるまで内なべの中身をかき混ぜ続ける。

できあがったチーズのソースをあらかじめ温めておいたボウルに入れ、白こしょうを挽いてトリュフを削り入れる。トリュフがない場合は、トリュフオイルを数滴たらす。チーズにつける野菜、トースト、ポレンタとともに出す。

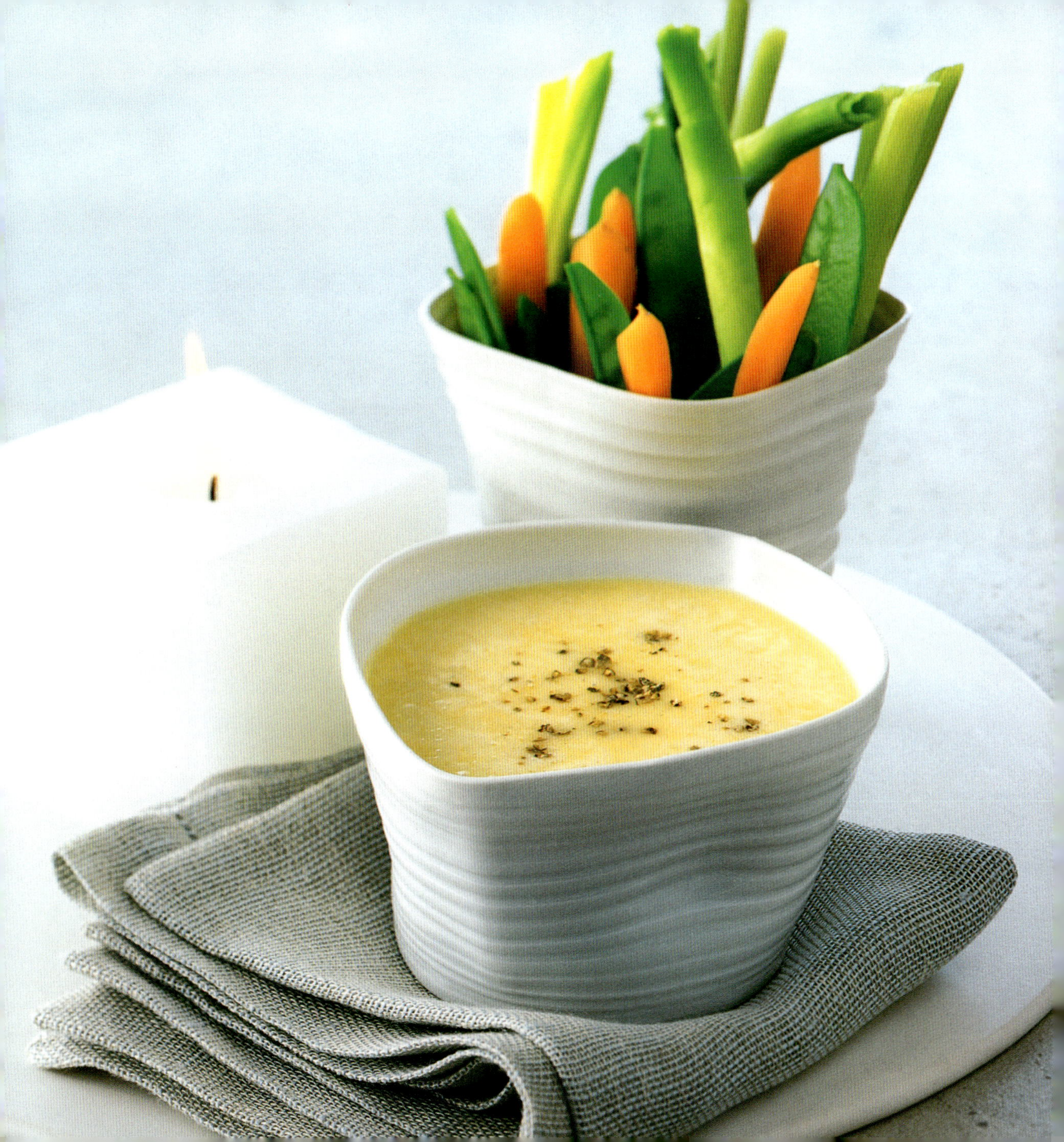

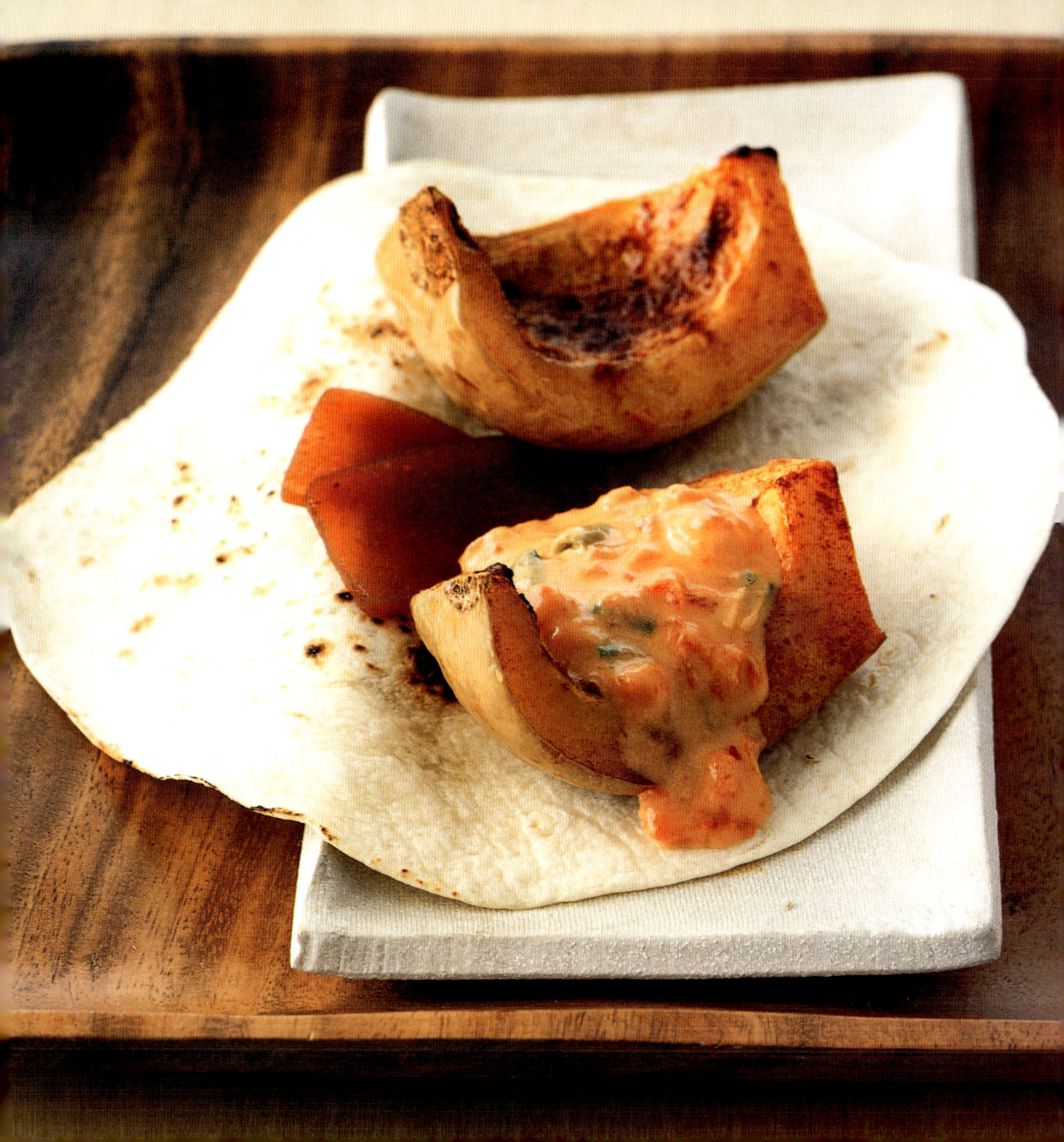

赤ピーマンの
チーズフォンデュ

あぶり焼きした赤ピーマンは甘酸っぱくて、チーズとよく合います。このフォンデュはローストかぼちゃにのせて食べると大変おいしく、ゆでたじゃがいもともよく合います。

高熱のグリル、あるいはガスの火で、赤ピーマンを全体が黒く焦げるまでロースト（あぶり焼き）する。大きめのボウルに入れてラップをかけ、10分ほど蒸らして皮をむく。半分に切って種を取り、薄切りにする。赤ピーマン1個分のスライスは仕上げ用に残し、残りをフードプロセッサー、あるいはミキサーに入れる。白ワインかトマトジュースを加え、粗いピューレ状になるまでフードプロセッサー（ミキサー）にかける。

フォンデュなべにオリーブオイルを入れて火にかけ、万能ねぎとハラペーニョを加えてやわらかくなるまで5-7分ほど炒める。赤ピーマンのピューレを加えて混ぜ、5分煮る。生クリームを加え、沸騰させないように気をつけながら混ぜる。なべを火からおろす。

クリームチーズを加えて混ぜ、チーズが溶けたら再び火にかける。ケソフレスコあるいはプロボローネチーズと薄力粉をボウルに入れてよく混ぜ、少しずつフォンデュなべに加える。絶えず、かき混ぜる。

フォンデュなべをテーブルのバーナーに移し、残しておいた赤ピーマンのスライスを加える。ローストかぼちゃに赤ピーマン入りチーズをすくい入れ、トルティーヤやサワードウと一緒に出す。キンセパステ（スペイン語でメンブリージョ）のスライスを添えてもいい。

赤ピーマン
（小さめ、あるいは中くらいのもの）
6個

辛口白ワインあるいはトマトジュース
125cc

オリーブオイル　大さじ2

万能ねぎ（小口切り）　6本

ハラペーニョ
（青とうがらし。
種を取ってみじん切り）　3本

生クリーム
（乳脂肪分の低いものを選ぶ）
185cc

クリームチーズ（小さく角切り）
110g

ケソフレスコあるいは
プロボローネチーズ
（砕く、あるいはおろす）　225g

薄力粉　大さじ1

仕上げ

かぼちゃ（ローストして
パプリカパウダーを振る）

トルティーヤあるいはサワードウ

キンセパステ（メンブリージョ。
マルメロの果肉の固形状ジャム）

フォンデュなべ

6人分

バシュランは素晴らしい香りのチーズで、2種類あります。フランスのオー・ドゥーブやスイスのバシュラン・モンドールは、やわらかくてツンとくるタイプ。ここで使うバシュラン・フリブルジョワーズは、もう少し固めのチーズです。

バシュランフォンデュ
キャラメライズドエシャロット添え

バターあるいは
オリーブオイル　大さじ2
エシャロット(薄切り)　300g
ブラウンシュガー　小さじ2
バルサミコ酢あるいは
アップルサイダービネガー　大さじ2
辛口白ワイン　500cc
グリュリエールチーズ(おろす)　300g
薄力粉　大さじ1
バシュラン・フリブルジョワチーズ
(おろす)　300g
ポートワイン(なくてもよい)　大さじ2

仕上げ
パン
(サワードウ、バゲットなどを角切り)
野菜(ディップ用)
チェリートマト

6人分

バターかオリーブオイルをフォンデュなべ、あるいは大きめのなべに入れ、中火にかける。エシャロットを加えて火を弱め、10分炒める。ブラウンシュガーを加え、バルサミコ酢かアップルサイダービネガーを入れて混ぜ、さらに10分間火を通す。できあがったエシャロットのうち、少しを仕上げ用によけておく。

エシャロットのなべに白ワインを入れ、沸騰したら火を弱めて煮込む。

グリュリエールチーズと薄力粉をボウルに入れ、よく混ぜる。なべを火にかけたまま絶えずかき混ぜながら、チーズと薄力粉を混ぜたものを少しずつ加える。バシュラン・フリブルジョワチーズを加え、入れる場合はポートワインもここで加える。

フォンデュのポットをテーブルのバーナーに置き、残しておいたエシャロットを加えてディップ用の野菜やパンの角切りと一緒に出す。バゲットをスライスしたものを数切れボウルに入れ、その上にフォンデュをかけてもよい。

チーズと卵

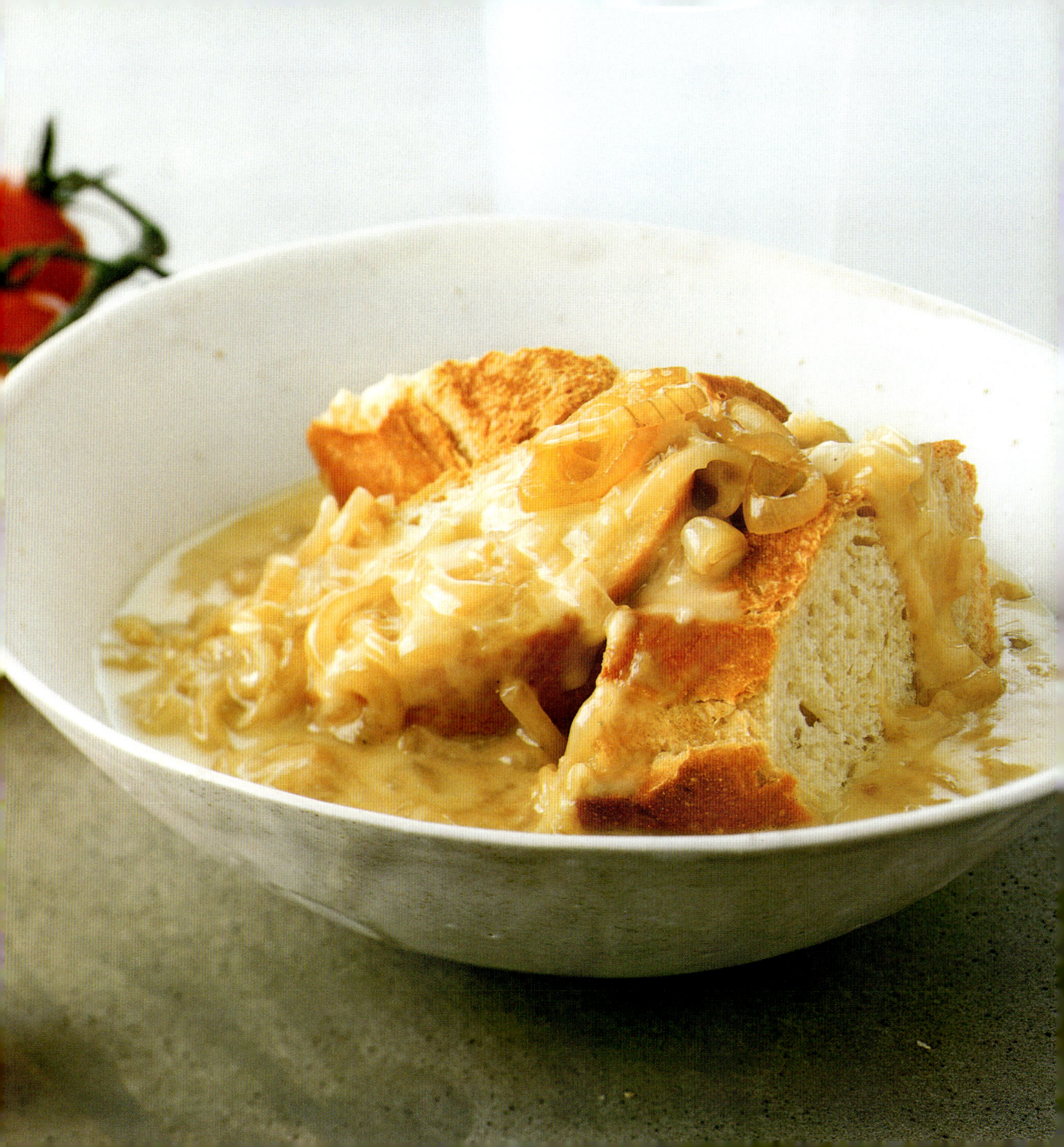

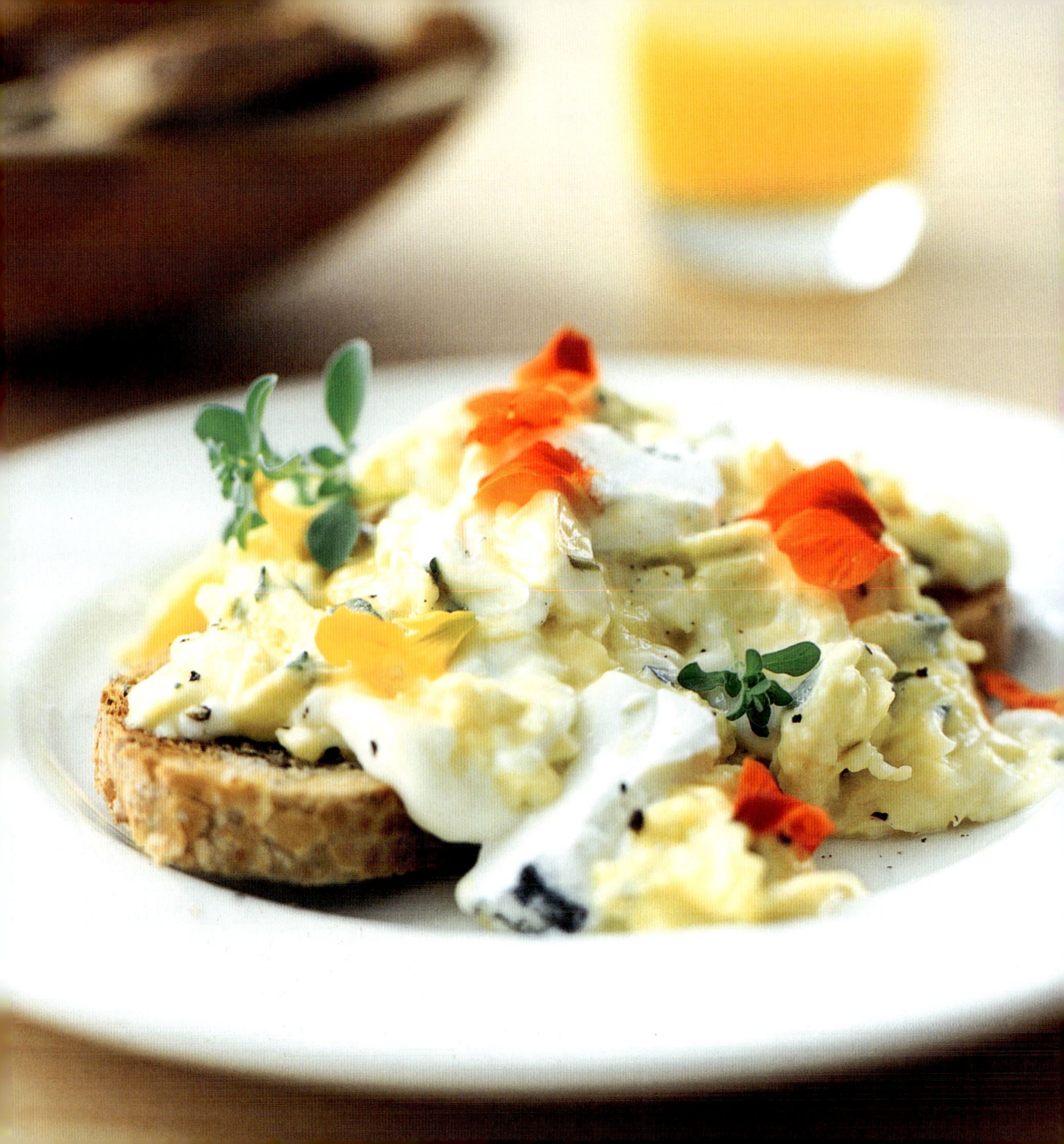

クリーミーエッグ
ゴートチーズ添え

ふわふわのスクランブルエッグにゴートチーズを混ぜ込めば、シンプルな一皿がおいしいランチに変身します。ナスタチウムの花はなくてもいいですが、あればウキウキするような色とピリッとした繊細な香りを加えてくれます。

卵　12個
生クリーム
（乳脂肪分の低いものを選ぶ）
100cc
マジョラム（みじん切り）　大さじ2
バター　50g
ゴートチーズ（角切り）　200g
ナスタチウム
（花の部分をちぎる。なくてもよい）
ひとつかみ
塩
黒こしょう（砕いて使う）
クルミパン（トーストする）　4切れ

4人分

卵をボウルに割り入れ、生クリーム、マジョラム、塩とこしょうを少々加えて、溶きほぐす。テフロン加工のフライパンにバターを入れ火にかけて溶かし、卵を加えたら弱火にしてかき混ぜる。

卵が固まりかける前にゴートチーズを加え、チーズが溶けるまでかき混ぜながら火を通す。使う場合はここでナスタチウムの花を加え、トーストしたパンの上に卵をのせて、すぐにテーブルに出す。

ルッコラエッグ サルサベルデ添え

卵 4個
無塩バター 小さじ1
ルッコラ 50g
塩
黒こしょう(挽いて使う)

ルッコラサルサベルデ
ルッコラ(ざく切り) 50g
チャイブ(ざく切り) ½束
エクストラバージンオリーブオイル 大さじ4
塩
黒こしょう(挽いて使う)

仕上げ
サラダリーフ 125g
くるみ(砕く) 25g
パルメザンチーズ(削る)

2人分

オムレツ風の一皿であっという間にできあがるので、卵を火にかける前にすべての材料を準備しておきましょう。4人分作りたい場合は、材料を2倍にして卵を2回に分けて調理してください。

ルッコラサルサベルデを作る。ルッコラをミキサーあるいはフードプロセッサーに入れ、チャイブ、エクストラバージンオリーブオイルと水大さじ2を加える。なめらかになるまでミキサーまたはフードプロセッサーにかける。塩とこしょうで味付けする。

小さめのボウルに卵を割り入れ、溶きほぐす。塩とこしょうで味付けする。

中華なべかフライパンにバターを入れ、火にかける。バターがぐつぐつ泡立てばルッコラを加え、30秒ほどかき混ぜながら炒める。

卵を入れ、中華なべのなべ肌をゆっくりとまわす。底がキツネ色になり、表面がまだ半熟状の状態になるまで火を通す。

用意した皿それぞれにサラダリーフを盛ってくるみを散らす。木のスプーンを2つ使ってオムレツを4つに切り分け、サラダリーフの上にのせる。上にパルメザンチーズを削り、サルサベルデを添えて出す。

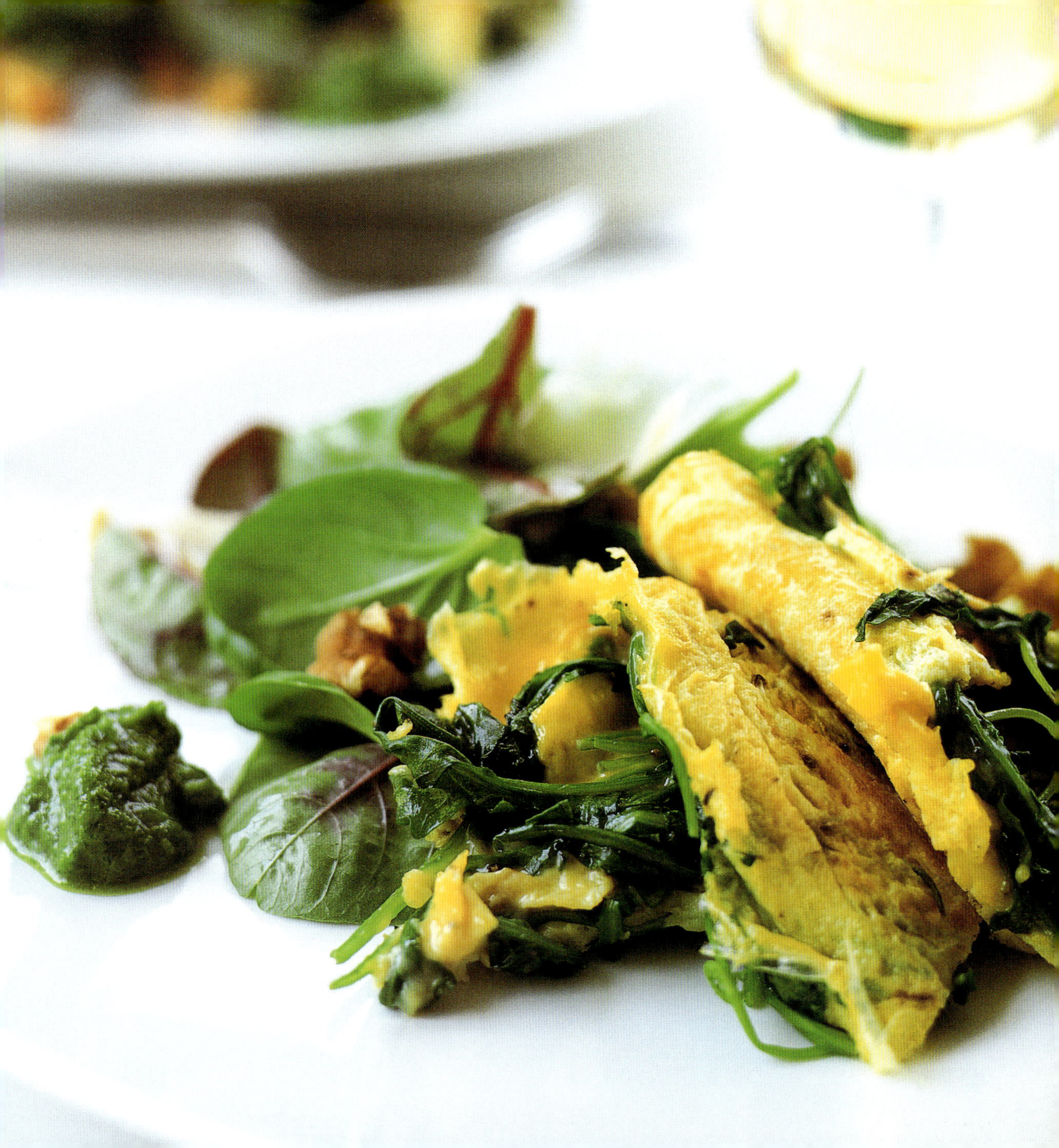

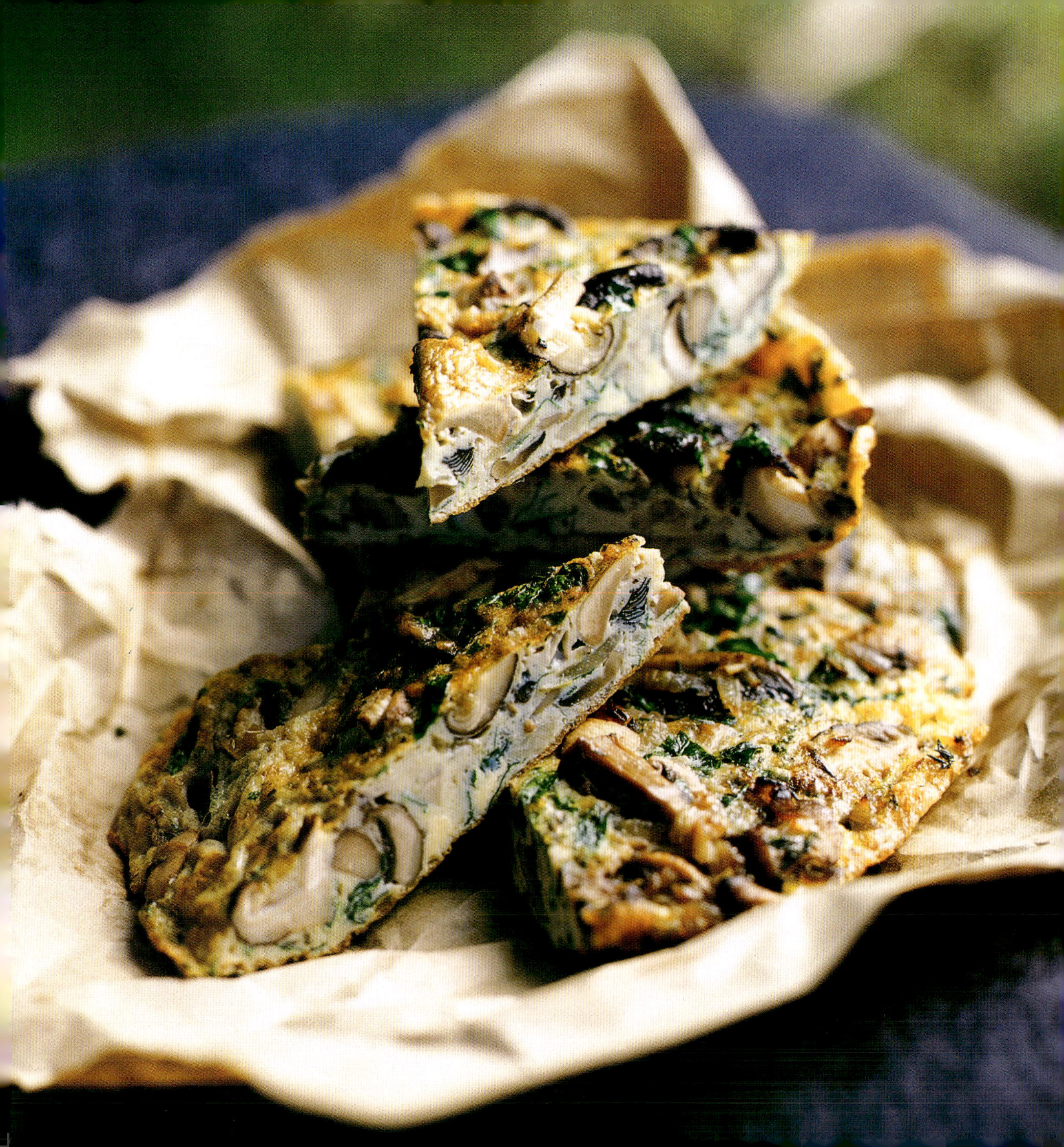

ステキな香りなのに気取りのないフリタータは、トルティーヤ(スペイン風オムレツ)やオムレツ(フランス風)のイタリア版です。地域によって、また季節ごとにいろいろな具材が使われます。

きのこのフリタータ

エクストラバージンオリーブオイル 大さじ3
エシャロット(みじん切り)　2本
にんにく(みじん切り)　2かけ
タイム(みじん切り)　大さじ1
きのこ
(シャントレル、ポートベロマッシュルーム、しいたけ、セップ茸など)　300g
卵　6個
イタリアンパセリ(みじん切り)　大さじ2
塩
黒こしょう(挽いて使う)

6人分

エクストラバージンオリーブオイル大さじ2をテフロン加工のフライパンに入れ、弱火にかけてエシャロット、にんにく、タイムを加える。焦がさないように気をつけながら、やわらかくなるまで5分ほどじっくり炒める。

汚れを取り除いて表面をふき、薄切りかみじん切りにしたきのこを、フライパンに加える。水分が出てくるまで4-5分炒めて、火からおろす。

ボウルに卵を入れ、イタリアンパセリと塩、こしょうを少々加える。軽くかき混ぜ、炒めたきのこを加えてさらに混ぜる。フライパンをふく。

残りのエクストラバージンオリーブオイルをフライパンに入れて火にかけ、卵液を注ぐ。中火で8-10分、底が固まるまで火を通す。あらかじめ温めておいたグリル(オーブン)にフライパンごと入れ、表面が固まってところどころ焦げ色がつくまで2-3分焼く。室温に冷まして出す。

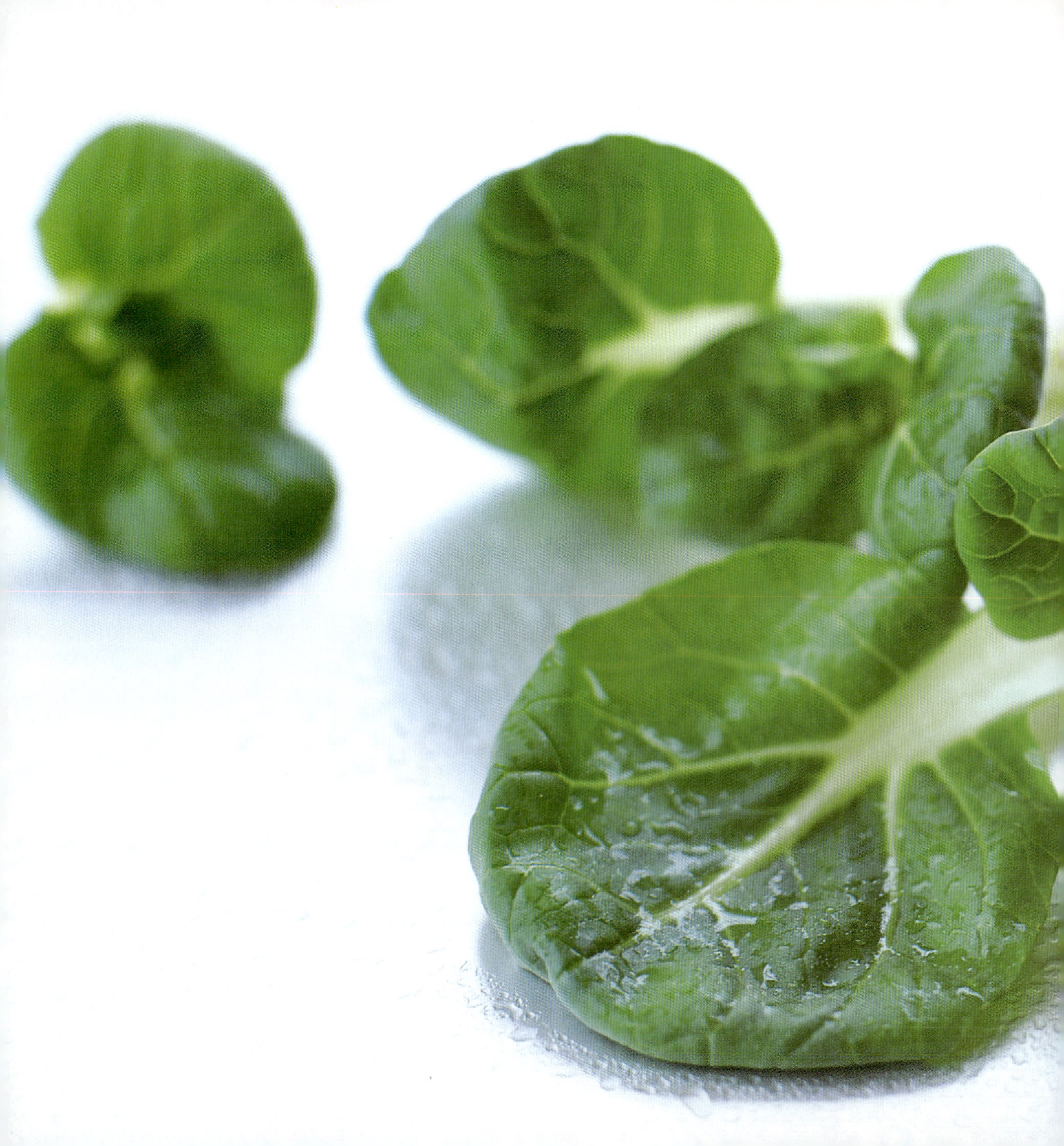

サラダと
サイドディッシュ

サラダに入れる野菜はグリルパンで焼いても、バーベキューで焼いても、あるいはオーブンで焼いてもいいでしょう。好きな方法で、作ってみてください。

アスパラガスとローストピーマンのサラダ

赤ピーマン　3個
紫たまねぎ　2個
アスパラガス(根元を切る)　400g
オリーブオイル　大さじ5
バルサミコ酢　大さじ2
塩
黒こしょう(挽いて使う)
パルメザンチーズ
(食べる直前に削る。なくてもよい)
50g

4人分

赤ピーマンの種を取り、縦に4つ割くらいに切る。皮の部分を下にしてあらかじめ温めておいたグリルパンにのせ、皮が焦げてふくらむまで焼く。

赤ピーマンを小さめのボウルに入れ、ラップをかけて10分ほど蒸らす。手で触れるくらいに冷めたら皮をむく。

紫たまねぎを、ばらばらにならないように根元をつけたままでくし型に切る。グリルパンにのせて両面4分ずつ焼く。アスパラガスをグリルパンにのせ、やわらかくなるまで3分ほど焼く。

赤ピーマン、紫たまねぎ、アスパラガスをボウルに入れ、オリーブオイル、バルサミコ酢、塩、こしょうを加えて混ぜる。温かいうちに出す。室温に戻してから食べてもよい。好みで、パルメザンチーズを削ってかけてもおいしい。

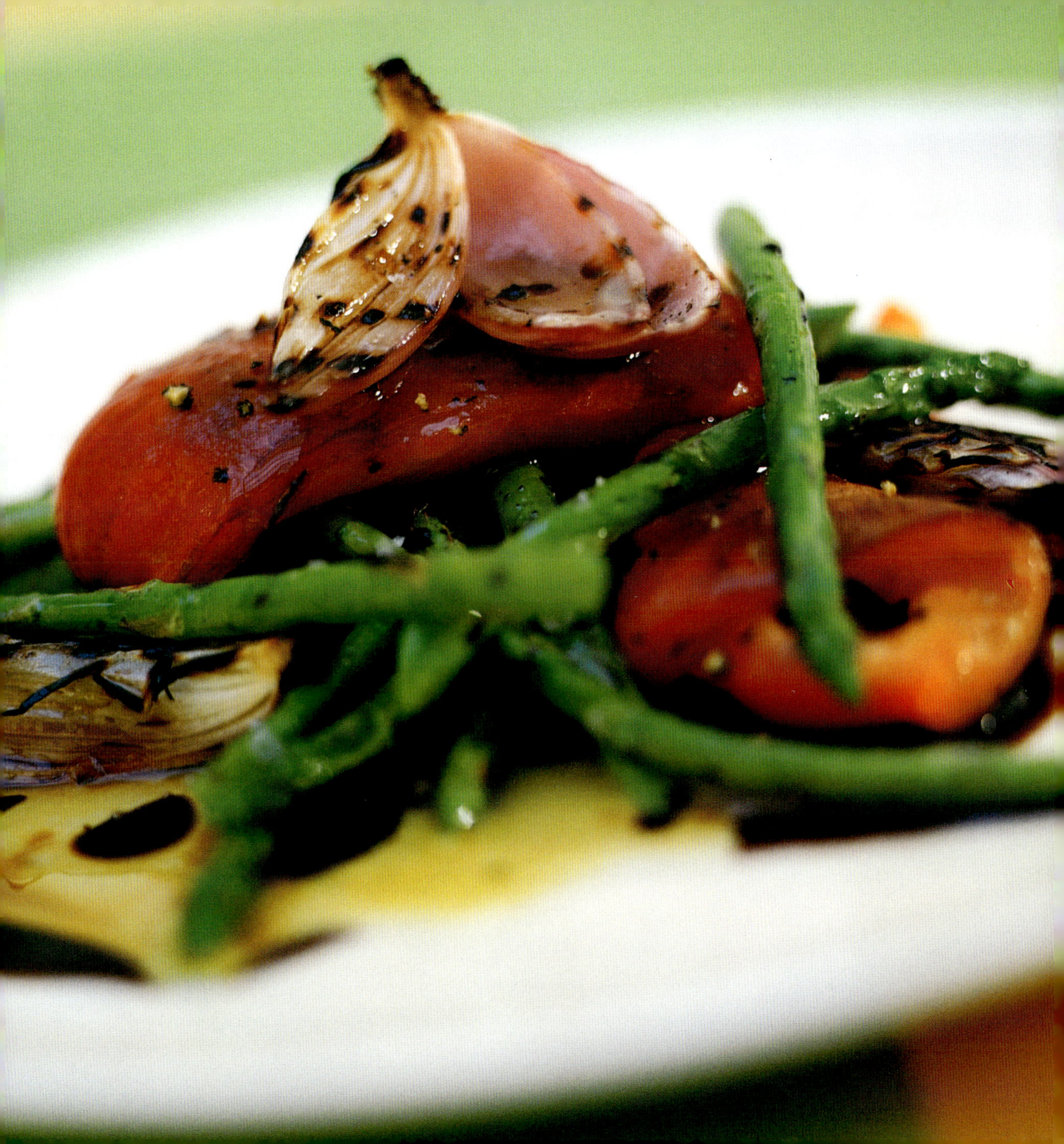

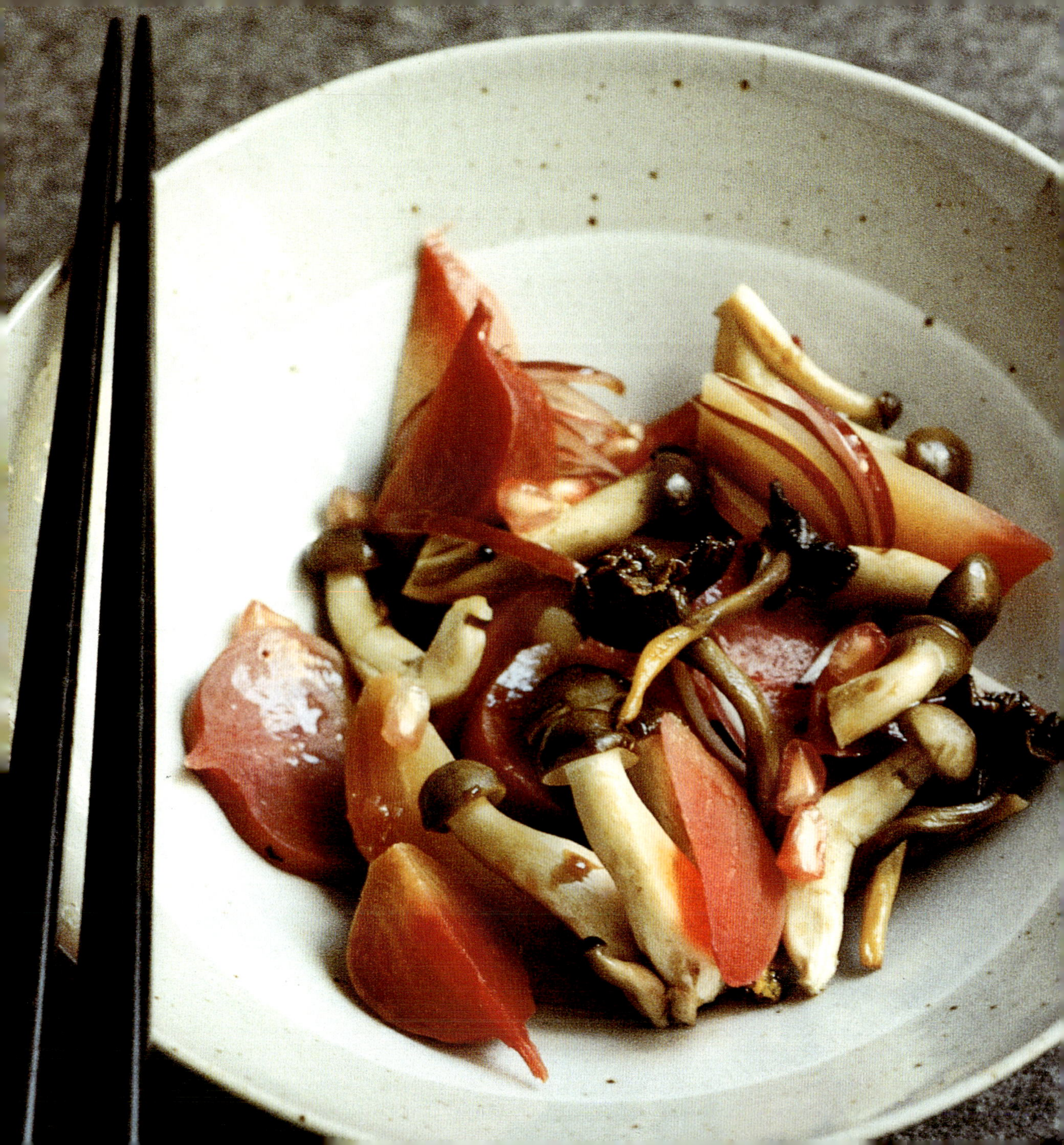

しめじはひとかたまりになって育ち、まるで親の足元で小さな子どもが芽を出した家族のようです。サテンのようななめらかさを保つには、よく熱したフライパンでさっと炒めましょう。しめじの代わりに、しいたけやマッシュルームの薄切りを使ってもいいでしょう。ここでは紫のビーツではなく、ゴールデンビーツを使っています。

きのこのサラダ
ビーツとしょうがあえ

上白糖　大さじ1
バルサミコ酢　大さじ1
アップルサイダービネガー　大さじ1
しょうが（絞り汁）　5cm
レモン（絞り汁）　1/2個
エクストラバージンオリーブオイル　大さじ3
紫たまねぎ（小さめのもの。半分にして繊維に沿って薄切り）　1個
ゴールデンビーツ（ゆでて皮をむく）　4個
しめじ（あるいはしいたけ）　1房
にんにく（みじん切り）　1かけ
塩
黒こしょう（挽いて使う）

4人分

上白糖、バルサミコ酢、アップルサイダービネガーをボウルに入れ、かき混ぜて砂糖を溶かす。しょうがの絞り汁、レモンの絞り汁、エクストラバージンオリーブオイル大さじ2を加えてよく混ぜ、紫たまねぎを加える。

ゴールデンビーツを小さなくし型に切って紫たまねぎを入れたボウルに加え、塩とこしょうを振り入れて混ぜる。ゴールデンビーツにドレッシングが染み込むように、30分以上。

食べる直前に残りのエクストラバージンオリーブオイル大さじ1をフライパンに入れてよく熱し、しめじとにんにくを入れて強火で炒める。やわらかくなりすぎないように気をつけ、焦げ色がついたら紫たまねぎとゴールデンビーツの入ったボウルに加えてドレッシングを絡ませる。

できあがったサラダを用意した各ボウルに分け、出す。

新じゃがのサラダ
ガスパチョドレッシング

ガスパチョは有名なスペインの冷たいスープで、トマト、ピーマン、たまねぎ、にんにくを使って作ります。新じゃがのシンプルなサラダに、ガスパチョと同じ材料を使って作ったドレッシングをかけます。じゃがいもが温かいうちにドレッシングを絡ませれば、すぐに食べない場合も味が染み込みおいしく食べられます。

新じゃが
(一口サイズ。皮をむかずにこすり洗い)
500g

ガスパチョドレッシング

完熟トマト
(大きめのもの。半分に切って種を取り除き角切り)
2個

ロースト赤ピーマン
(びん詰め。角切り) 50g

紫たまねぎ
(小さめのもの。角切り) 1/2個

にんにく(みじん切り) 1かけ

エクストラバージンオリーブオイル
大さじ3

赤ワインビネガー 小さじ2

砂糖 ひとつまみ

イタリアンパセリ(ざく切り) 1束

塩

黒こしょう(挽いて使う)

4人分

大きめのなべに水を入れ、塩を少し加えて沸騰させたら新じゃがを加えて再び沸騰させる。沸騰したら火を弱め、すっとナイフが入るくらいにやわらかくなるまで、12分ほどじゃがいもをゆでる。

ドレッシングの材料を大きめのボウルに入れ、よく混ぜる。塩をたっぷり加えて、黒こしょうもたっぷり挽く。

じゃがいもの水けをしっかり切り、ドレッシングのボウルに入れる。よく混ぜて温かいうちに、あるいは室温で出す。

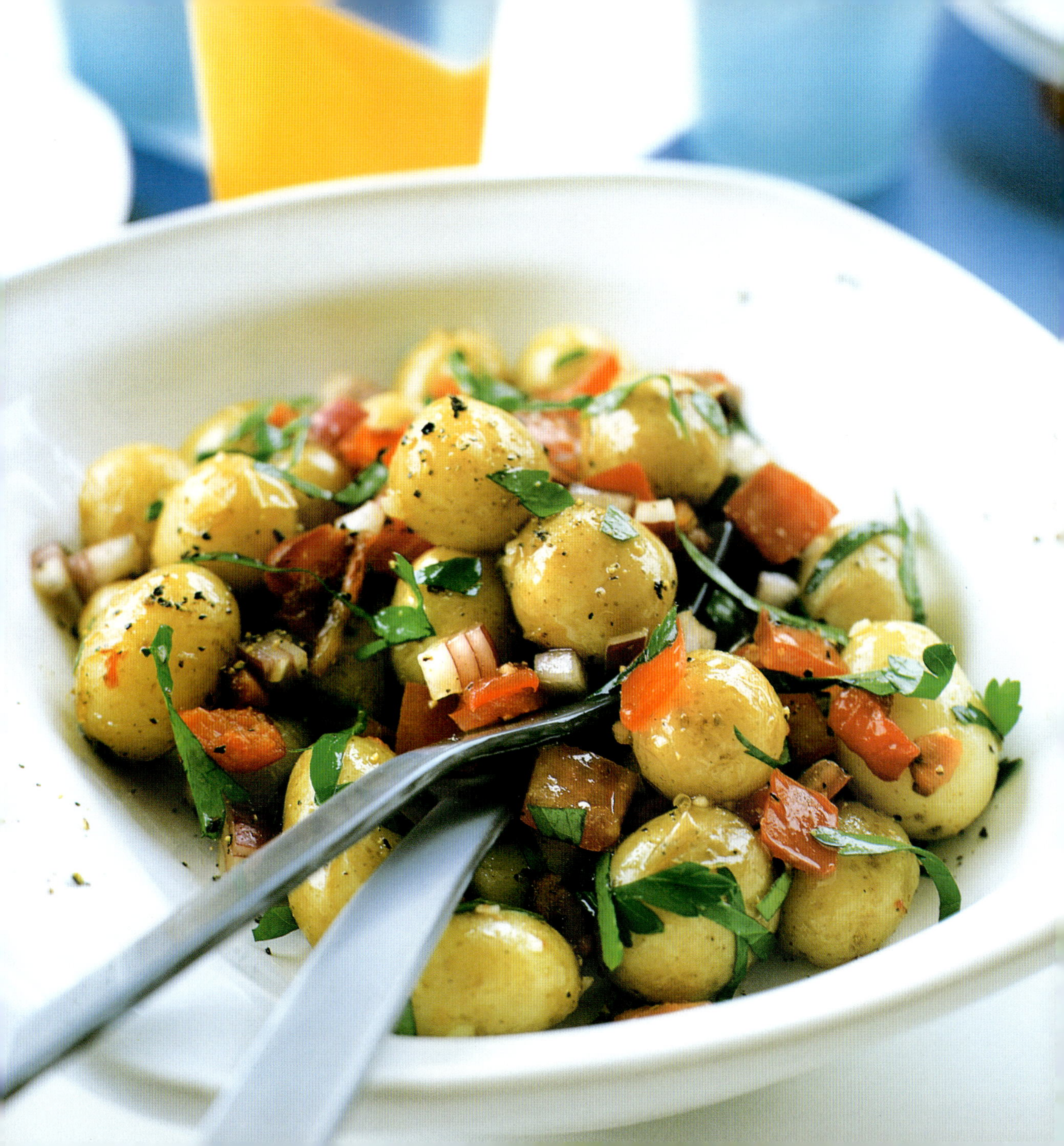

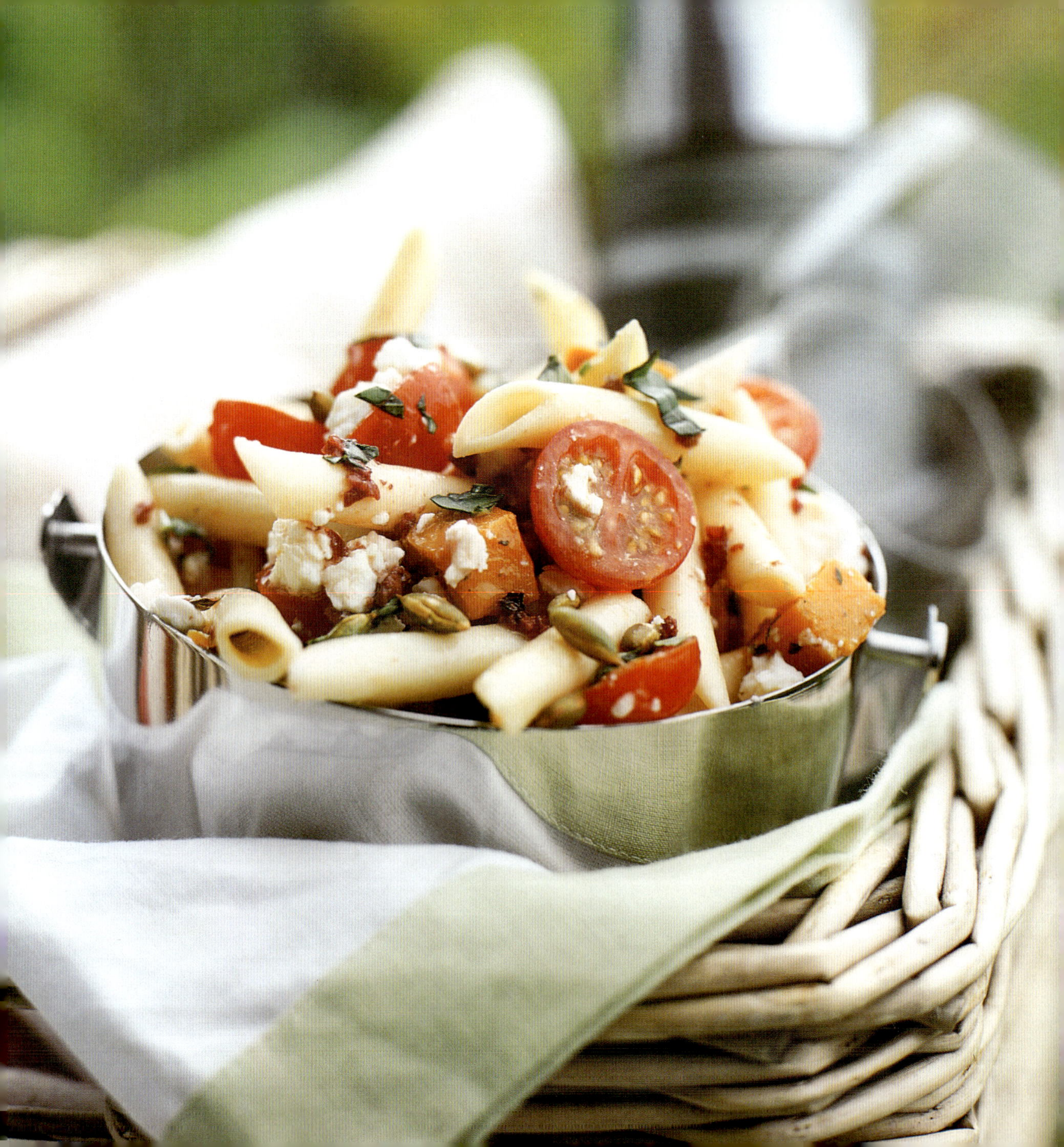

バターナッツかぼちゃ
(皮をむき、種を取って角切り)
750g

エクストラバージンオリーブオイル
大さじ1

タイム(みじん切り)　大さじ1

ペンネ　500g

フェタチーズ(角切り)　350g

チェリートマト(半分に切る)　350g

バジル(みじん切り)　大さじ4

パンプキンシード
(フライパンでから炒り)
大さじ4

塩

黒こしょう(挽いて使う)

ドレッシング

エクストラバージンオリーブオイル
150cc

タプナード　大さじ3

レモン(絞り汁)　1個

はちみつ　小さじ1

塩

黒こしょう(挽いて使う)

6人分

タプナードは南仏プロヴァンス地方で作られる黒オリーブのペーストで、輸入食品を扱うスーパーマーケットなどで手に入ります。おいしいタプナードを探して使うことで、この一皿はさらにおいしくなります。

パスタ、バターナッツかぼちゃとフェタチーズのサラダ
オリーブドレッシングあえ

オーブンを200度に温めておく。バターナッツかぼちゃをボウルかビニール袋に入れ、エクストラバージンオリーブオイル、タイム、塩、こしょうを加える。よく混ぜたらオーブン皿に並べ、予熱したオーブンで25分ほど、キツネ色になってやわらかくなるまで焼く。できあがれば、冷ます。

ドレッシングを作る。エクストラバージンオリーブオイル、タプナード、レモンの絞り汁、はちみつをボウルに入れ、泡立て器でよく混ぜる。塩とこしょうで味付けする。

大きめのなべに水を入れ、塩を加えて沸騰させる。ペンネを入れ、アルデンテ(中心に芯がわずかに残るくらいの固さ)になるまで10分ほどゆでる。しっかり水けを切り、ドレッシング大さじ4を混ぜ合わせて冷ます。

ペンネが冷めたらサラダボウルに入れ、バターナッツかぼちゃを加える。さっくり混ぜ、フェタチーズ、チェリートマト、パンプキンシード、バジルを加える。食べる直前に、残りのドレッシングを加える。

サラダとサイドディッシュ

ビーツの深い赤とチーズの鮮やかな白い色が、冬の華やかさ、ぜいたくさを演出しています。

ビーツ、ゴートチーズと松の実のサラダ
メルバトースト添え

ビーツ
(小さめのもの。
皮はむかず、葉を切り取る)
750g

食パン　12枚

サラダリーフ　500g

ゴートチーズ(砕きやすいもの)
200g

松の実(フライパンでから炒り)
100g

バジル　1束

にんにく(みじん切り)　2かけ

オリーブオイル　大さじ5

レモン(絞り汁)　2個

塩

黒こしょう(挽いて使う)

12人分

オーブンを180度に温めておく。ビーツをオーブン皿に並べ、オーブンで45分焼く。オーブンから取り出し、冷めたら皮をむいて4つ切りにする。

メルバトーストを作る。パンをトーストし、耳を取る。よく切れる大きめの包丁を使って、それぞれのトーストを横半分に切る。トースト1枚から、片面はトーストしてあり片面はやわらかいパン2枚がとれる。それぞれを対角線上に切り、やわかい面を上に向けて、温めておいたグリルでキツネ色になって端が丸まるまで焼く。焦げやすいので、よく気をつける。

サラダリーフを大きめの盛り皿にのせ、ビーツを加えてその上にゴートチーズを砕きながら散らす。さらに、松の実を散らし、バジルの葉をちぎりながらのせる。

にんにく、オリーブオイル、レモンの絞り汁を小さめのボウルかびんに入れる。塩とこしょうを加えてよく混ぜ、サラダにかける。メルバトーストを添えて出す。

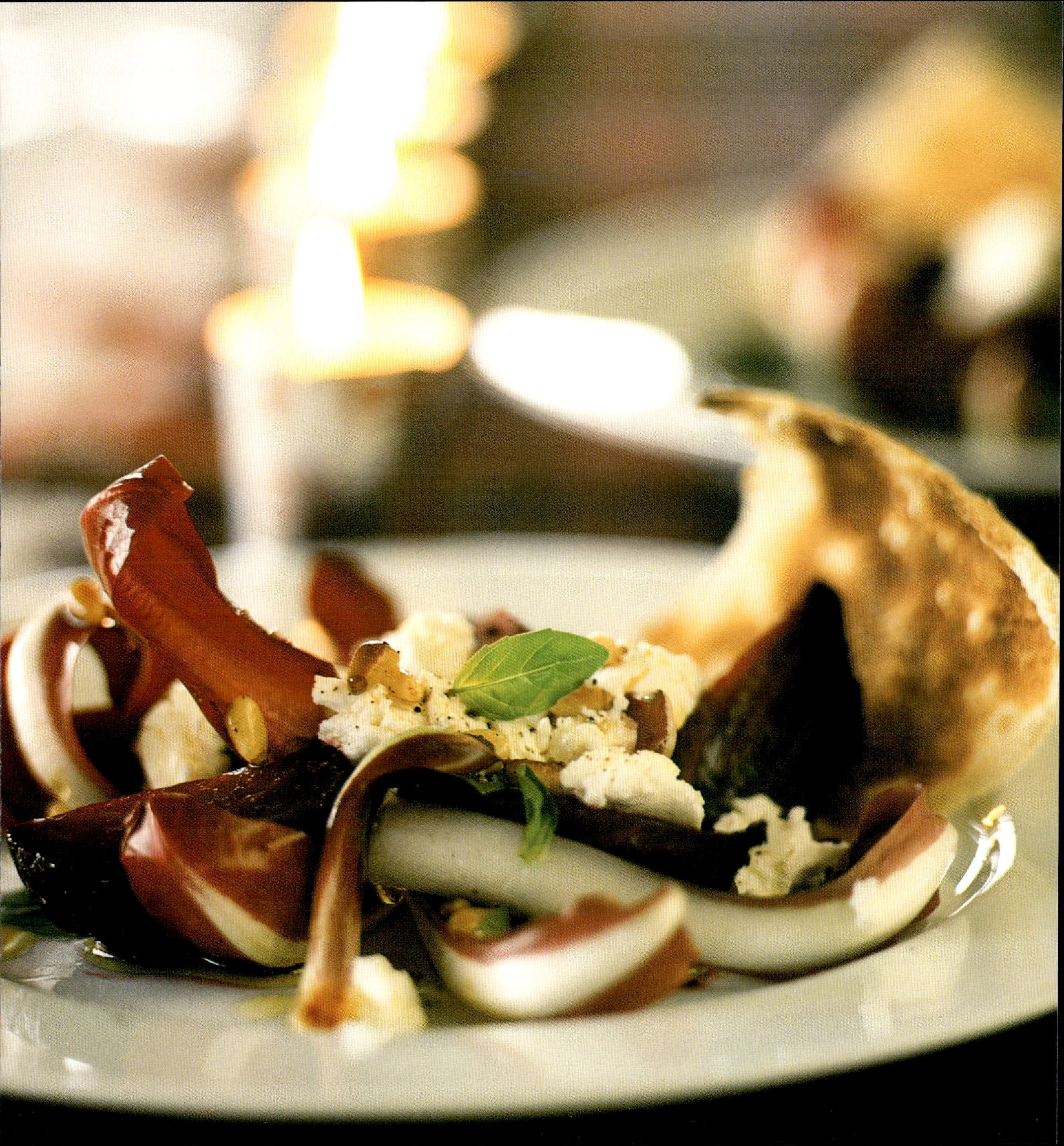

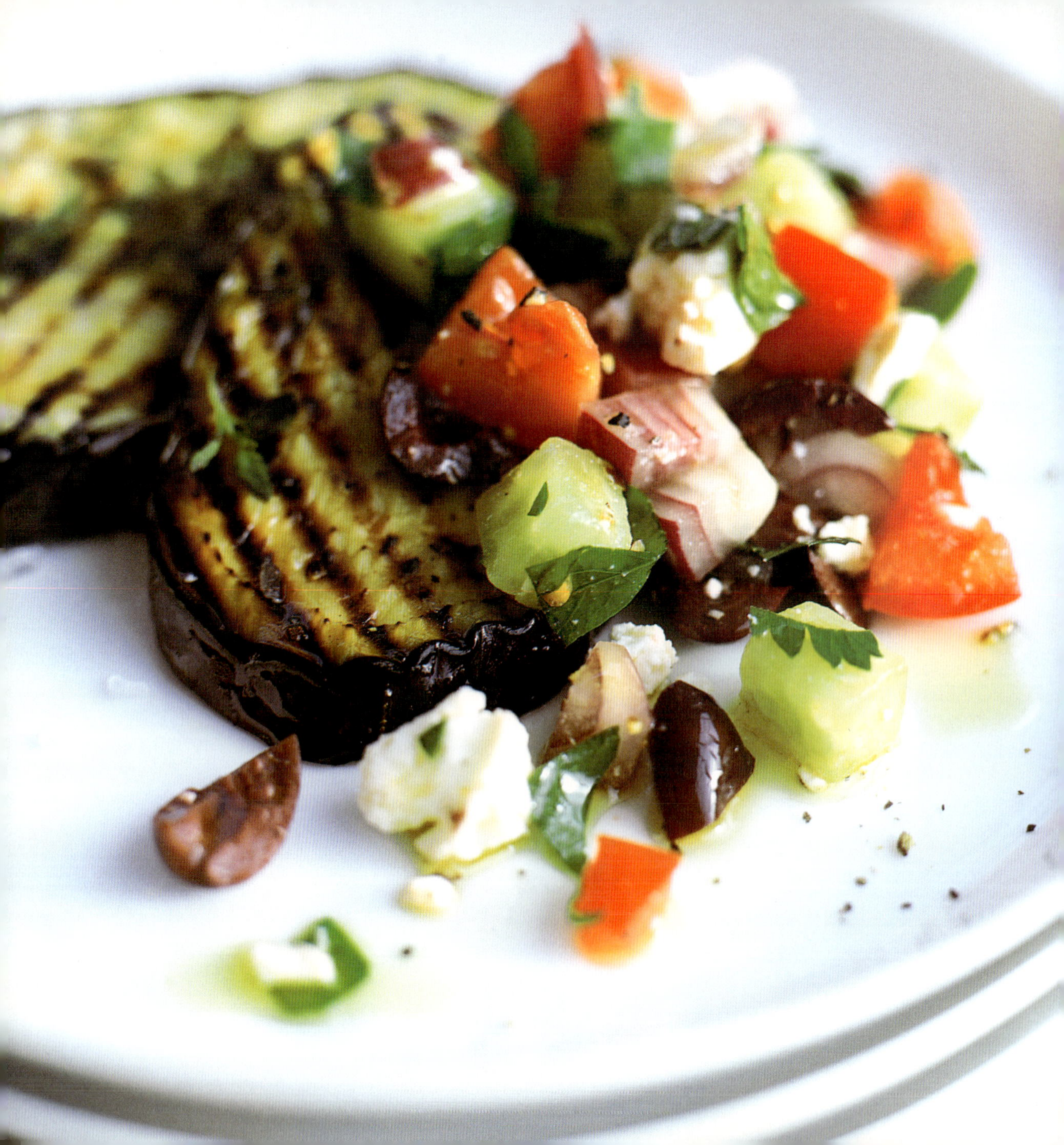

なすのステーキ フェタチーズサラダ添え

フェタチーズサラダがなすのステーキに夏のさわやかさを添える、ステキな一皿です。食事の一品として、またバーベキューのつけ合わせとしてもいいでしょう。

なす、オリーブオイル、レモンの皮のすりおろし、タイムをボウルに入れて混ぜ、なじんだら黒こしょうを加える。

フェタチーズサラダを作る。ブラックオリーブ、紫たまねぎ、きゅうり、トマト、フェタチーズ、イタリアンパセリ、オリーブオイル、にんにくをボウルに入れる。さっくり混ぜる。

なすをあらかじめ温めておいたバーベキュー、あるいはグリルで焼く。両面5分ずつ、軽く焦げてやわらかくなるまで焼く。フェタチーズサラダにレモンの絞り汁を振りかけ、塩とこしょうで味付けする。皿になすを盛り付け、フェタチーズサラダを添えて出す。

なす
(20cmくらいのもの。2cmの斜め切り) 2個

オリーブオイル　大さじ4

レモン(皮のすりおろし)　1個

タイム(葉)　大さじ2

フェタチーズサラダ

ブラックオリーブ
(種を取って角切り) 24個

紫たまねぎ(小さめのもの。角切り)　1個

きゅうり(角切り)　½個

トマト(角切り)　2個(約75g)

フェタチーズ(砕く)　75g

イタリアンパセリ(みじん切り)　1束

オリーブオイル　大さじ3

にんにく(小さめのもの。つぶす)　1かけ

レモン(絞り汁)　½個

塩

黒こしょう(挽いて使う)

4人分

カントリーブレッド(角切り)　4枚
完熟トマト(くし切り)　4個
きゅうり(皮をむいて乱切り)　15cm
紫たまねぎ(薄切り)　1個
イタリアンパセリ(みじん切り)　1束
オリーブ(種を取る)　100g
ケッパー　50g
オリーブオイル　大さじ4
ワインビネガー　大さじ1½
レモン(絞り汁)　½個
上白糖　小さじ1
塩
黒こしょう(挽いて使う)

4人分

パンツァネッラは、イタリアのトスカーナ地方のサラダです。古くなったパンで作るとおいしいので、残り物を使い切りたいときにはうってつけです。何でも手元にある材料で作ることができる、融通のきく料理です。サワードウ、にんにく、バジルなども使ってみてください。

パンツァネッラ

角切りにしたパンを大きめのボウルに入れ、トマト、きゅうり、紫たまねぎ、イタリアンパセリを加える。

オリーブ、ケッパー、オリーブオイル、ワインビネガー、レモンの絞り汁、上白糖、塩、こしょうを加え、よく混ぜる。

パンが水分を吸いこんで、味がなじむまで、1時間ほど置いてから出す。

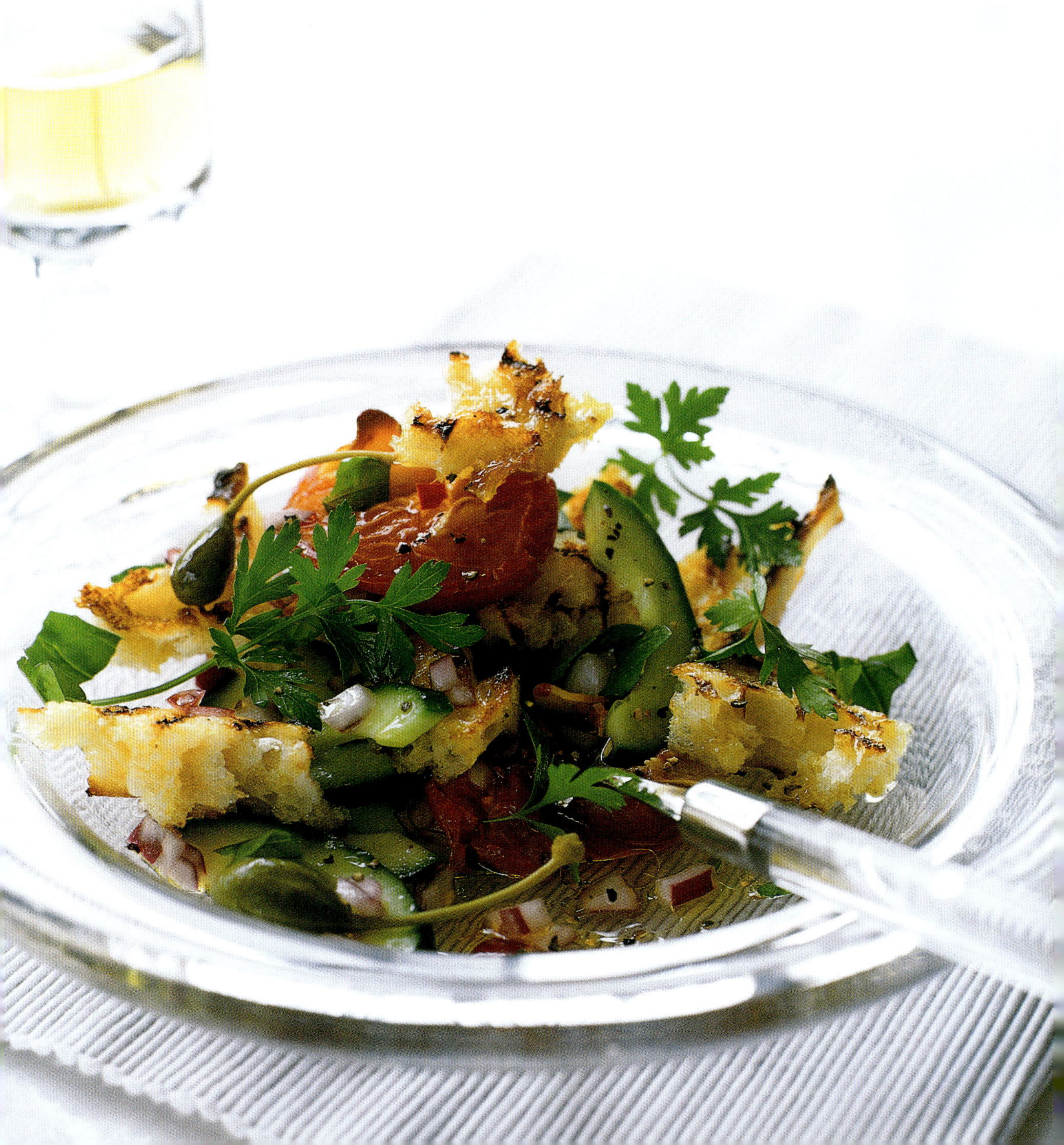

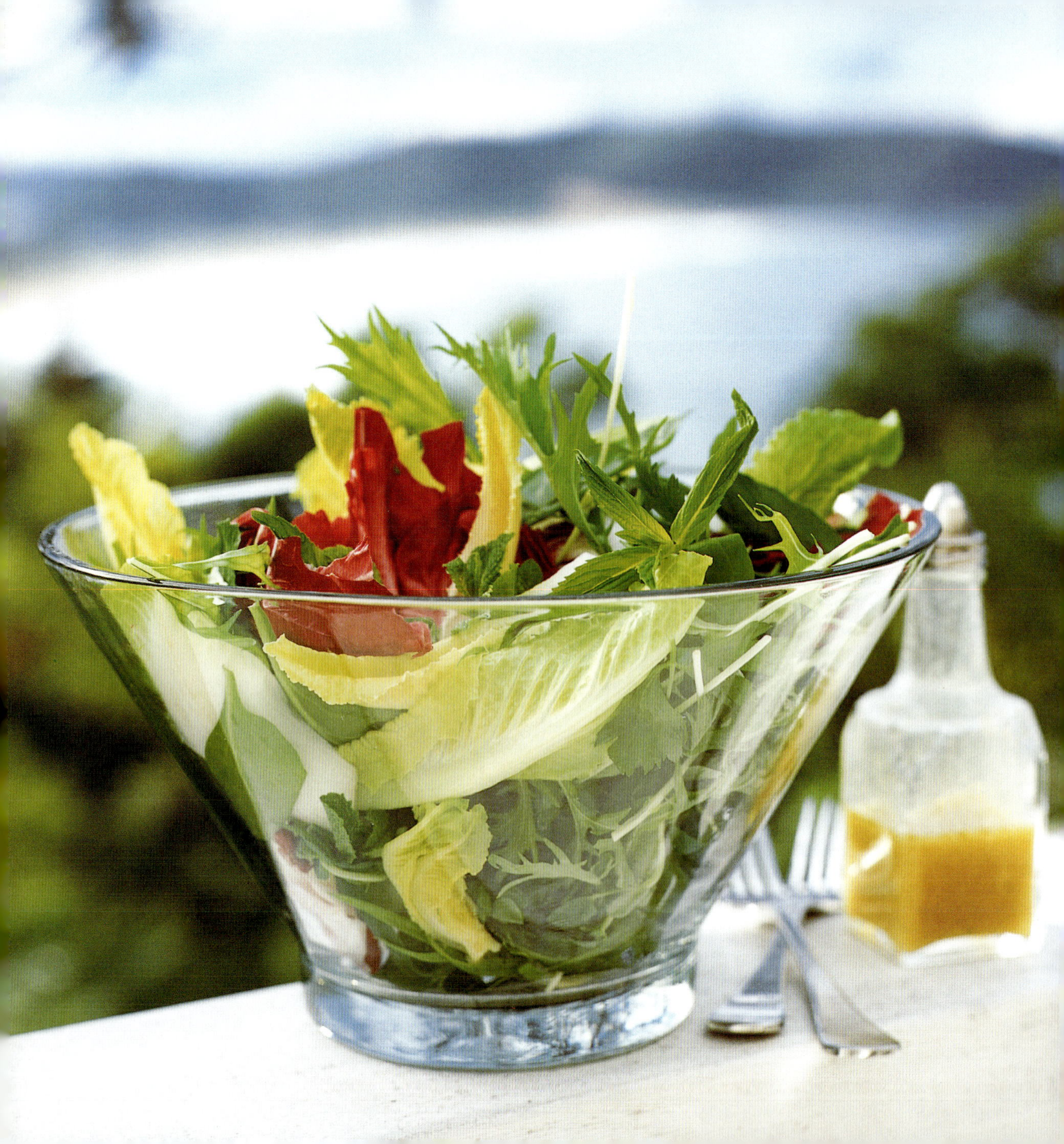

サラダリーフと
ハーブのサラダ

コスレタス
(大きめのものの内側の葉) 2個

サラダリーフ
(ラディッキオ、マーシュ
[ラムズレタス、
コーンサラダともいう]、
水菜、チコリなど)
250g

ハーブ
(バジル、チャイブ、ディル、
ミントなど)
ひとつかみ

ハニーレモンドレッシング

にんにく(つぶす)　1かけ

エクストラバージンオリーブオイル
125cc

レモン(絞り汁)　大さじ1

はちみつ　小さじ1

マスタード　小さじ1

塩

黒こしょう(挽いて使う)

4人分

シンプルな葉野菜サラダのレシピは数えきれないほどありますが、そんな中おいしいものはどこが違うのでしょう。きっと、風味の違いではないでしょうか。これは、特にお気に入りのサラダです。

ドレッシングの材料をボウルか小さめのドレッシング入れに入れて、なじむまで1時間以上置く。使う直前ににんにくを取り出す。

サラダ用葉野菜をすべて洗い、サラダスピナーに入れて回すかキッチンペーパーでふいて水けを切り、ビニール袋に入れる。30分冷やして、葉をパリッとさせる。

葉野菜とハーブを大きめのボウルに入れ、ドレッシングを少量加えて全体になじむようよく混ぜる。味を見ながらドレッシングを足す。

豆と
クスクスのサラダ

クスクス	200g
そら豆(皮をむく)	100g
グリーンピース	100g
スナップエンドウ(すじを取る)	100g
きぬさや(ざく切り)	100g
レモン(皮のすりおろしと絞り汁)	2個
オリーブオイル	大さじ5
パプリカパウダー	小さじ2
にんにく(みじん切り)	1個
塩	

4人分

さわやかな香りに満ちて色鮮やかな、夏にぴったりの一皿です。

クスクスをボウルに入れ、熱湯を注ぐ。よく混ぜ、ふたをして10分ほどふやかす。

大きめのなべにお湯を沸騰させ、そら豆を加えて5分ゆでる。グリーンピース、スナップエンドウ、きぬさやを加え、さらに3分ゆでる。水けを切ってから冷水にさらし、冷やす(鮮やかな緑色を保つため)。

クスクスの水けを切る。大きめのボウルに入れ、上記のそら豆、グリーンピース、スナップエンドウ、きぬさや、レモンの皮のすりおろしと絞り汁、オリーブオイル、パプリカパウダー、にんにく、塩を加える。よく混ぜてから出す。

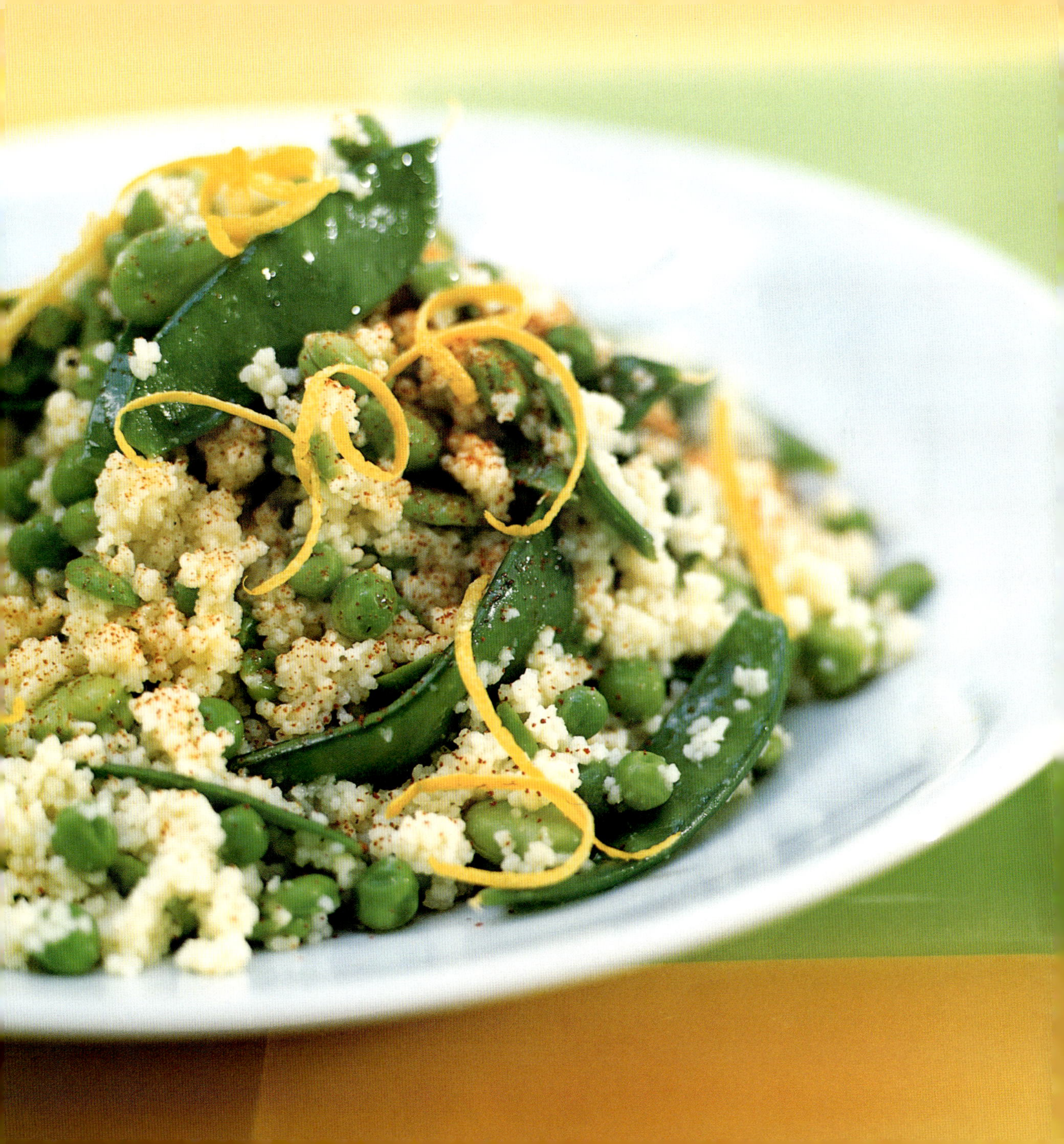

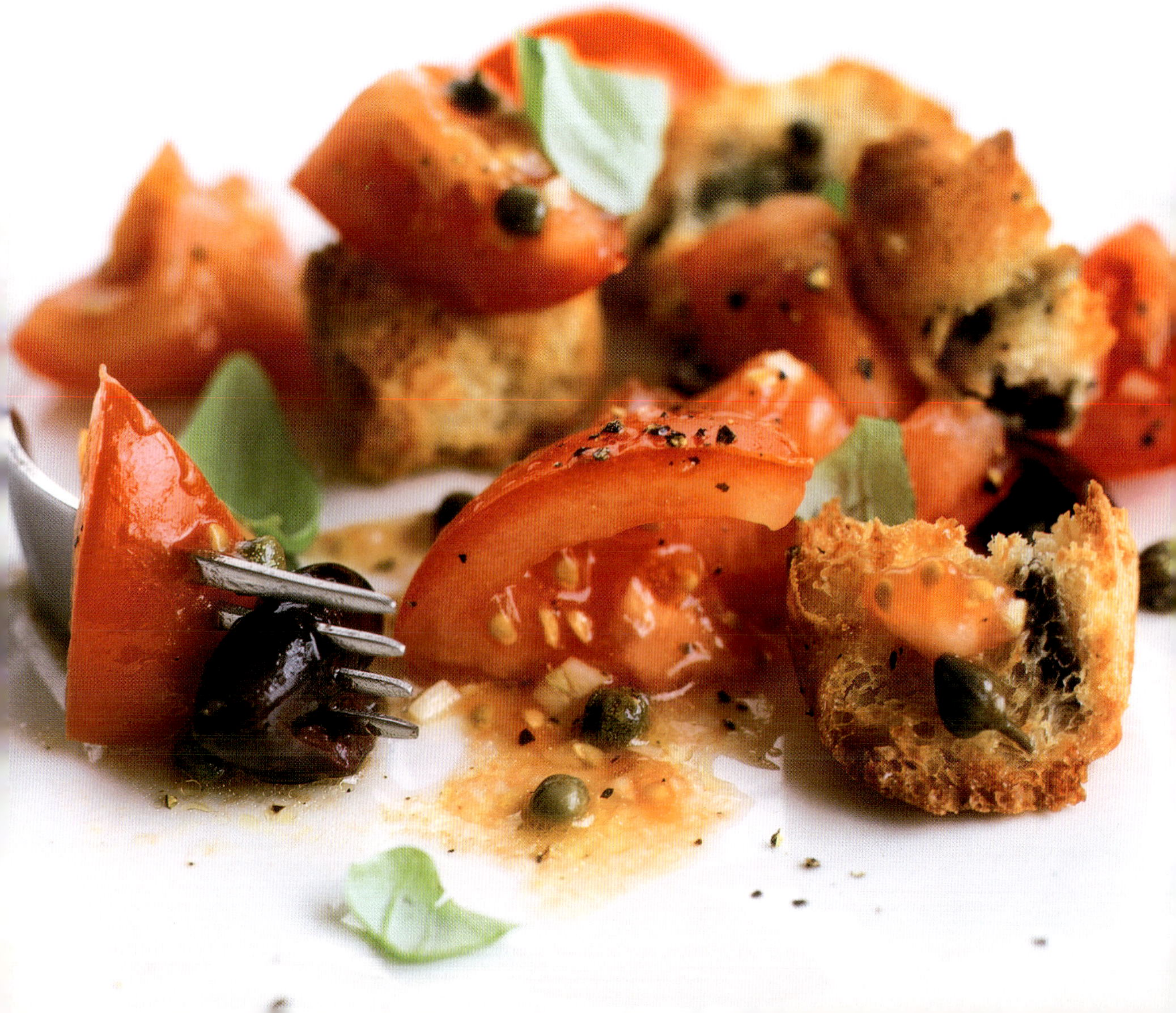

トマトタプナードサラダ

フォカッチャ
(小さめのもの。一口サイズにちぎる) 1個

トマト
(大きめのもの。8切れにくし切り) 8個

カラマタオリーブ
(つぶして種を取る) 20個

ケッパー
(洗って水けを切る) 大さじ2

にんにく(みじん切り) 1かけ

エクストラバージンオリーブオイル
大さじ2

塩 小さじ½

砂糖 ひとつまみ

黒こしょう(挽いて使う)

仕上げ

バジル(ちぎる) 1束

エクストラバージンオリーブオイル

天板

4人分

プロバンス地方でタプナードと言えばアンチョビ、ケッパー、オリーブをペーストにしたものですが、このサラダのベースにはケッパーとオリーブだけを使っています。よく熟したトマトを使えば、トーストしたフォカッチャが水分をたっぷり吸っておいしくできあがります。

オーブンを220度に温めておく。フォカッチャをちぎったものを天板に並べる。予熱したオーブンに入れ、キツネ色になるまで12-15分焼く。

トマトを大きめのボウルに入れる。オリーブ、ケッパー、にんにく、エクストラバージンオリーブオイル、塩、砂糖、こしょうを加えて、混ぜる。

大きめの皿を4枚用意し、焼いたフォカッチャをそれぞれ入れる。トマトをあえたものを、スプーンにたっぷりすくってフォカッチャにのせる。バジルを散らして、エクストラバージンオリーブオイルをまわしかける。

夏にぴったりのサラダです。いんげん、グリーンピースと新鮮なミントの組み合わせが、口の中でさわやかです。このサラダをメインディッシュにしたい場合は、砕いたフェタチーズやゆで卵のスライスを加えましょう。

いんげんとミントのサラダ

そら豆(皮をむく)　200g
グリーンピース　75g
いんげん(すじを取る)　75g
きぬさや(5cmに切る)　75g
万能ねぎ(小口切り)　8本
ミント(ざく切り)　1束
オリーブオイル　大さじ3
レモン(皮のすりおろしと絞り汁)　1個
塩
黒こしょう(挽いて使う)

4人分

大きめのなべにお湯を沸騰させてそら豆を5分ゆで、グリーンピース、いんげん、きぬさやを加えて、さらに3分ゆでる。水けを切ってから冷水にさらし、さらに完全に水けを切る。

大きめのボウルに万能ねぎとミントを入れる。そら豆、グリーンピース、いんげん、きぬさやを加え、オリーブオイル、レモンの皮のすりおろしと絞り汁、塩、こしょうを加える。よく混ぜる。

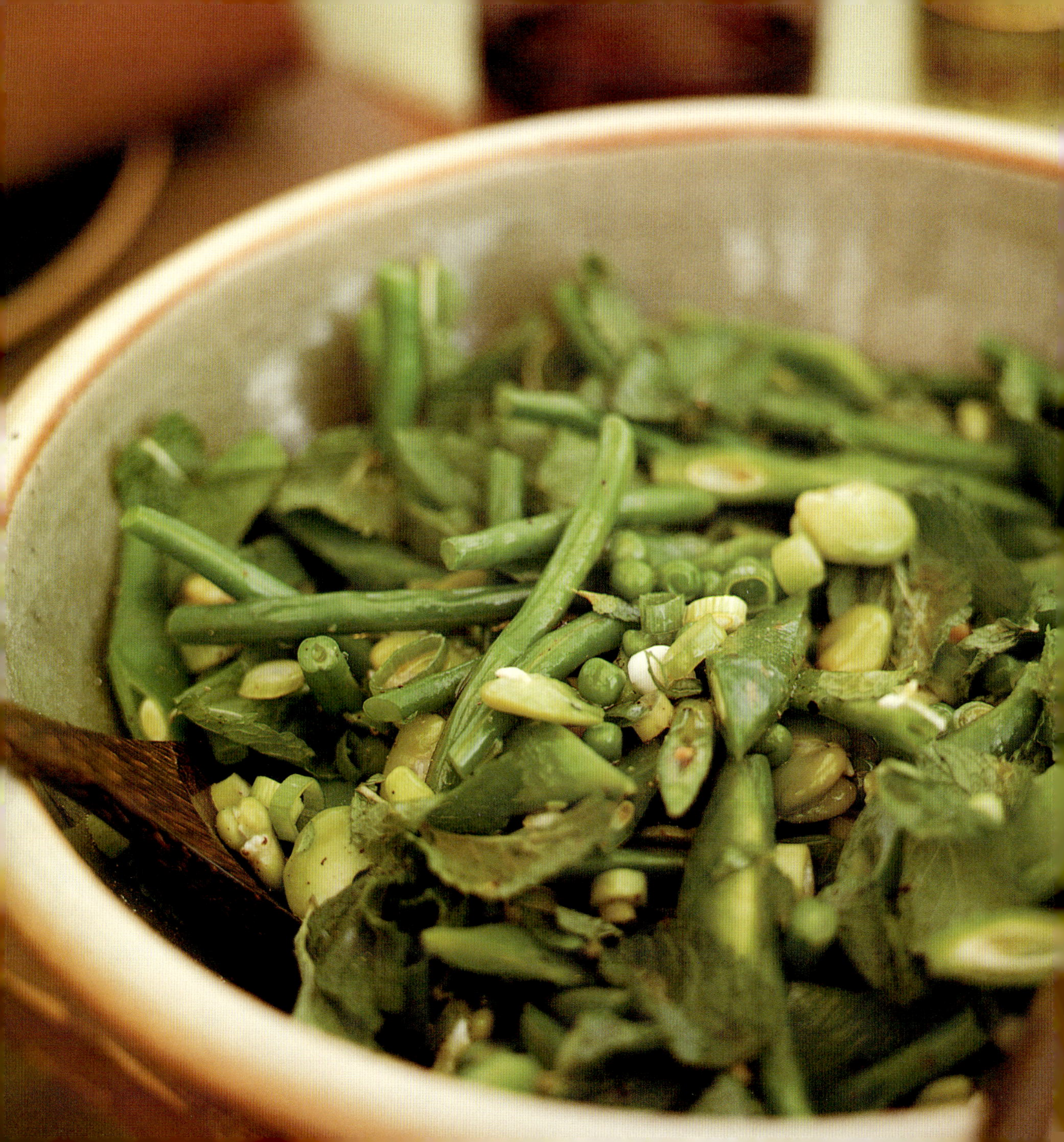

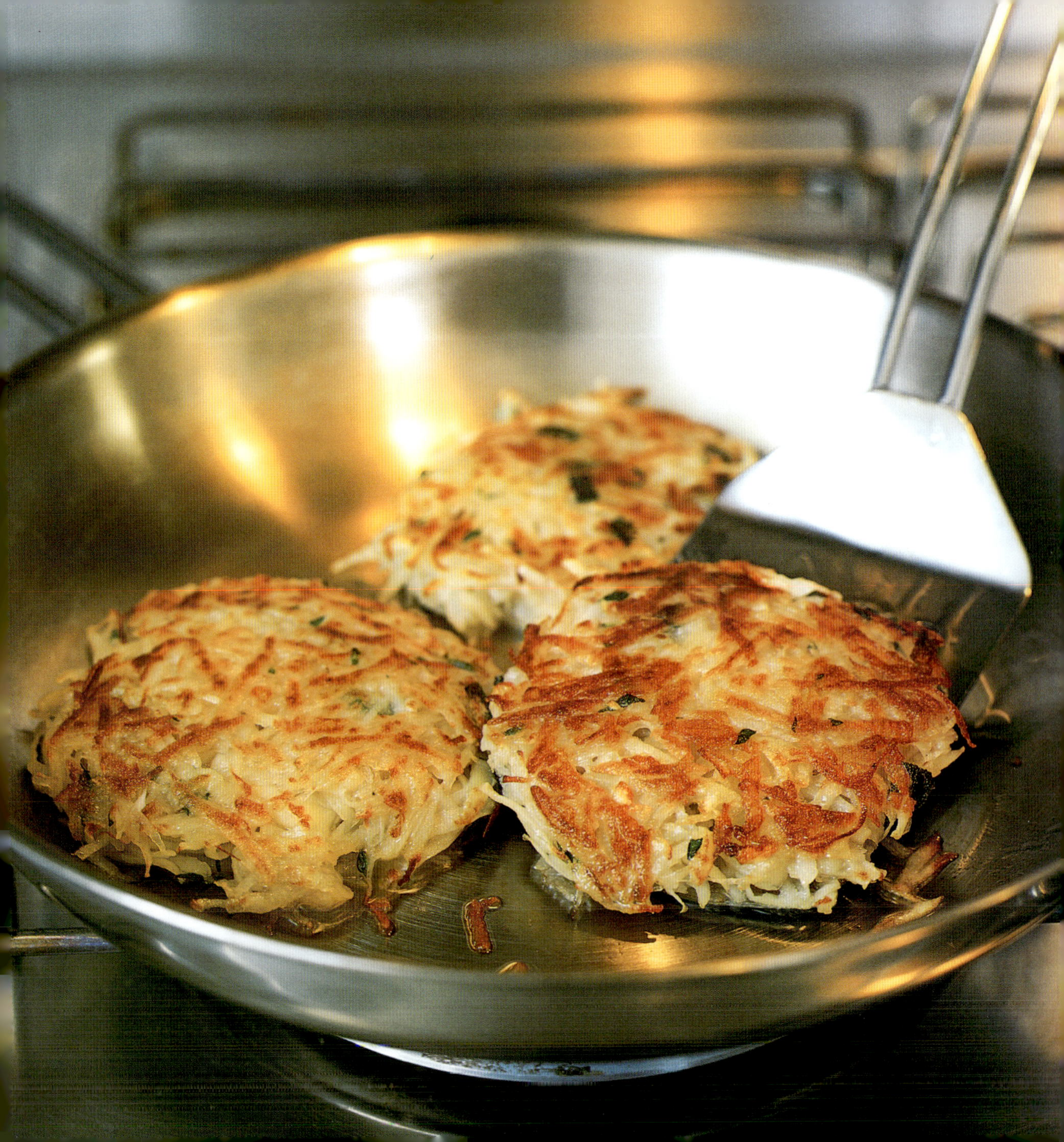

ハーブポテトロスティ

こんがり焼くことで表面がかりっとした食感になり、ロスティのおいしさが引き立ちます。ロスティはつけ合わせにしても、あるいはグリーンサラダを添えて食べてもいいでしょう。

じゃがいも
（大きめのもの。皮をむく）
3個

セージの葉　3-4枚

タイム（葉を取る）　1枝

オリーブオイル　大さじ4

塩

黒こしょう（挽いて使う）

6人分

目の粗いおろし金でじゃがいもをすりおろし、キッチンペーパーの上で水けを切る。ボウルに入れる。

セージとタイムの葉を枝から取って、みじん切りにする。じゃがいもにセージとタイムを加え、よく混ぜる。

じゃがいもを3等分し、それぞれ手で丸く形作る。

オリーブオイルの半量を大きめのフライパンに入れて熱し、じゃがいもを入れる。フライ返しで押し、平たくする。こんがりとキツネ色になるまで、5分焼く。

ロスティを裏返し、火を弱める。さらに5-10分、キツネ色になって中に火が通るまで焼く。ロスティが冷めないように、温度を低くして温めたオーブンに入れる。残りのじゃがいもも、同様にして焼く。

ロスティを皿に移し、塩とこしょうを振って、すぐに出す。

風味豊かな一皿ですが、ゆでにんじん同様シンプルな料理です。
甘くバターの香りがして、ほっと一息つける味です。

バター入りほうれんそうの
マッシュキャロットあえ

にんじん
(皮をむいて角切り)
400g

バター 75g

ほうれんそう(ざく切り) 300g

塩

黒こしょう(挽いて使う)

8人分

なべにお湯を沸騰させ、塩を加えてにんじんを入れ、やわらかくなるまで20分ゆでる。水けを切る。

にんじんをなべに戻し、弱火にかける。2分ほどよくかき混ぜて、水けを飛ばす。

なべを火からおろし、バター、塩、こしょうを加えて、にんじんをつぶす。ほうれんそうを加え、ほうれんそうがしんなりするまで2分混ぜる。すぐに出す。

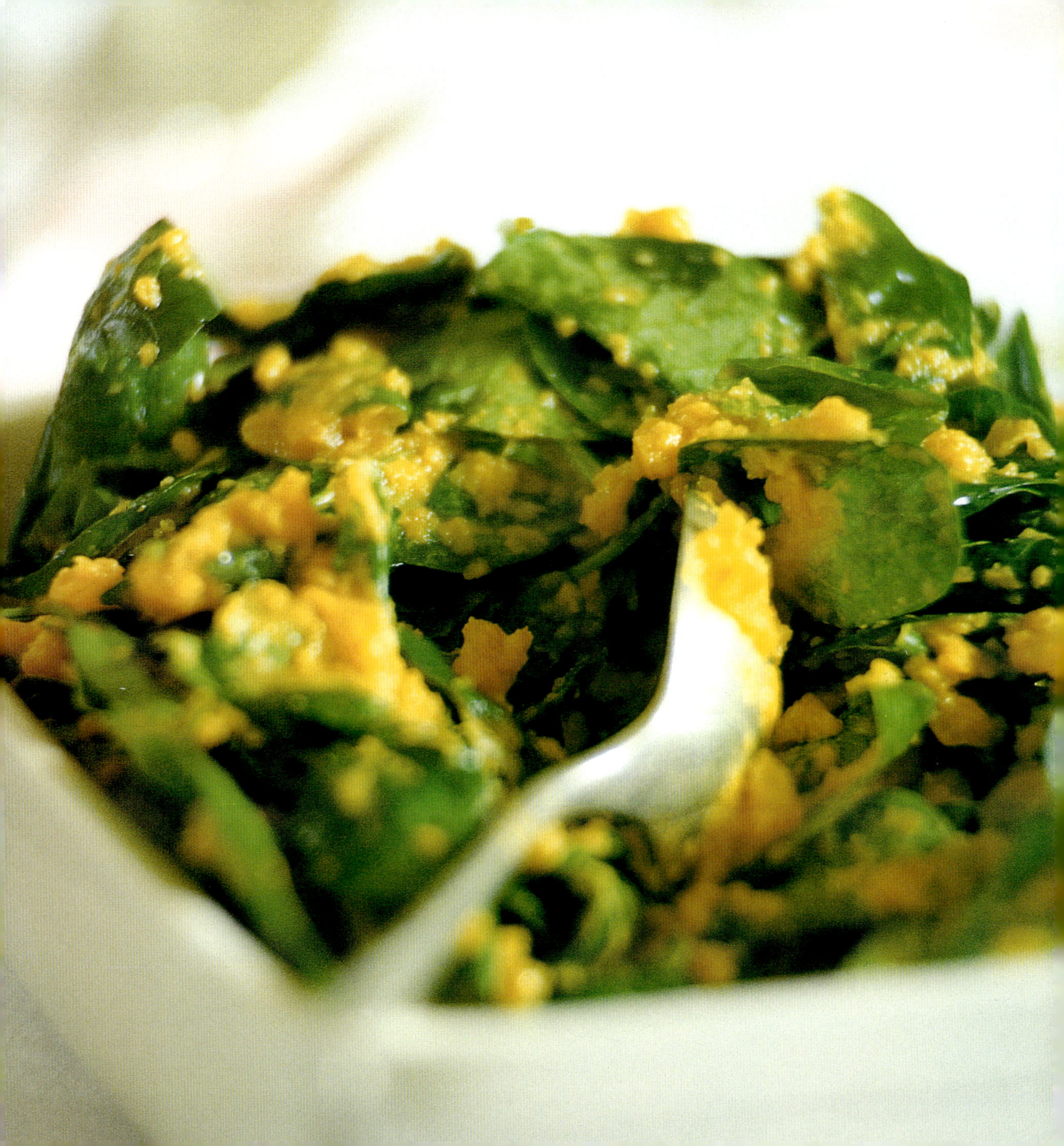

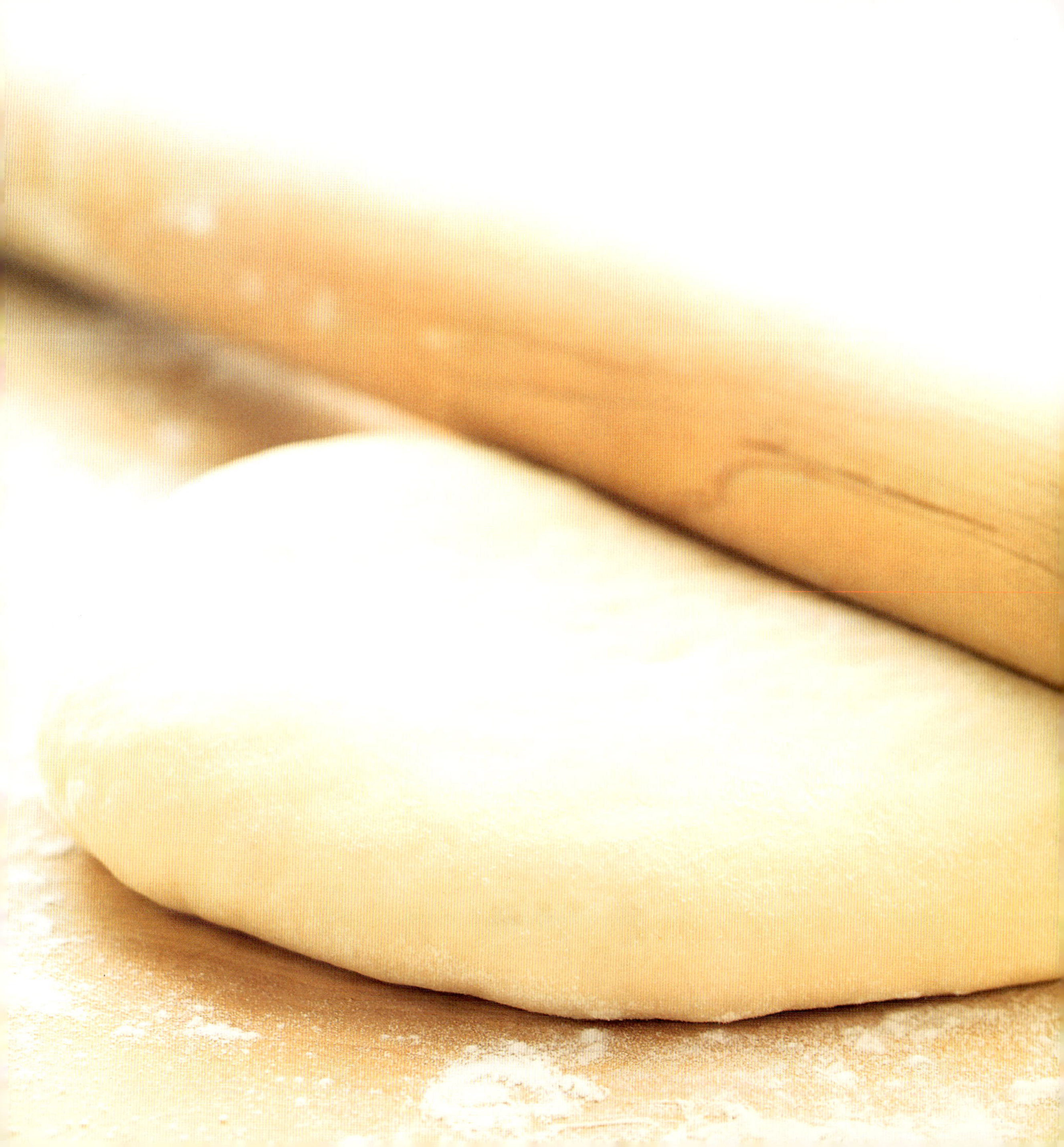

ピザ、
パイ、パン

イタリアの味がたっぷり詰まった、豊潤な香りのピザです。オーブンから出したばかりでチーズがふつふつ膨らんでいるできたてを食べるのが、一番です。

ベジタブルポレンタピザ

ズッキーニ(厚めに輪切り)	1本
なす(小さめのもの。角切り)	1個
プラムトマト(半分に切る)	4個
にんにく(皮つき)	8かけ
紫たまねぎ(くし切り)	1個
タイム	数本
オリーブオイル	大さじ2
ポレンタピザ生地(p.226参照)	1回分
薄力粉(打ち粉用)	適量
ブルーチーズ(刻む)	150g
塩	
黒こしょう(挽いて使う)	
バジルの葉(仕上げ用)	ひとつかみ
ピザストーン、あるいは大きめの天板	

4人分

オーブンを220度に温めておく。ピザストーン、あるいは天板をオーブンに入れておく。

ズッキーニ、なす、プラムトマト、にんにく、紫たまねぎ、タイムをオーブン皿に並べる。塩、こしょうを振り、オリーブオイルをまわしかける。オーブンに入れ、途中何度か混ぜながらやわらかくなって少し焦げ色がつくまで30分ほど焼く。オーブンから出す。

オーブンの温度を200度に下げる。軽く打ち粉をしたところに、ピザの生地を直径30cmに丸く伸ばす。生地の上に野菜を並べる。

温めておいたピザストーン、あるいは天板の上にピザをのせ、オーブンで15分焼く。ピザをオーブンから出し、ブルーチーズをのせる。ピザをもう1度オーブンに入れ、さらに5-10分、かりっとキツネ色になるまで焼く。

バジルを上に散らし、カットしたら熱いうちに出す。

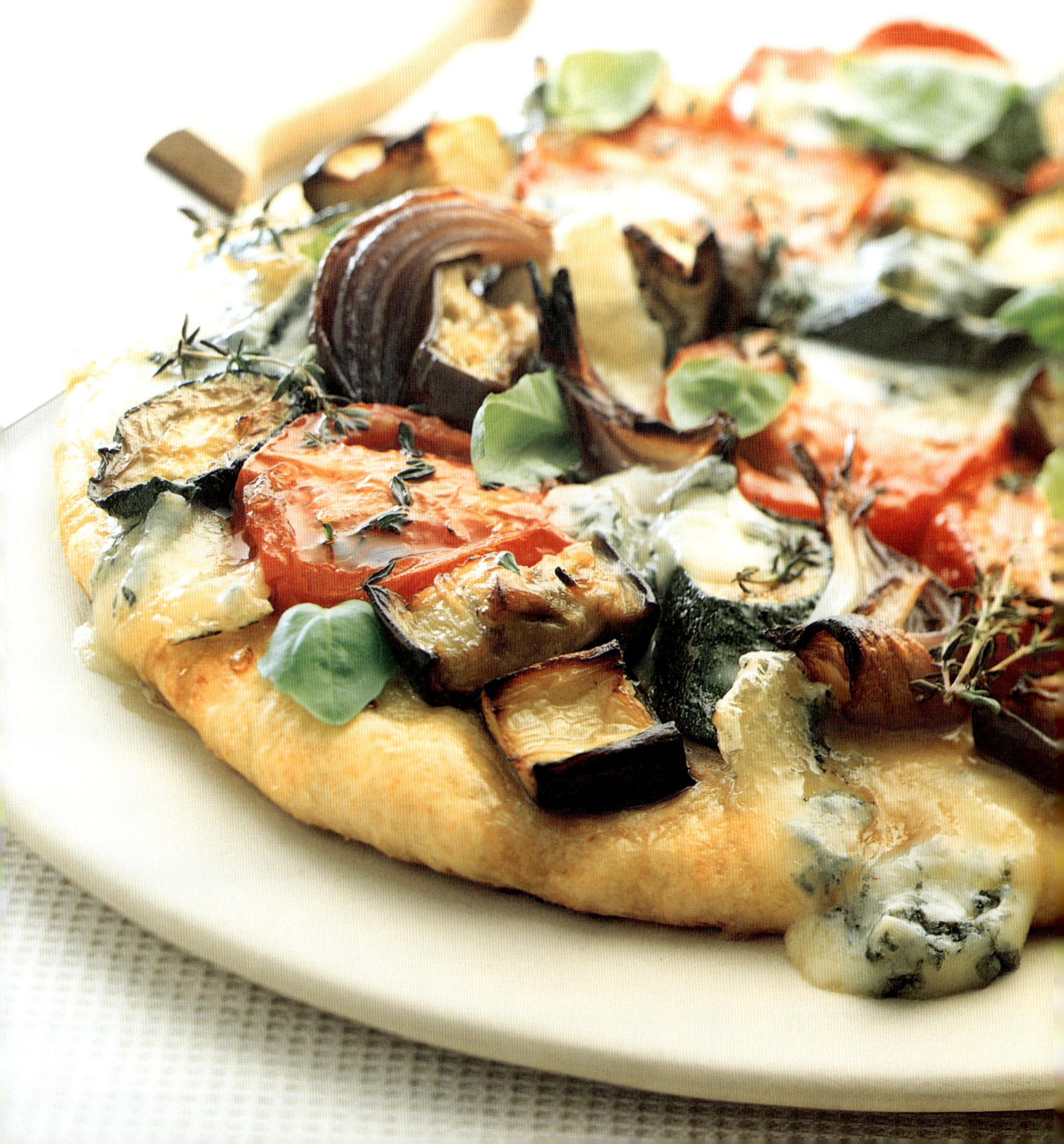

いつだって皆のお気に入り、何気ないようでいてインパクトのある一品です。
ハーブたっぷりのグレモラータとクリーミーに溶けたチーズが、素晴らしいおいしさです。

チーズとグレモラータのカルツォーネ

にんにく(つぶす)	2かけ
イタリアンパセリ(みじん切り)	15g
レモン(皮のすりおろし)	1個
オリーブオイル	大さじ1
カマンベールチーズあるいは ブリーチーズ	400g
ピザ生地(p.226参照)	2回分
薄力粉(打ち粉用)	適量
	塩
黒こしょう(挽いて使う)	

ピザストーン、あるいは大きめの天板

6人分

オーブンを200度に温めておく。ピザストーン、あるいは天板をオーブンに入れておく。

グレモラータを作る。にんにく、イタリアンパセリ、レモンの皮のすりおろし、オリーブオイル、塩、こしょうをボウルに入れ、よく混ぜる。

ピザ生地を6つに分ける。軽く打ち粉をしたところにピザ生地を置き、それぞれ25cmくらいのだ円形に伸ばす。チーズを6等分に切り、それぞれをピザ生地のだ円形の半分に当たる部分に置く。グレモラータをチーズの上にのせる。ピザ生地を半分に折り、縁をしっかり押さえて閉じる。

温めておいたピザストーン、あるいは天板の上にピザをのせ、薄力粉を少しまぶし、かりっとキツネ色になるまで20-25分オーブンで焼く。熱いうちに出す。

ピザ、パイ、パン

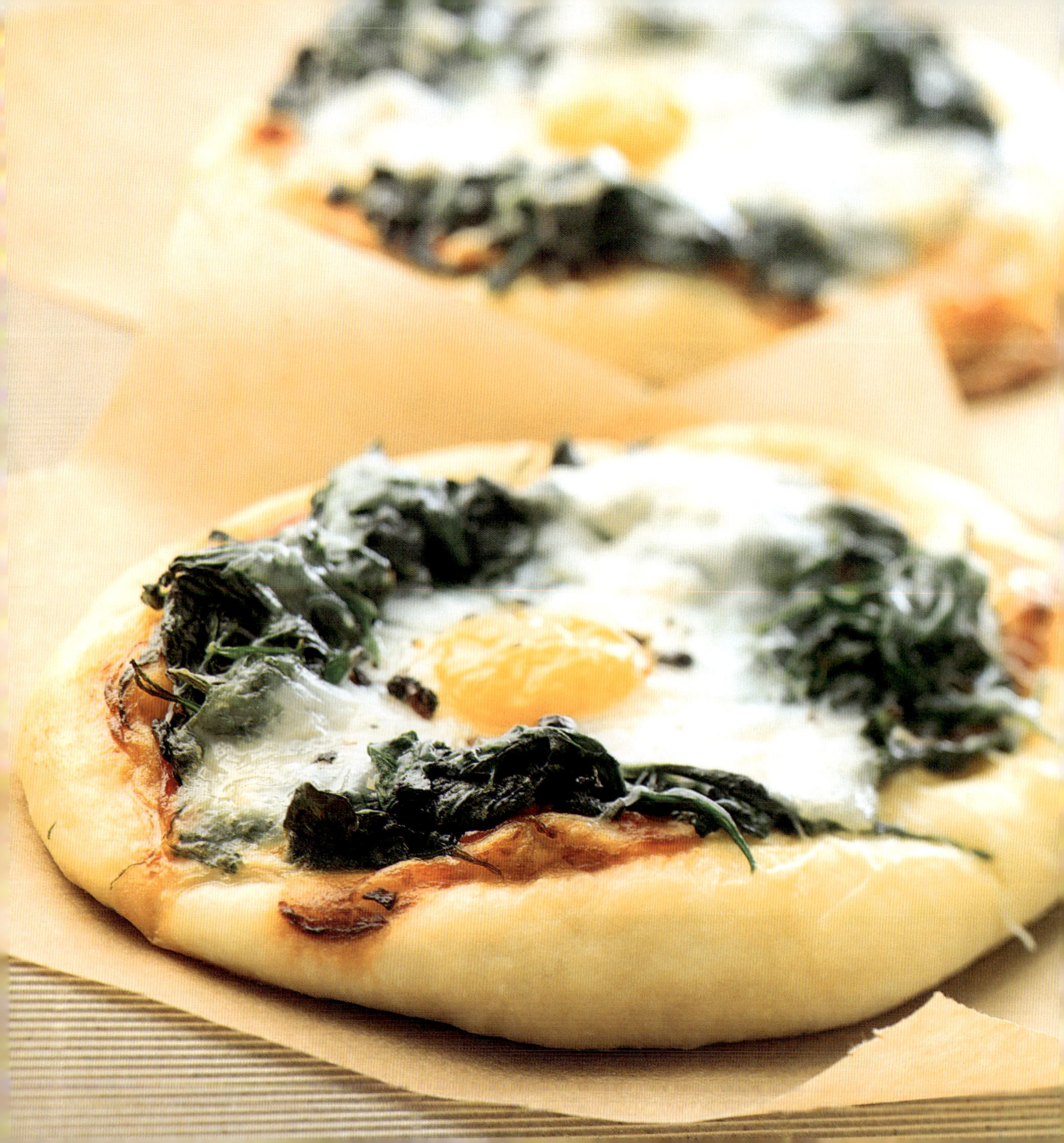

ほうれんそうと卵のピザはどこのピザレストランでも大人気ですが、実は家庭でも簡単に作れます。黄身が少し固まりすぎになっても気にすることはありませんが、ピザ全体にいきわたるようにしましょう。

フィオレンティーナ

ベビースピナッチ　350g
バター　大さじ1
にんにく(つぶす)　2かけ
ピザ生地
(p.226参照)　1回分
オリーブオイル　大さじ1-2
トマトソース
(p.228-229参照)　1回分
モッツァレラチーズ
(水けを切って薄切り)　1個
(約125g)
卵　4個
フォンティナチーズあるいは
グリュイエールチーズ
(細かくおろす)　50g
塩
黒こしょう(挽いて使う)

ピザストーン、あるいは大きめの天板

4人分

オーブンを220度に温めておく。ピザストーン、あるいは天板をオーブンに入れておく。

ほうれんそう(ベビースピナッチ)を洗い、大きめのなべに入れる。ふたをして、ほうれんそうがしんなりするまで2-3分火を通す。水けをしっかり切り、手で触れるほどほうれんそうが冷めれば余分な水分をしぼる。

フライパンにバターを入れ、火にかけて溶かす。にんにくを入れて、1分炒める。水けを切ったほうれんそうを加え、さらに3-4分炒める。塩とこしょうで味付けする。

ピザ生地を4つに分ける。軽く打ち粉をしたところにピザ生地を置き、それぞれ直径17cmくらいに丸く伸ばす。オリーブオイルを少量はけで塗り、上にトマトソースを広げる。中心に卵を置く場所を残して、ほうれんそうを全体に広げる。ほうれんそうの上にモッツァレラチーズをのせ、オリーブオイルを全体にまわしかけ、塩とたっぷりのこしょうを振る。

温めておいたピザストーン、あるいは天板の上にピザをのせ、オーブンで10分焼く。オーブンから出し、それぞれのピザの中央に卵を割り入れる。上にフォンティナチーズあるいはグリュイエールチーズをのせ、底がかりっとキツネ色になり卵が固まりかけるまで、さらに5-10分オーブンで焼く。すぐに出す。

キャラメライズドオニオンは、素晴らしくおいしそうな香りがします。特にバターでソテーすると格別です。このたまねぎのパイはクリーミーなゴートチーズをのせたシンプルなものですが、温かいものを食べると最高、また冷たくなってもおいしく食べられます。

たまねぎ、タイムとゴートチーズのパイ

バター　40g
たまねぎ(薄切り)　500g
にんにく(つぶす)　2かけ
タイム(葉をみじん切り)　大さじ1
パイ生地
(冷凍の市販品を解凍しておく)
350g
薄力粉(打ち粉用)　適量
ゴートチーズ　200g
塩
黒こしょう(挽いて使う)

天板

8人分

オーブンを220度に温めておく。

フライパンにバターを入れ、弱火にかけてバターを溶かす。たまねぎ、にんにく、タイムを加え、しんなりしてキツネ色になるまで、20-25分じっくり炒める。塩とこしょうで味付けして、冷ます。

軽く打ち粉をしたところにパイ生地を置き、20cmx40cmの長方形に伸ばして、縁を切る。長方形にしたパイ生地を横2つ、縦4つに切って、10cm四方の正方形を8つ作る。

正方形のパイ生地それぞれに、炒めたたまねぎを縁を残して全体に広げる。チーズを8切れに切り分け、パイの中央に置く。

大きめの天板の上にパイをのせ、予熱したオーブンでパイが膨れてチーズに焼き色がつくまで12-15分ほど焼く。温かいうちに出す。

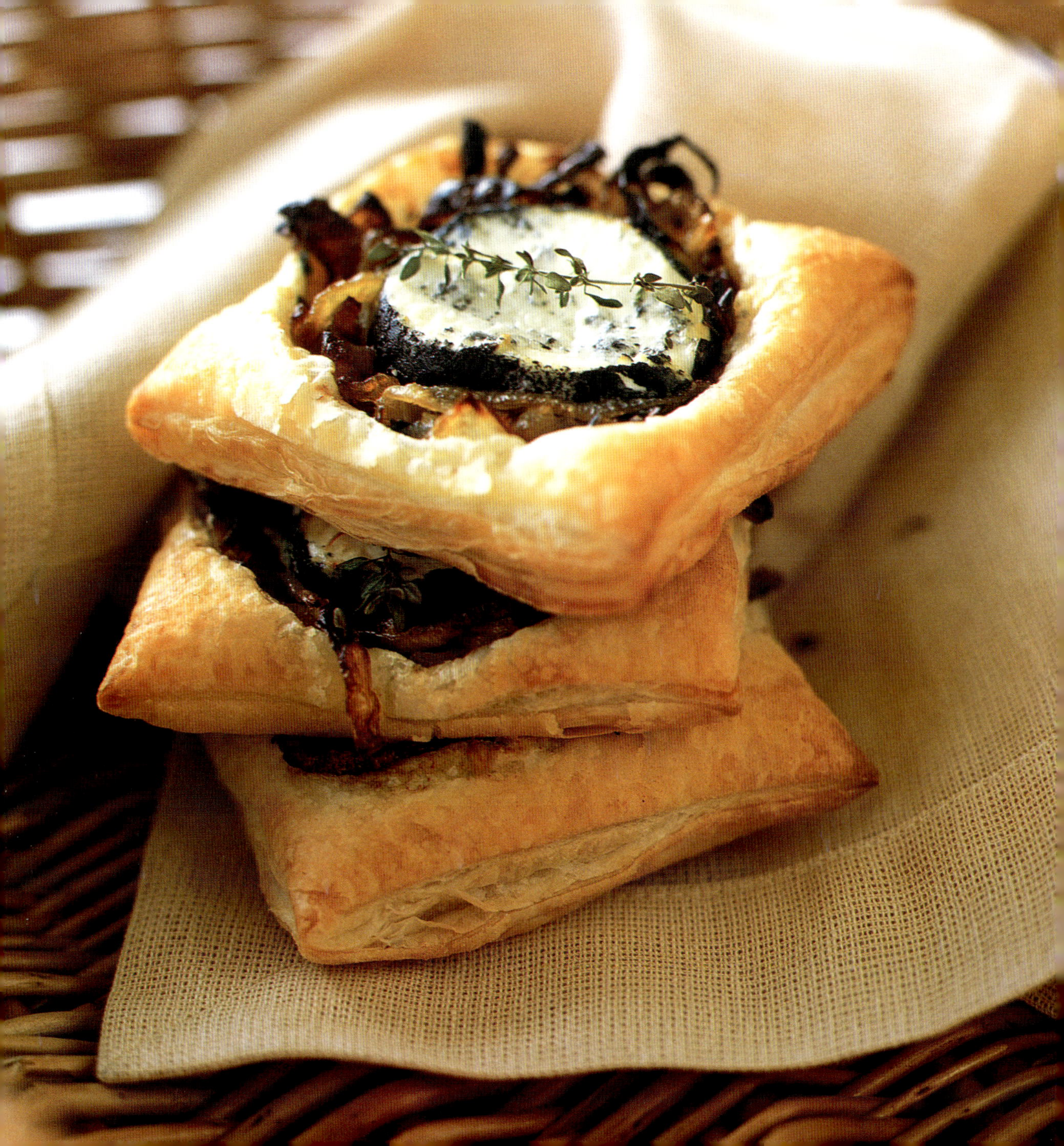

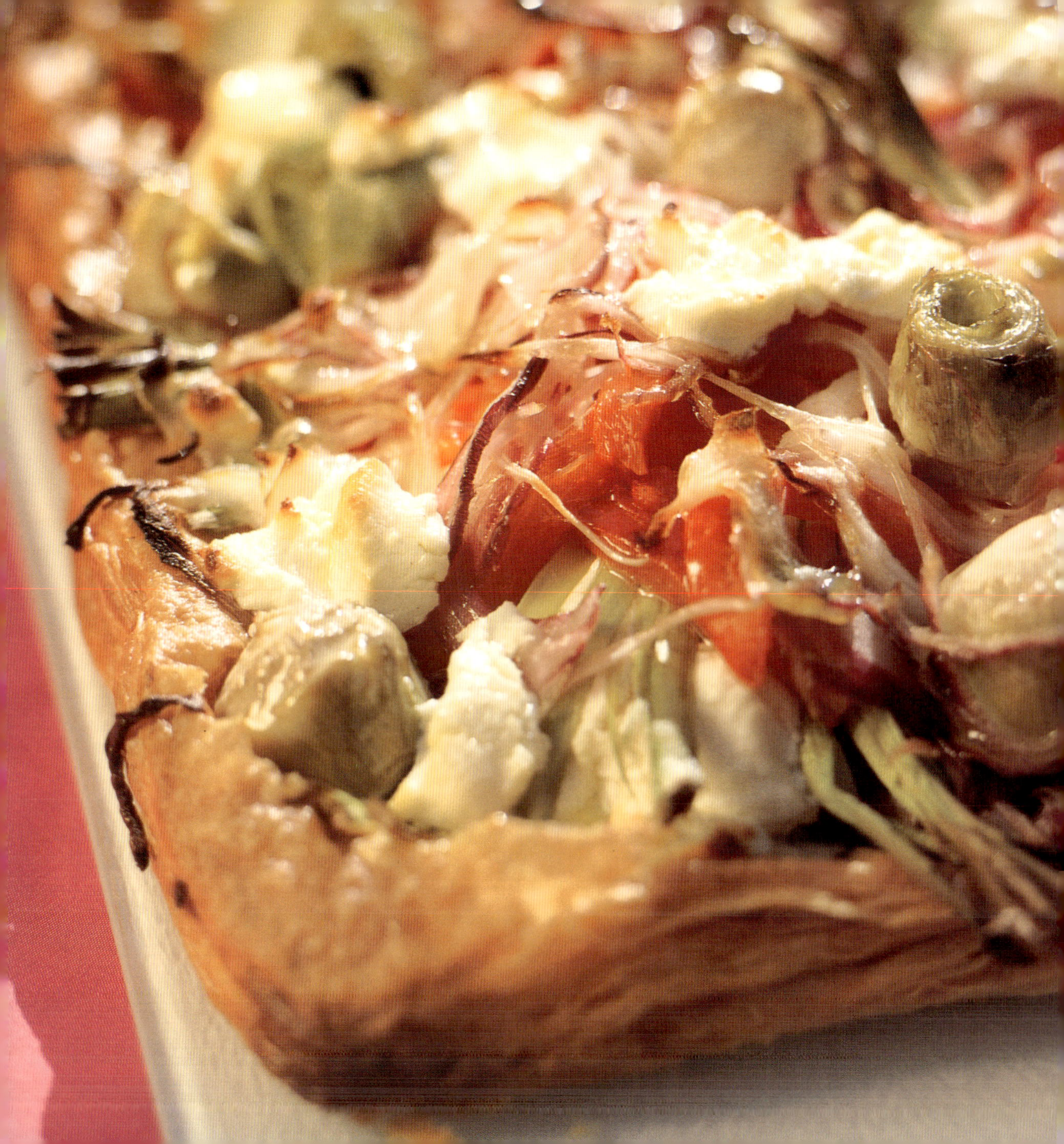

アーティチョークとチーズのパイ

驚くほどに簡単、しかも、いろいろな野菜、好みのチーズで作ることのできる応用自在のパイです。さまざまな組み合わせが考えられるので、いろいろ試してみてください。

パイ生地
(冷凍の市販品を解凍しておく)
250g

オイル漬け赤ピーマン
(オイルを切って2cm幅に切る。
生の赤ピーマンで代用可)
5切れ

オイル漬けアーティチョーク
(オイルを切る)　450g

たまねぎ(薄切り)　3個

ベビーリーキ、あるいはリーキ
(根を切る)　250g

チーズ(粗くおろす、あるいは砕く)
250g

卵黄(泡立て器で混ぜる)　1個

エクストラバージンオイル　大さじ2

塩

黒こしょう(挽いて使う)

天板(薄く油をひく)

10人分

オーブンを180度に温めておく。油をひいた天板にパイ生地を伸ばす。全体をフォークで刺し、予熱したオーブンで20分焼く。

赤ピーマン、アーティチョーク、たまねぎ、リーキ、チーズ、塩、こしょうを大きめのボウルに入れ、よく混ぜる。

パイが焼けたらオーブンから取り出し、卵黄を全体にはけで塗る。

パイの上に赤ピーマンなどのフィリングを広げ、オーブンに入れてさらに30分焼く。

エクストラバージンオイルをまわしかけ、温かいうちに、あるいは室温にして出す。

マッシュルームとじゃがいものパイ
パルメザンチーズとトリュフオイル添え

トリュフオイルを少し使うだけでマッシュルームの香りが引き立ち、うっとりするような一品となります。マッシュルームはバター、チーズ、じゃがいも、トリュフオイルととてもよく合います。

オーブンを190度に温めておく。じゃがいもをなべに入れ、じゃがいもがかぶるくらいの水を入れて火にかけ、火が通るまでゆでる（くしなどで確認する）。水けを切り、じゃがいもが熱いうちにふきんで包んで皮をむく。厚めにスライスする。

バターの半量をフライパンに入れ、ふつふつと泡立ってきたらマッシュルーム、塩、こしょうを加えて、強火でマッシュルームの両面が茶色く色づくまで炒める。にんにくとハーブを加え、数秒炒めたら火からおろして冷ます。

打ち粉をしたところにパイ生地を置き、3mm厚さくらいに伸ばす。切って長方形を2つ作り、それぞれの長方形の中心にじゃがいもとマッシュルームを重ねる。上からトリュフオイルをかけ、パルメザンチーズの削ったものと残りのバター、塩、こしょうをかける。

フィリングを包み込むようにしてパイ生地を横半分に折り、縁を重ねて折る。パイを裏返しにして油をひいた天板に置く。斜めに3本切り込みを入れ、卵をはけで塗り、予熱したオーブンでキツネ色になるまで30分ほど焼く。できあがったパイを斜めに半分に切り、サラダリーフを添えて盛り付ける。

じゃがいも
（大きめのもの。皮はむかない）　2個

無塩バター（溶かす）　60g

ポルチーニ4個、
あるいはブラウンマッシュルーム
ふたつかみ、あるいは
ポートベロマッシュルーム
（小さめのもの）4個（いずれも薄切り）

にんにく（みじん切り）　2かけ

タイムかイタリアンパセリ
（みじん切り）　2枝、あるいは
ローズマリー（みじん切り）　小さじ2

パイ生地
（冷凍の市販品を解凍しておく。
できればショートニングを使ったもの
500g

薄力粉（打ち粉用）　適量

トリュフオイル　小さじ1-2

パルメザンチーズ（削る）
ひとかたまり

卵（軽く泡立て器で混ぜる。仕上げ用）
1個

塩

黒こしょう（挽いて使う）

サラダリーフ（つけ合わせ）

天板（薄く油をひく）

4人分

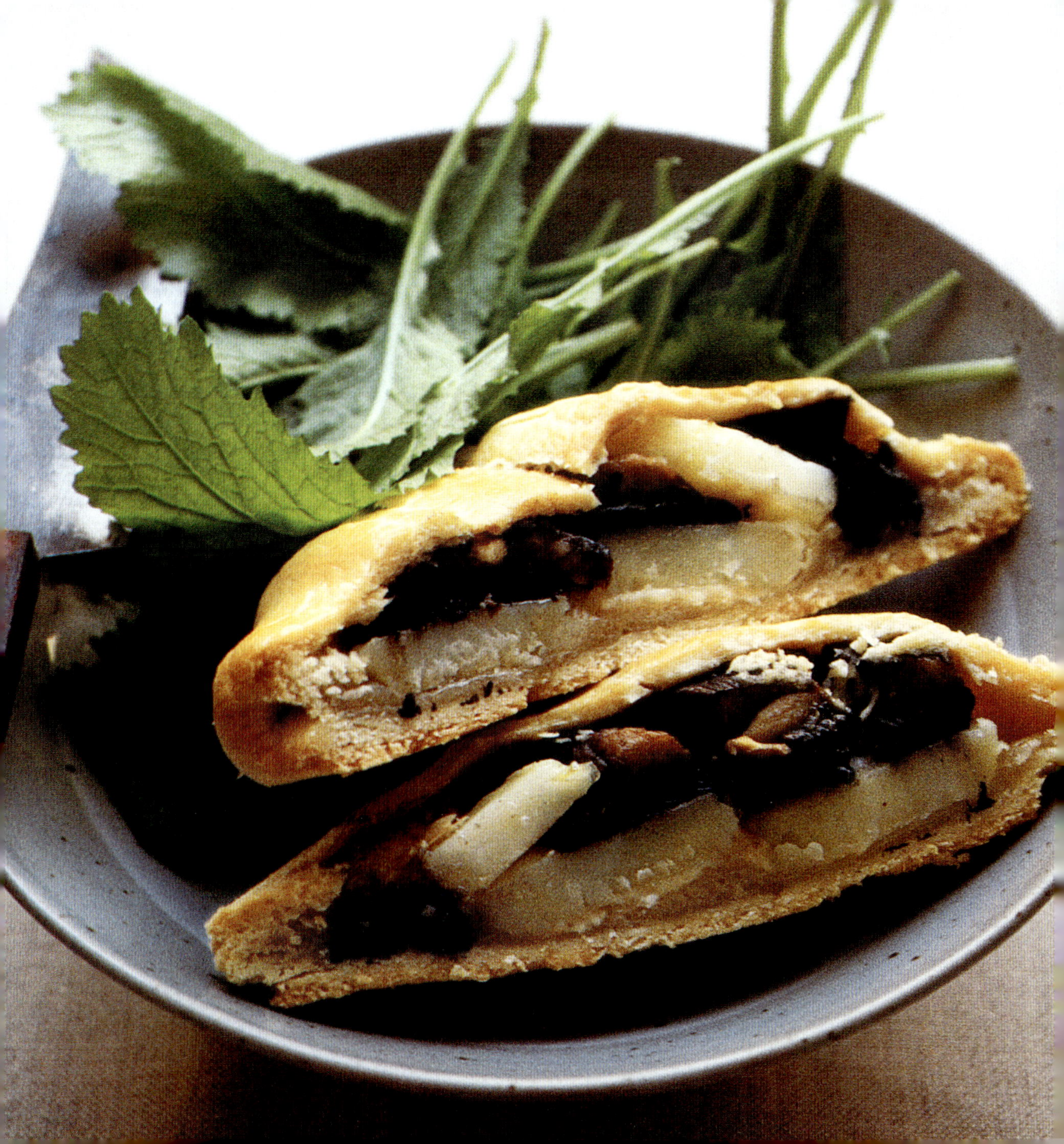

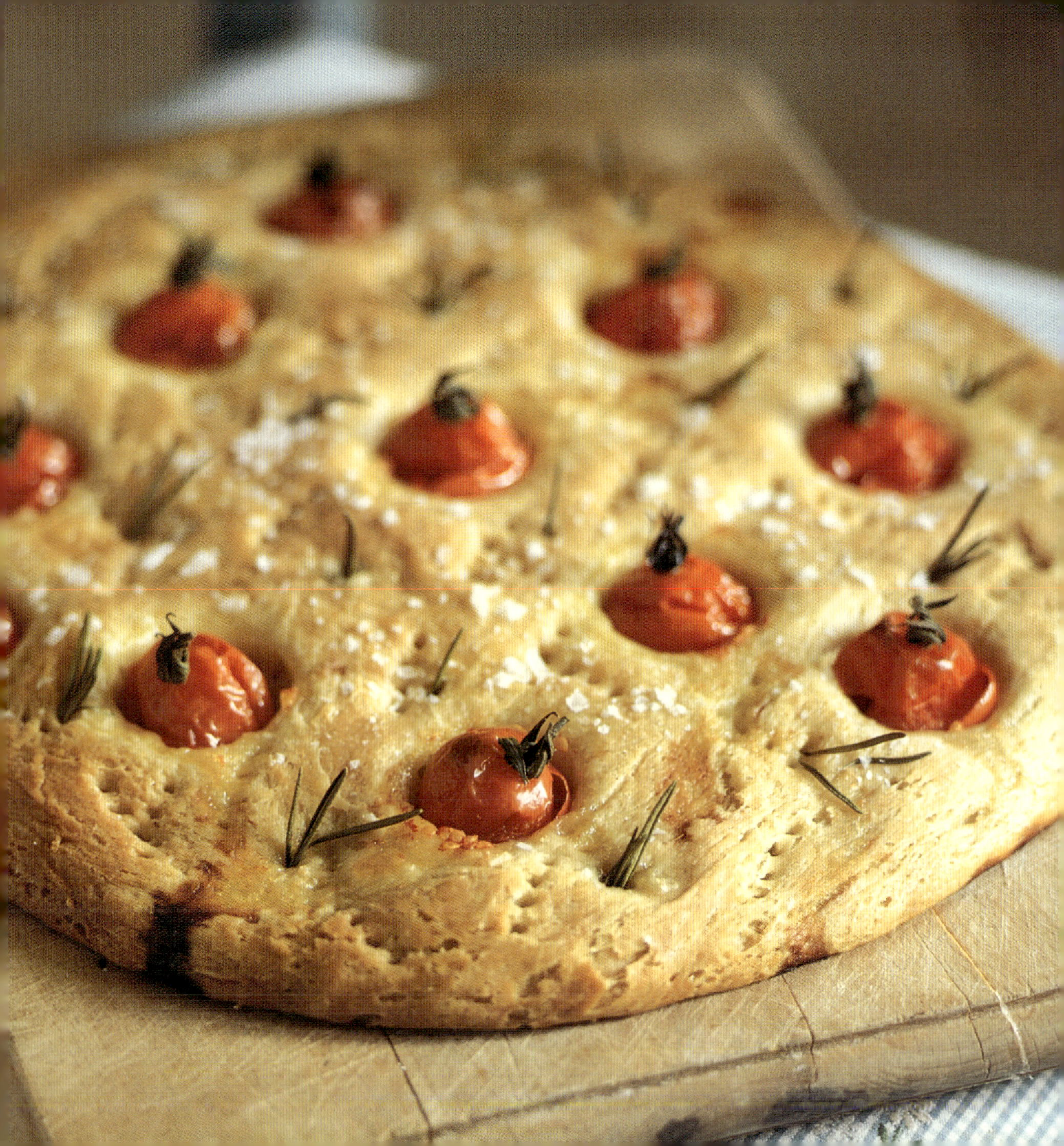

ホームメードのパンを焼くのはとても楽しく、そのパンを食べるのはこれほどないほど嬉しいものです。ここではイタリアのパン、フォカッチャにローズマリーとチェリートマトをのせました。p.62にあるイタリア風スープ、パスタと豆のスープにとてもよく合います。

フォカッチャ

強力粉　450gと打ち粉用
ドライイースト　7g
エクストラバージンオイル　125ccと仕上げ用
チェリートマト　12個
ローズマリー(葉)　1枝
粗塩

天板(薄く油をひく)

6人分

強力粉とドライイーストをフードプロセッサーに入れる。フードプロセッサーをゆっくり回し、少しずつエクストラバージンオイルとお湯を300cc加えて、やわらかな生地を作る。軽く打ち粉をしたところに生地を置き、5分こねる。

薄く油をひいた天板に生地を置き、手で均等に伸ばす。エクストラバージンオイルを全体にはけで塗り、チェリートマトとローズマリーを均等な間隔で生地に軽く押しこみ、塩を振る。

水にぬらして絞ったふきんで生地を覆い、2倍に膨れ上がるまで暖かいところに40分置いておく。

オーブンを200度に温めておく。ふきんを取ったフォカッチャをオーブンに入れ、キツネ色になるまで20分ほど焼く。温かいうちに、あるいは室温にして出す。

ソーダブレッド

その昔田舎で一生懸命働く人々は、元気をつけるためお茶の時間にしっかり栄養のあるものを食べていたものです。おなかがすいたときには、おいしいチェダーチーズと一緒にこのソーダブレッドを食べれば元気が湧いてくることでしょう。

全粒粉　500g

重曹　小さじ1

クリームオブターター
(酒石酸水素カリウム)　小さじ1

塩　ひとつまみ

バター(小さく切る)　25g

牛乳　300cc

小麦粉(打ち粉用)

天板(薄く油をひく)

1個分

オーブンを180度に温めておく。

全粒粉、重曹、クリームオブターター、塩を大きめのボウルにふるいながら入れる。バターを指先でこすり合わせるようにしながら全粒粉と混ぜる。生地の中央をくぼませる。中央に牛乳を入れ、刃の鋭くないナイフで混ぜてやわらかな生地を作る。

軽く打ち粉をしたところに生地を置き、なめらかになるまで4分ほどこねる。生地を直径15cmのドーム型に形作り、上を少し平らにする。天板にのせ、先のとがったナイフで生地の中心に十字の切れ目を1cm深さで入れる。

予熱したオーブンで35分焼く。オーブンから取り出し、ふきんで手を覆ってソーダブレッドの底をこぶしでたたいてみる。焼き上がっていれば、こもったような音がする。焼けていない場合は、もう数分オーブンで焼く。

温かいうちにチェダーチーズのスライス(分量外)を上にのせる、あるいはバターとジャム(分量外)を塗って出す

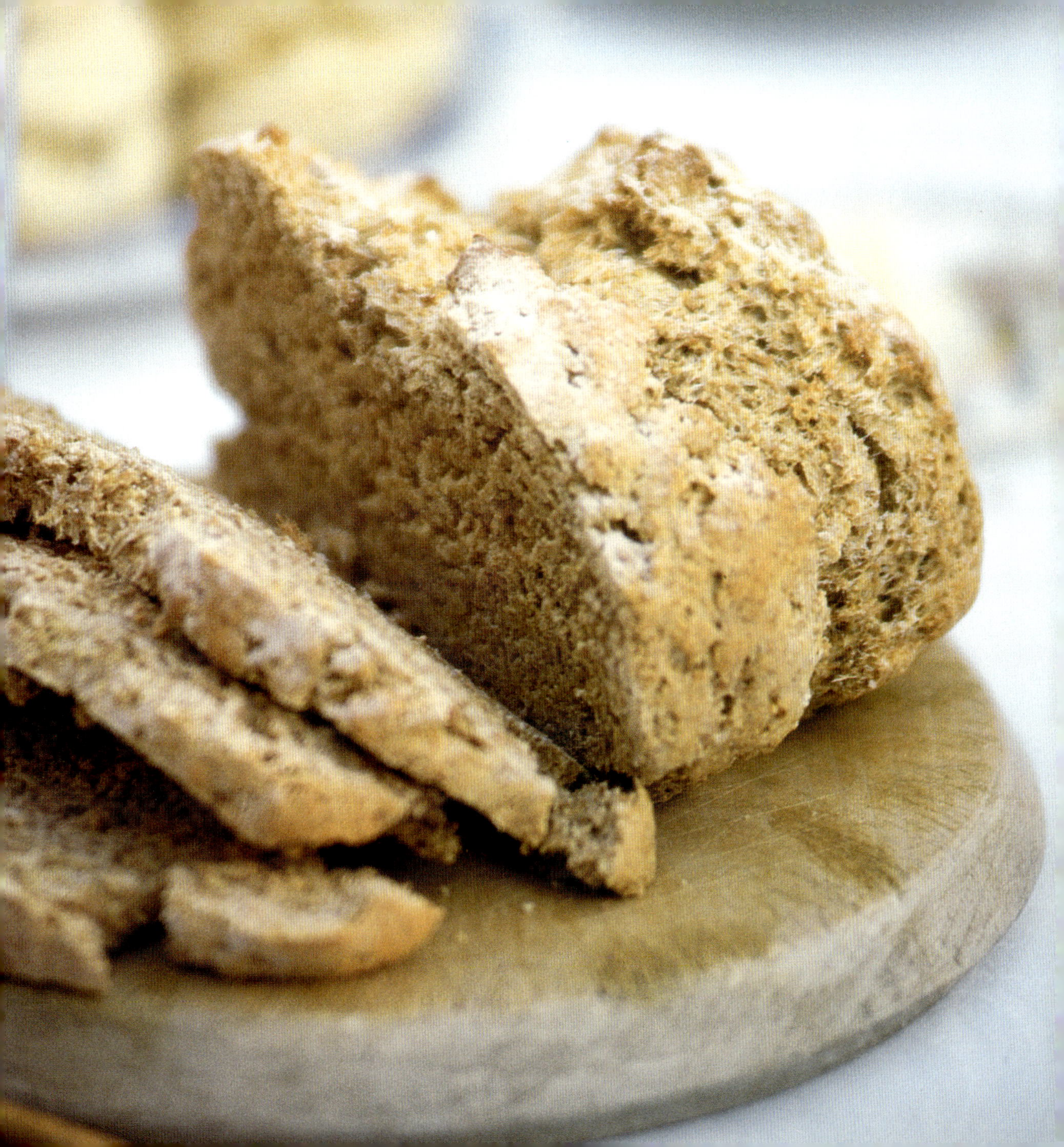

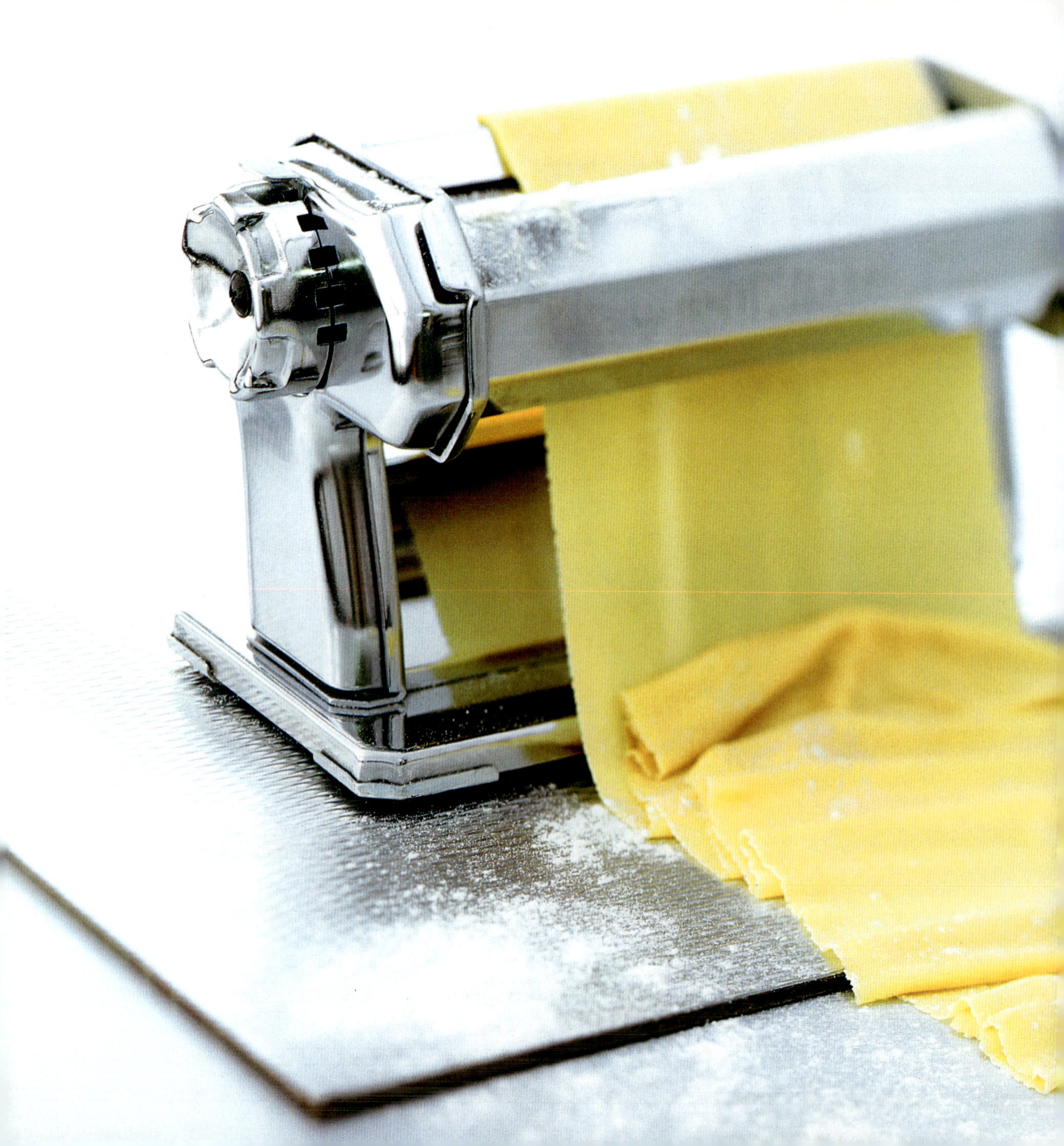

パスタと麺類

必要なのはブロッコリー、それからあと少しの基本的な材料だけで、あっという間に作れる一皿です。

ブロッコリーと松の実のペーストパスタ

ペンネ、フジッリなどのショートパスタ
175g

ブロッコリー
(小房に分けて切る)
175g

松の実　大さじ2

オリーブオイル　大さじ3

にんにく(みじん切り)　3かけ

赤唐辛子
(種を取ってみじん切り)
1本

レモン　½個

塩

黒こしょう(挽いて使う)

パルメザンチーズ(仕上げ用に削る)

2人分

大きめのなべに水を入れて火にかけ、沸騰させる。塩を多めにつまんで入れ、パスタを加えたらパスタの調理時間に従ってアルデンテにゆでる。

別のなべにお湯を沸騰させ、塩を加える。ブロッコリーを入れ、やわらかくなるまで10-12分ゆでる。フライパンを火にかけ、温まったら松の実を入れてよくかき混ぜながらキツネ色になるまでから炒りする。から炒りした松の実を皿に移す。

小さめのなべにオリーブオイルを入れて火にかけ、にんにくと赤唐辛子を加える。弱火で2-3分炒め、しんなりすればなべを火からおろす。

ブロッコリーの水けを切り、なべに戻してフォークで粗くつぶす。

パスタをざるにあげ、なべに戻す。つぶしたブロッコリー、にんにくと赤唐辛子の入ったオリーブオイル、から炒りした松の実を加えて、よく混ぜる。レモンの絞り汁を少量加え、塩とこしょうで味付けする。

皿に盛り付け、パルメザンチーズを削って上にかける。こしょうを振って出す。

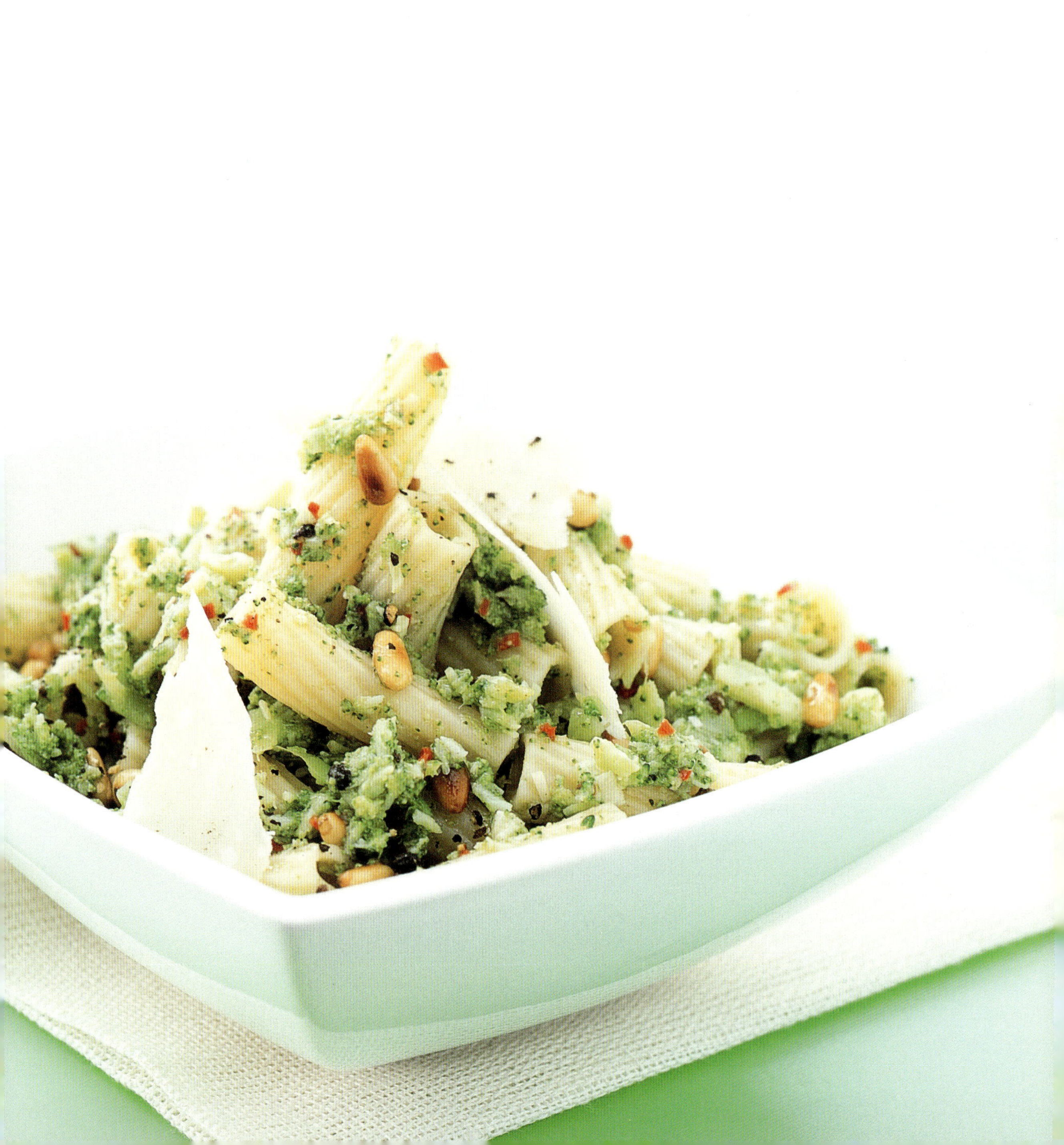

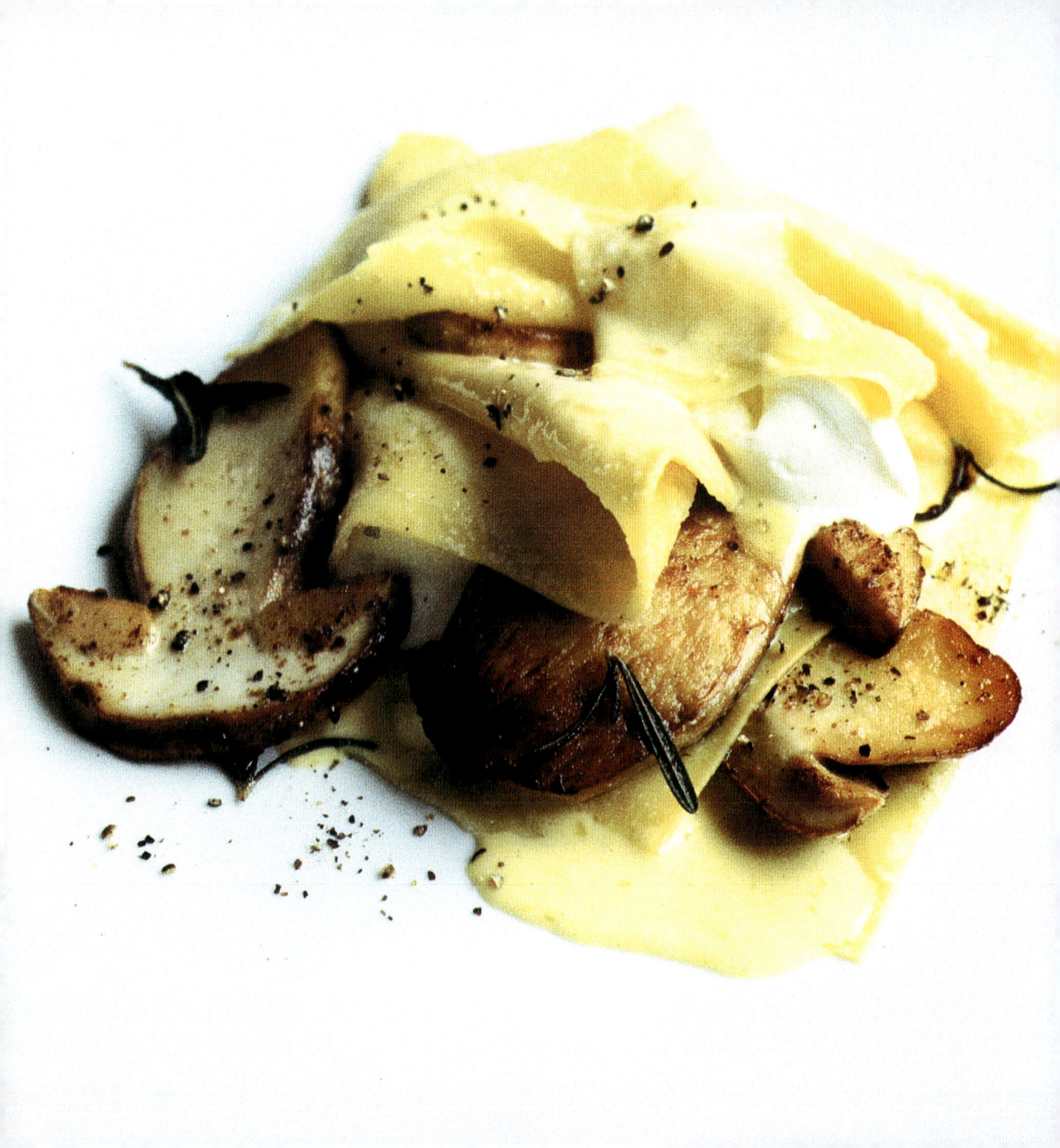

これは、通常のオーブンで焼くタイプのラザニアとは異なります。どちらかというとパスタ料理に近く、ローズマリーの香りのするポルチーニ、ゴートチーズ、ラザニアが層になったものです。オーブンでは焼きません。ポルチーニ以外のきのこを使ってもよいのですが、乾燥ポルチーニは使わないようにしてください。

秋のゴートチーズラザニア

無塩バター　30g
オリーブオイル　大さじ1
ポルチーニ
（大きめのもの。あるいは他のきのこ。いずれもスライスする）　4個
ローズマリー（葉）　1枝
ラザニア　16枚
卵黄　3個
生クリーム　大さじ3
ゴートチーズ（ソフトタイプ）あるいはリコッタチーズ　250g
パルメザンチーズ（削る）
塩
黒こしょう（挽いて使う）

4人分

無塩バターとオリーブオイルをフライパンに入れて火にかける。ふつふつと泡立ってきたら薄切りにしたポルチーニとローズマリーを入れて、焦げ色がつくまで炒める。火からおろして、ポルチーニが冷めないようにする。

大きめのなべに水と塩を入れて火にかけ、沸騰したらラザニアを入れる。ラザニアがくっつかないようにときどきかき混ぜながら、ラザニアの調理時間に従ってアルデンテにゆでる。

卵黄、生クリーム、塩、こしょうを大きめの耐熱ボウルに入れる。なべにお湯を沸騰させ、卵黄の入った耐熱ボウルを中に入れる。金属製泡立て器で混ぜながら、完全に火が通るまで4分ほど加熱する。それぞれのラザニアがくっつかないようにざるの縁に垂らして、水けを切る。卵黄の入ったボウルにラザニアを入れ、気をつけながらゆっくり混ぜる（ラザニアは、破れたときのために16枚用意する）。

盛り付け皿を温めておく。ラザニアを折り曲げて、皿の上に置く。その上に、ゴートチーズを小さめのスプーン1杯、削ったパルメザンチーズ数切れ、ポルチーニを2切れ置く。もう1度、ラザニア、ゴートチーズ、パルメザンチーズ、ポルチーニをのせ、その上にラザニアをのせてパルメザンチーズの薄切りを散らす。残った卵黄のソースを上からかけて出す。

昔からずっと人気のあるマカロニチーズを、簡単にしたものです。
粉を使っていないので、団子状になる心配がありません。

3種のチーズのベイクドペンネ

ペンネなどのショートパスタ　350g
マスカルポーネチーズ　400g
粒マスタード　大さじ2
フォンティナチーズ（おろす）　300g
パルメザンチーズ（おろす）　大さじ4
塩
黒こしょう（挽いて使う）

オーブン用耐熱皿
(30cmx20cmくらいのもの)

4人分

オーブンを200度に温めておく。

大きめのなべに水を入れて火にかけ、沸騰すれば塩をひとつまみ加える。ペンネを入れ、調理時間に従ってアルデンテにゆでる。

ペンネの水けを切り、なべに戻す。マスカルポーネチーズを加え、混ぜる。粒マスタード、フォンティナチーズ、パルメザンチーズを加えて塩、こしょうで味付けし、混ぜる。

ペンネをオーブン用耐熱皿に入れ、予熱したオーブンで焦げ色がつきふつふつしてくるまで25-30分焼く。すぐに出す。

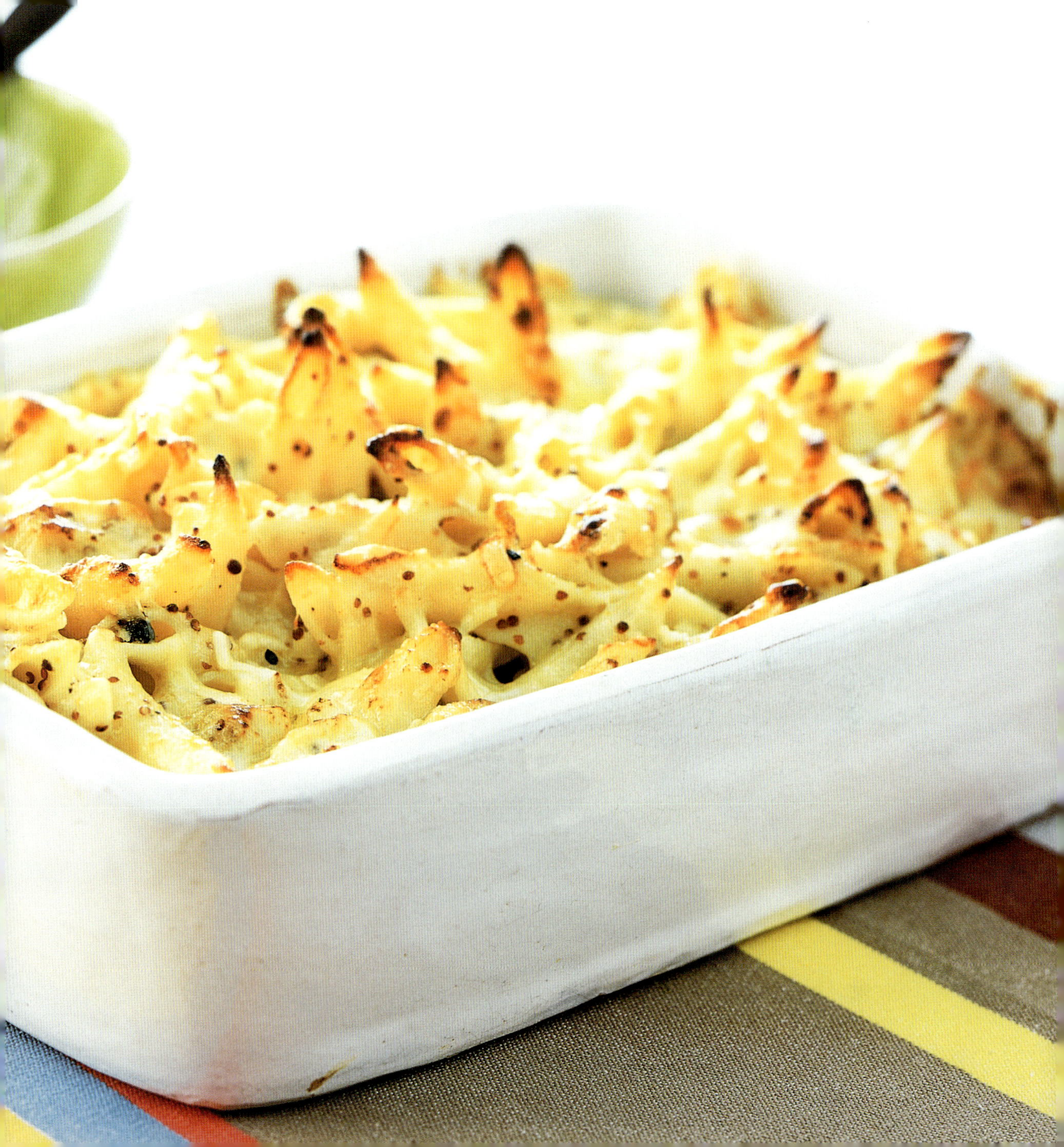

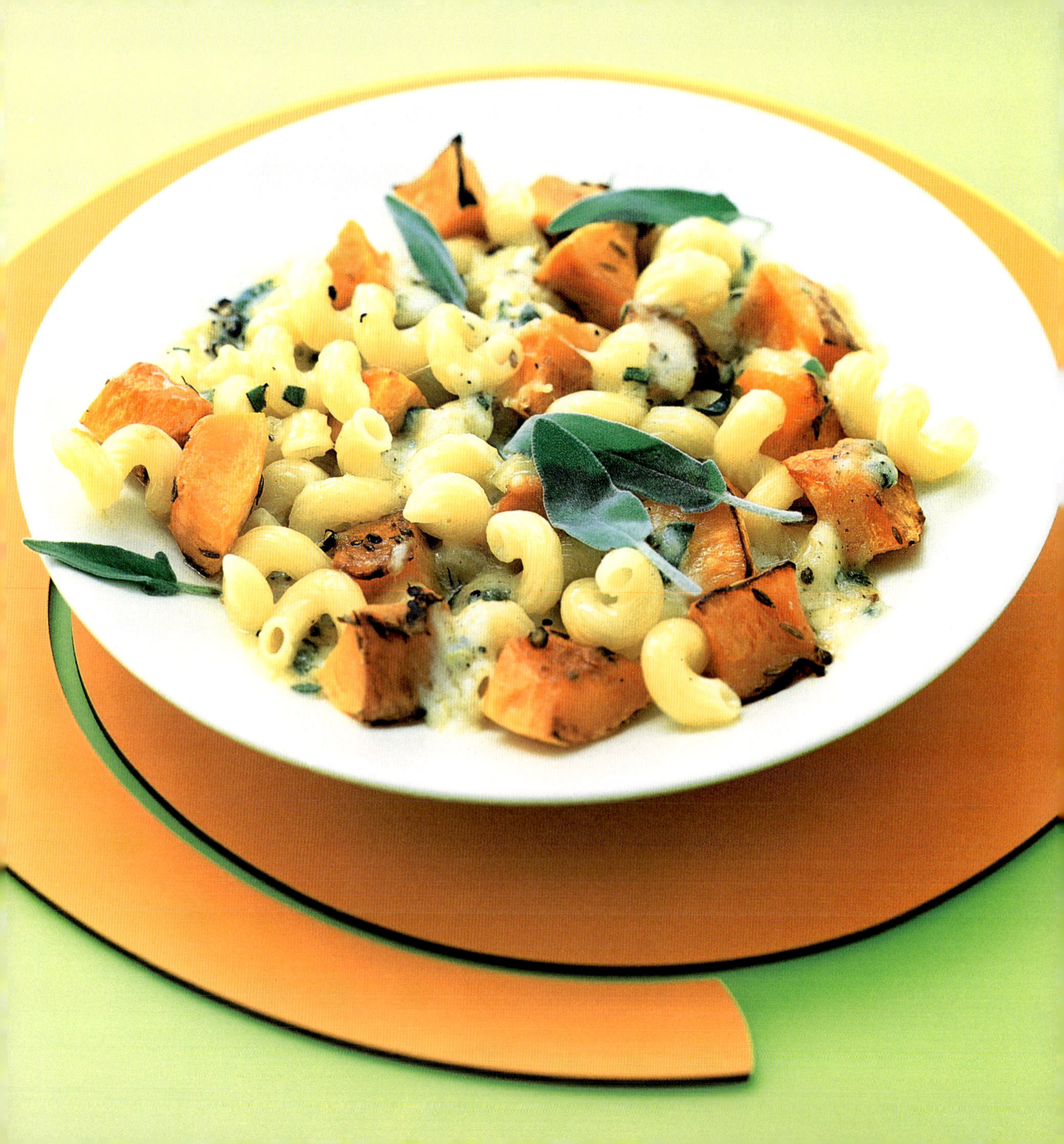

ローストパンプキンのパスタ
セージ、レモン、モッツァレラバターあえ

ハーブとチーズの風味のするガーリックバターが溶けて、食欲をそそる一品です。ジューシーなローストパンプキンとも、ぴったりです。このバターは、ガーリックブレッドを作るのに使ってもいいでしょう。パンの間でガーリックバターが溶けて、しっとりおいしく仕上がります。

オリーブオイル　大さじ2
かぼちゃ、あるいはバターナッツかぼちゃ　500g
クミンシード　小さじ1
モッツァレラチーズ（水けを切って角切り）　1個（約125g）
バター（やわらかくする）　50g
にんにく（つぶす）　2かけ
セージ（みじん切り）　小さじ2と仕上げ用に数枚
レモン（皮のすりおろしと絞り汁）　1個
フジッリブカーティ、カバタッピなどのショートパスタ　300g
塩
黒こしょう（挽いて使う）

4人分

オーブンを200度に温めておく。オーブン皿にオリーブオイルを入れ、熱くなるまでオーブンで5分加熱する。

小さめの鋭い包丁を使ってかぼちゃ、あるいはバターナッツかぼちゃの種を取り、皮をむいて2cm角に切る。

オーブン皿のオリーブオイルが熱くなったらクミンシードを加え、かぼちゃ（バターナッツかぼちゃ）を入れて塩、こしょうで味付けする。全体に油がなじむように混ぜる。ときどき混ぜながら、かぼちゃ（バターナッツかぼちゃ）がやわらかくなって焦げ色がつくまでオーブンで30分焼く。

モッツァレラバターを作る。モッツァレラチーズ、バター、にんにく、セージ、レモンの皮のすりおろしと絞り汁、塩、こしょうをフードプロセッサーに入れ、粗いペースト状になるまでフードプロセッサーにかける。クッキングシートの上に出してクッキングシートを円柱状に丸め、スライスできるほど固まるまで冷蔵庫で20分以上冷やす。

大きめのなべに水を入れ、沸騰させる。塩をしっかりひとつまみ加え、パスタを入れて調理時間に従ってアルデンテにゆでる。

パスタの水けを切って、なべに戻す。かぼちゃ（バターナッツかぼちゃ）を加える。モッツァレラバターをスライスするか刻んで加え、混ぜる。用意した皿、あるいはボウルに盛り付け、セージを散らして出す。

ケッパーとオリーブのシンプルスパゲティ

スパゲティ　375g
エクストラバージンオイル　大さじ6
にんにく（みじん切り）　2かけ
ケッパー（水けを切って洗う）
　大さじ2
ケッパーベリー（なくてもよい）
　適量
カラマタオリーブ
（種を取ってみじん切り）　12個
レモン（絞り汁）　½個
イタリアンパセリ（刻む）　大さじ8
塩
黒こしょう（挽いて使う）
パルメザンチーズ
（削る。なくてもよい）　仕上げ用

4人分

パスタをゆでるとき、ゆで汁にオイルを加えるのはやめましょう。パスタがくっつきにくくなると言われていますが、そんなことはありません。いいオイルを無駄にするだけです。ゆでながら、ときおり木のフォークやスプーンでかき混ぜれば、パスタがくっつくことはありません。

大きめのなべに水を入れ、沸騰させる。塩をしっかりひとつまみ加え、スパゲティを入れて調理時間に従ってアルデンテにゆでる。

スパゲティをゆでている間に、小さめのなべにエクストラバージンオイルを入れて弱火にかける。にんにくを加えて1分炒める。ケッパーと、入れる場合はケッパーベリーもここで加え、カラマタオリーブ、レモンの絞り汁を加えてさらに30秒炒める。パスタがゆであがれば、水けを切ってなべに戻す。ケッパーを炒めたものとイタリアンパセリをスパゲティのなべに加え、全体に絡ませる。こしょうを挽きながら加え、入れる場合はパルメザンチーズを削って散らす。

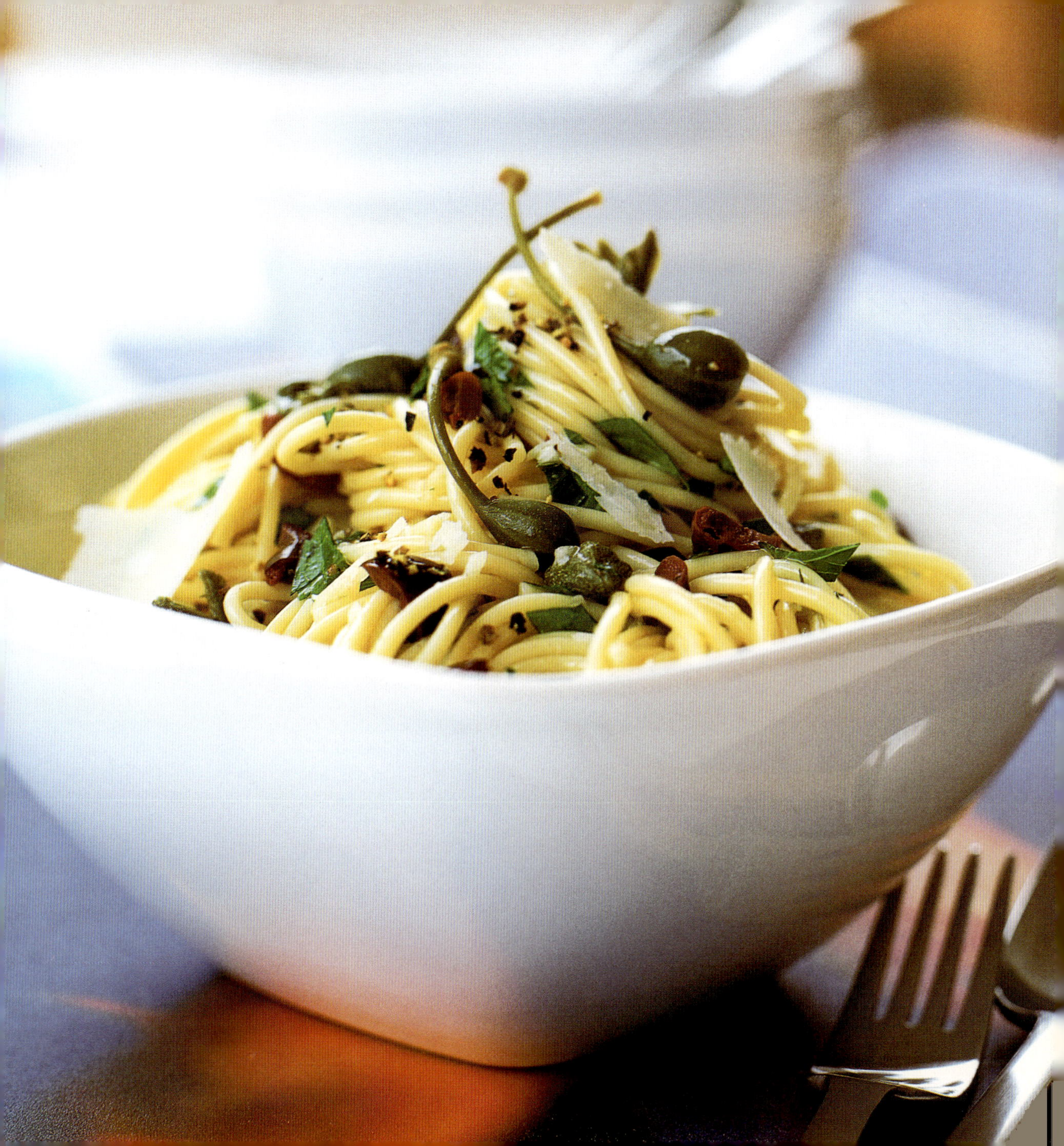

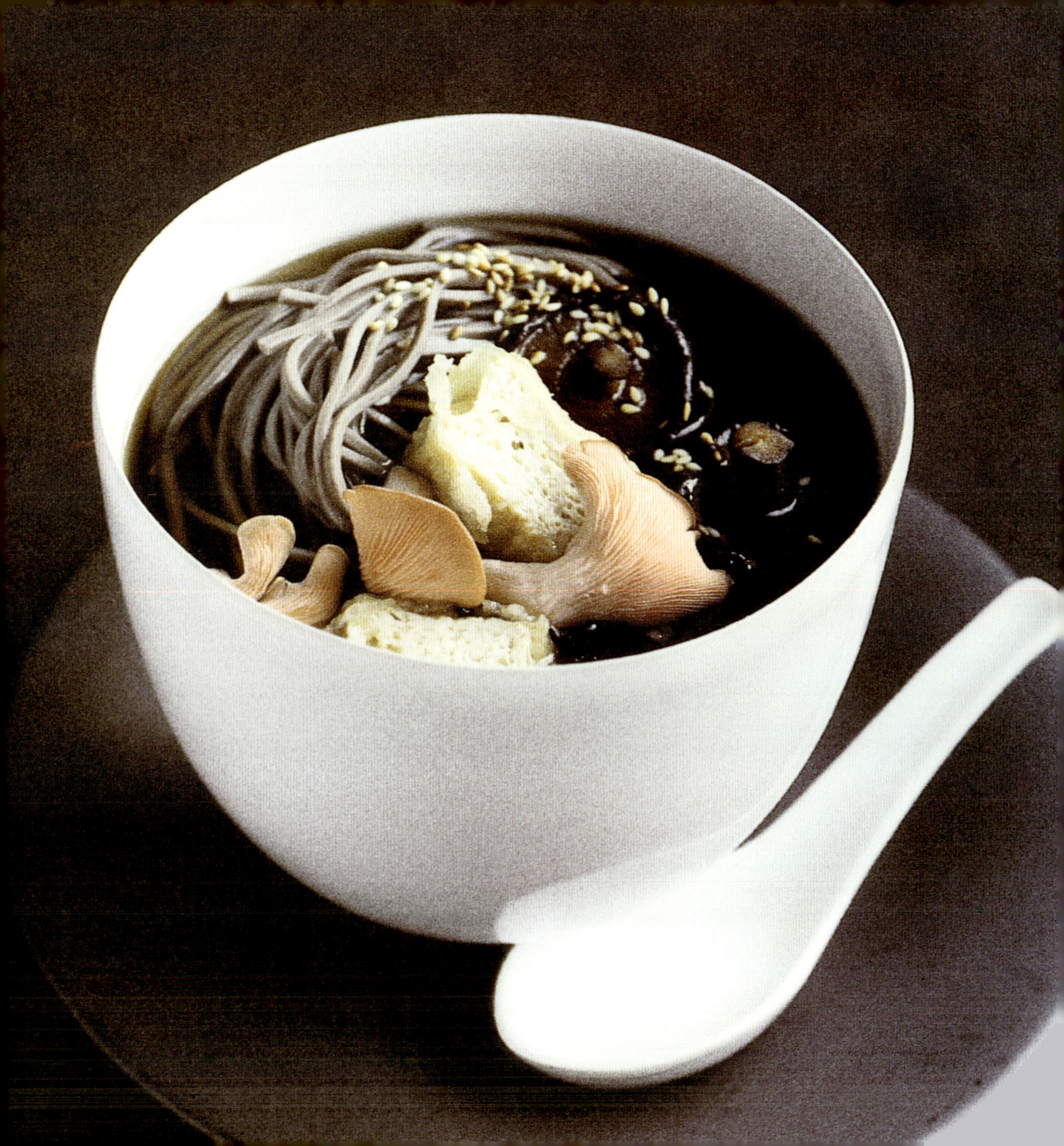

絹豆腐　300g
だしの素　1袋
万能ねぎ(1/3に切る)　2本
うすくちしょうゆ　大さじ6
みりん　大さじ3
ごま油　大さじ1
サラダ油　大さじ2-3
しいたけ(石づきを取る)　16枚
コーンスターチ(塩を加える)　大さじ2
そば(調理時間に従ってゆでる)　250g

仕上げ
ひらたけ　適量
いりごま　大さじ1

4人分

この日本風の一品は、舌触り、風味、色のすべてに優れています。ひらたけは生で食べると繊細な舌触り、コケのような匂い、微妙な色合いをそのまま楽しむことができます。ごまは、フライパンに入れて弱火でキツネ色になるまでから炒りしましょう。焦げ付きを防ぐため、常にかき混ぜます。

ひらたけとしいたけ、豆腐のそば

絹豆腐を12切れに切り分け、皿にキッチンペーパーを3枚敷いて、その上に絹豆腐を置き30分以上水切りをする。

だし汁を作る。なべに水を1000cc入れ、沸騰させる。だしの素を入れ、万能ねぎ、うすくちしょうゆ大さじ3、みりん大さじ1を加える。ふたをして、しばらく火にかけておく。

フライパンにごま油とサラダ油大さじ1を入れ、弱火にかける。しいたけを加え、全体的に焦げ色がつくまで炒める。残りのうすくちしょうゆ、みりんを加え、用意しただし汁を大さじ3加えて沸騰させ、とろりとするまで煮詰める。

フライパンにサラダ油を大さじ1-2入れて火にかける。水きりした豆腐に味付けコーンスターチをまぶし、フライパンに入れてかりっとするまで炒め焼きする。

ゆでたそばを温めたボウルそれぞれに盛り付け、温かいだし汁を注ぎ(これでそばが温まる)、しいたけ、豆腐、ひらたけ、いりごまを上に飾って出す。

ベジタブル焼きそば

中華麺　125g
サラダ油　大さじ4
にんにく(みじん切り)　1かけ
しょうが(みじん切り)　5cm
たまねぎ(薄切り)　1個
赤唐辛子(みじん切り)　1本
チンゲン菜(ざく切り)
　2株(約250g)
リーキ(棒状に切る)　1本
もやし　75g
マッシュルーム(薄切り)　75g
しょうゆ　大さじ3
ライム(絞り汁)　1個
コリアンダー(刻む)　1束

4人分

野菜をすべて切って用意しておけば、次々炒めることができるので楽です。野菜に火を通し過ぎないように、気をつけましょう。歯ごたえを残し、色美しく仕上げます。何でも手元にある野菜を使うことができますが、たまねぎ、にんにく、しょうが、赤唐辛子は必ず入れましょう。

大きめのなべに水を入れて、沸騰させる。中華麺を入れ、生麺であれば1分、乾麺であれば3分ゆでる。しっかり水けを切る。

中華なべにサラダ油を入れて、火にかける。にんにく、しょうが、たまねぎ、赤唐辛子を入れ、ときどきかき混ぜながらしんなりするまで中火で炒める。

チンゲン菜、リーキ、もやし、マッシュルームを中華なべに加え、2-3分炒める。

しょうゆ、ライムの絞り汁、中華麺を加え、野菜と麺をよく混ぜ合わせる。皿に盛り付け、刻んだコリアンダーを散らしてすぐに出す。

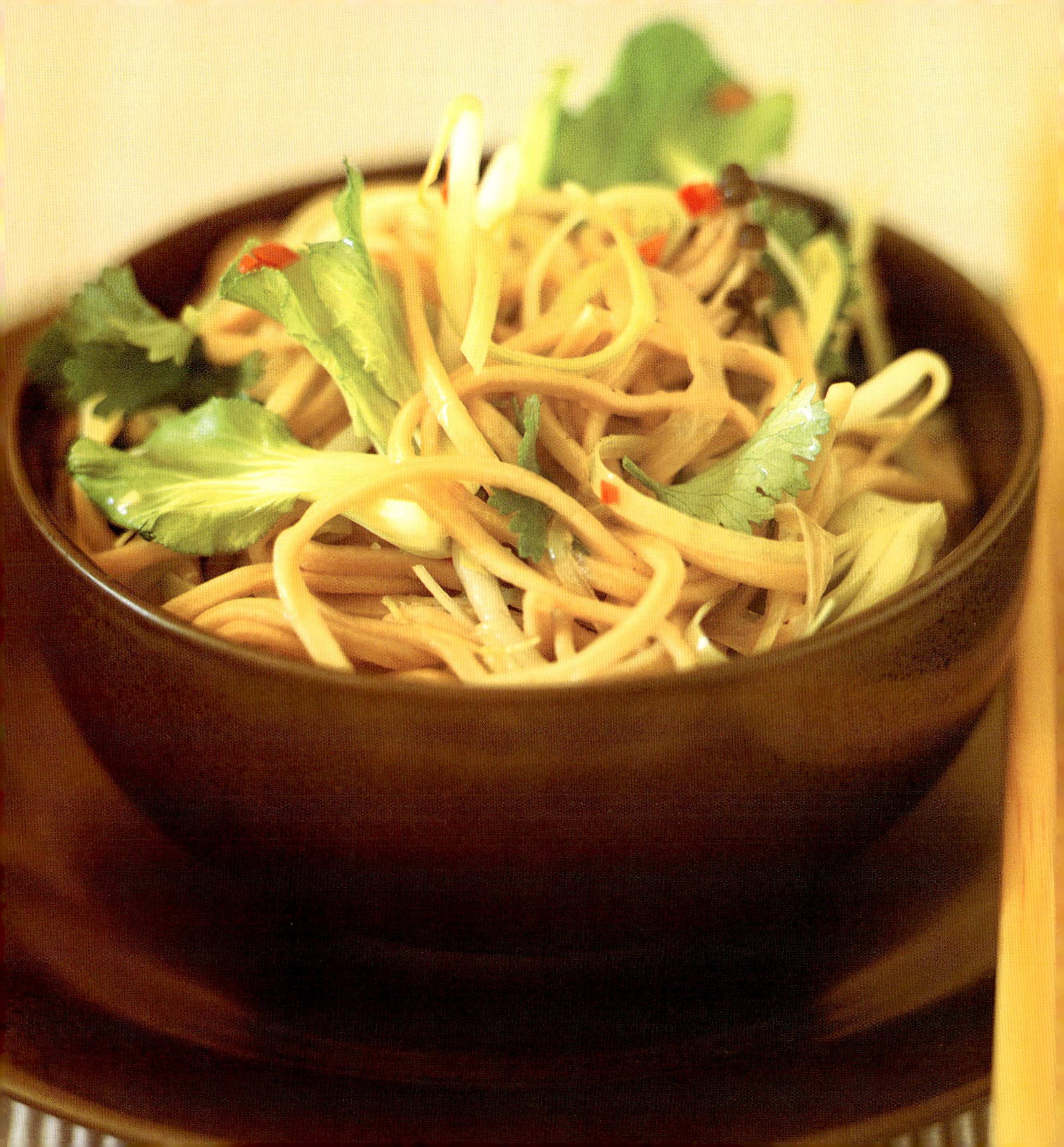

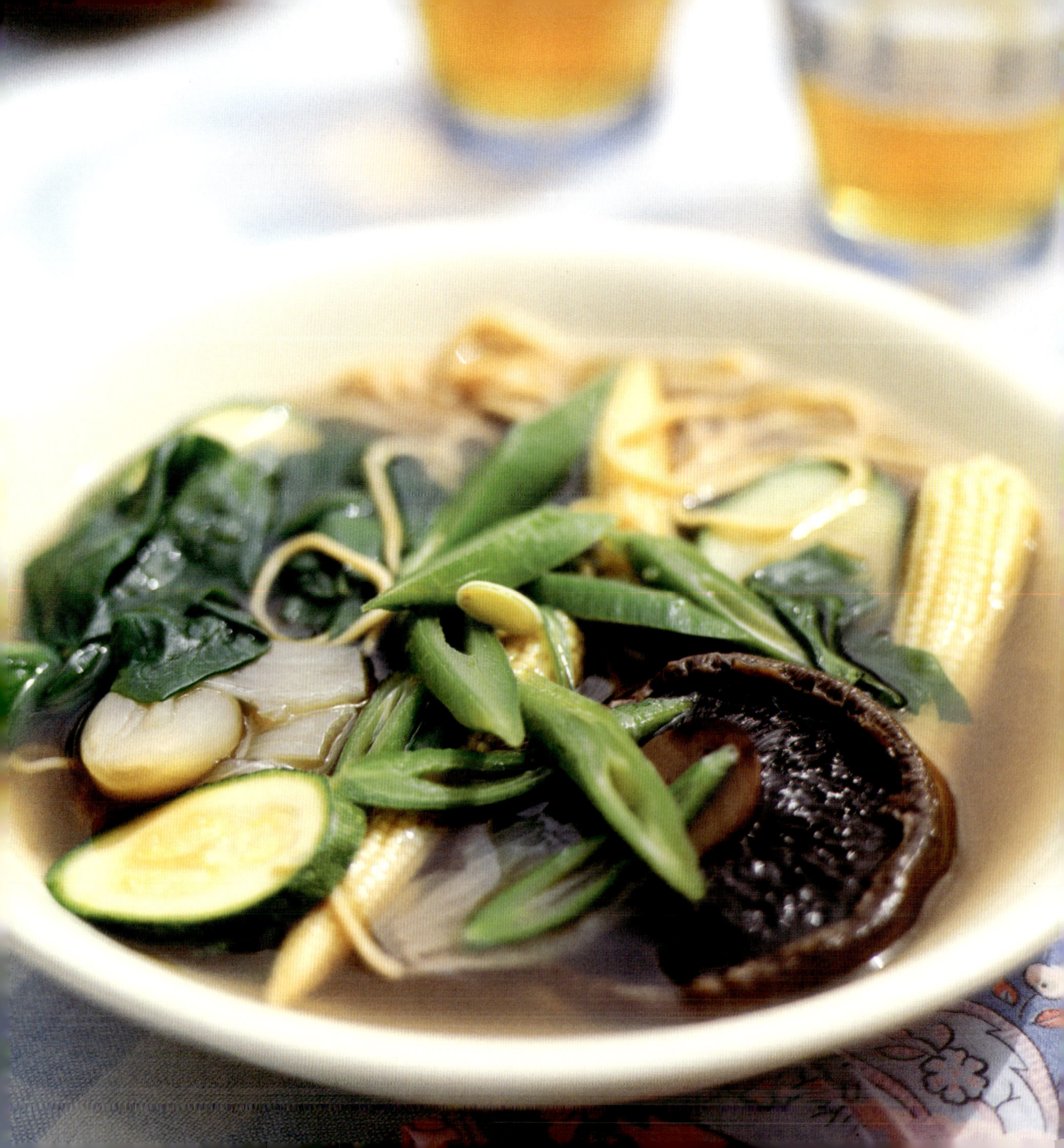

マッシュルーム入り中華麺

ポートベロマッシュルーム
(入手できない場合は、
しいたけ、マッシュルームなどで代用)
4個

ベビーリーキ、あるいはリーキ
4本

エシャロット　4本

ローリエ　2枚

中華麺(乾麺)　200g

ズッキーニ(輪切り)　2本

ヤングコーン　100g

モロッコいんげん(斜め切り)　100g

ほうれんそう(ざく切り)　100g

しょうゆ　大さじ1

塩

黒こしょう(挽いて使う)

4人分

さわやかで自然な香りの中華麺は、とても健康的な気分にさせてくれます。マッシュルームの代わりに豆腐を使ってもいいでしょう。

大きめのなべにマッシュルーム、リーキ、エシャロット、ローリエ、塩、こしょうを入れる。水をひたひたに入れ、火にかけふたをして20分煮る。

中華麺を加え、ひたひたになるよう必要なら水を足す。ズッキーニ、ヤングコーン、モロッコいんげん、ほうれんそう、しょうゆを加え、麺と野菜に火が通るまで4分煮る。ローリエを取り出す。

野菜と麺をボウルに盛り付け、汁をたっぷり入れる。

6人分が数分で準備できるので、人数が集まったときにはぴったりの料理、その上ヘルシーな焼きそばです。アスパラガス、ヤングコーン、きぬさや、にんじん、マッシュルーム、ウォーターチェスナッツなど、手元にある野菜を何でも加えて作りましょう。

ヌードルマウンテン

中華麺(乾麺)	150g
サラダ油	大さじ3
にんにく(みじん切り)	2かけ
しょうが(皮をむいてみじん切り)	6cm
たまねぎ(薄切り)	2個
赤唐辛子(みじん切り)	2本
白菜(千切り)	½個
もやし	125g
しょうゆ	100cc
ライム(絞り汁)	2個
万能ねぎ(小口切り)	1束
カシューナッツ(刻む)	200g

6人分

調理時間に従って中華麺をゆで、水けを切って冷水にさらす。

中華なべにサラダ油を入れ、火にかける。にんにく、しょうが、たまねぎ、赤唐辛子を加え、しんなりするまで中火で5分炒める。白菜ともやしを加え、さっと炒める。

中華麺の水けをしっかり切り、中華なべに加える。大きなスプーンを2つ使って全体に混ぜ、しょうゆ、ライムの絞り汁、万能ねぎ、カシューナッツを加える。よく混ぜ、すぐに出す。

パスタと麺類

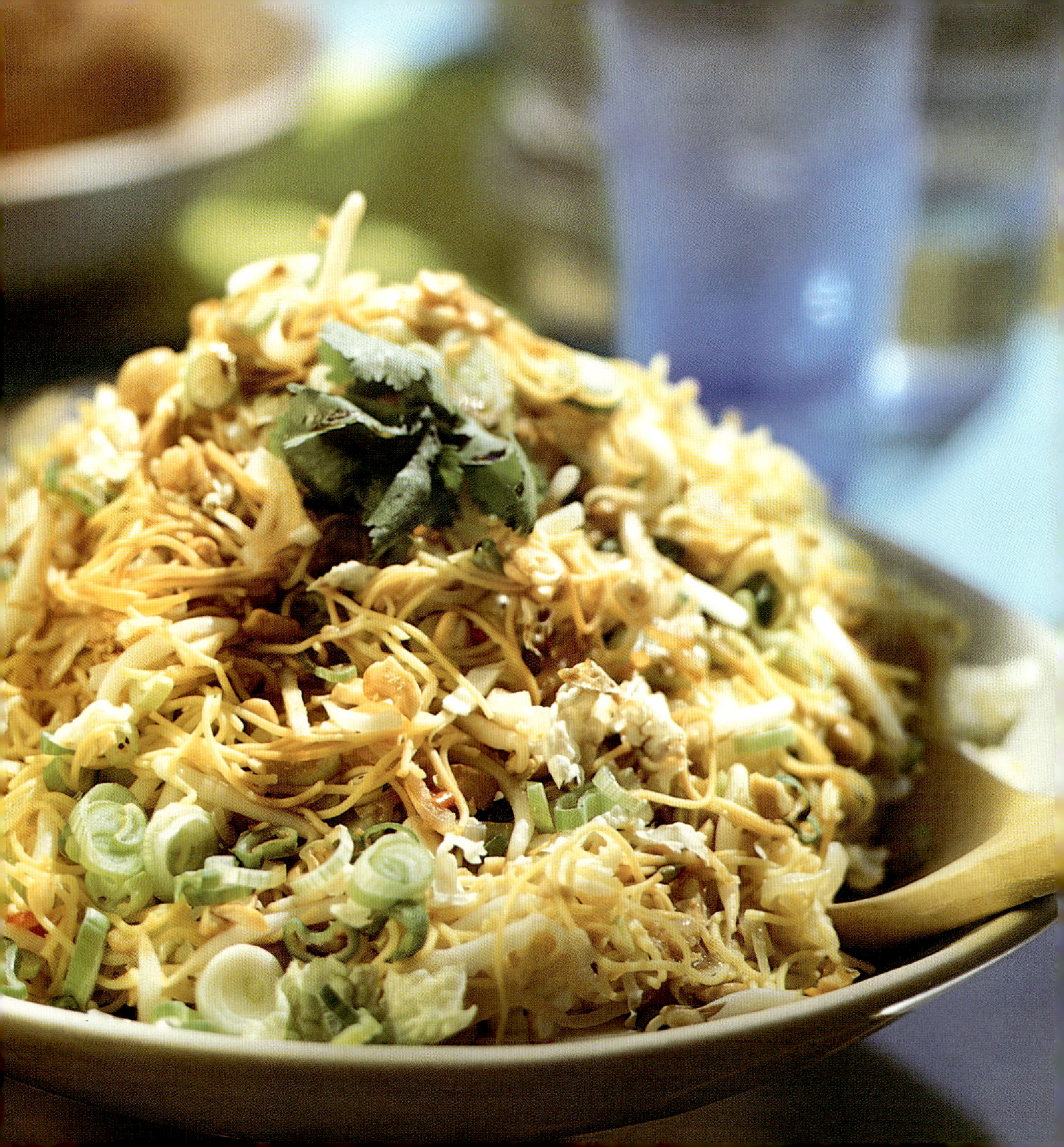

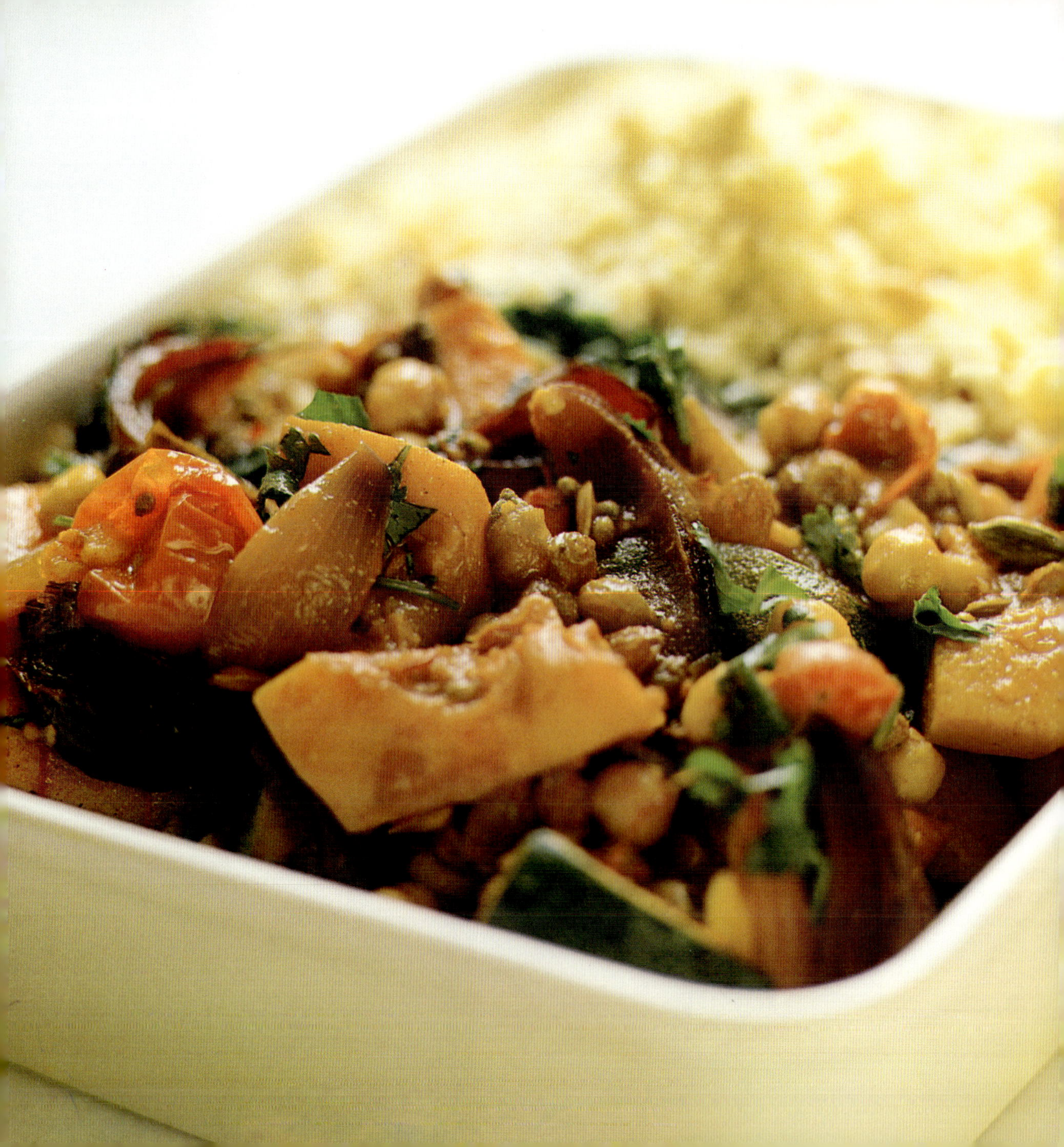

ベジタブルクスクス

いろいろな年代の人が大人数集まるときには、最適の一皿です。材料リストが長く続くからといって、尻込みしないでください。とにかくすべての材料をなべに入れさえすれば、あとは放っておけば大丈夫です。

大きめのなべにオリーブオイルを入れて、火にかける。たまねぎ、エシャロット、にんにく、赤唐辛子を加えて2分炒める。さらにパプリカパウダー、シナモン、コリアンダーシード、クミンシード、カルダモン、サフランを入れ、3分炒める。

にんじん、パースニップ、バターナッツかぼちゃ、ズッキーニを加える。野菜全体にスパイス類が十分絡まるようによくかき混ぜながら、5分炒める。

トマト、野菜ストック、ヒヨコ豆、サルタナレーズン、塩、こしょうを加える。野菜がすっかり水分にかぶっていない場合には、野菜ストックか水を足す。沸騰したら、20分煮込む。

別のなべにクスクスを入れ、熱湯を注いで、クスクスの上3cmくらいまでかぶるようにする。火にかけ、沸騰したらさらに3分よくかき混ぜながらゆでる。水けを切る。

フライパンに松の実を入れ、常にかき混ぜながらキツネ色になるまで中火でから炒りする。水けを切ったクスクスに加える。

溶かしバターをクスクスにかけ、塩、こしょうで味付けする。フォークでクスクスをふわりと混ぜ、大きめの盛り皿に盛る。

クスクスの上に野菜を煮込んだものを注ぎ、コリアンダーを散らす。熱いうちに出す。

オリーブオイル　大さじ2
たまねぎ(くし切り)　2個
エシャロット(皮をむく)　2本
にんにく(みじん切り)　3かけ
赤唐辛子(生、小口切り)　1本
パプリカパウダー　小さじ1
シナモン　小さじ½
コリアンダーシード(つぶす)　小さじ½
クミンシード(つぶす)　小さじ½
カルダモンホール(つぶす)　4粒
サフラン　ひとつまみ
にんじん(2cm角切り)　3本
パースニップ(白にんじん。2cm角切り)　2本
バターナッツかぼちゃ(2cm角切り)　½個
ズッキーニ(輪切り)　2本
チェリートマトあるいはホールプラムトマト(缶詰)　400g
野菜ストック(233ページ参照)　600cc
ヒヨコ豆(缶詰。洗って水けを切る)　400g
サルタナレーズン　75g
塩
黒こしょう(挽いて使う)
コリアンダー(刻む。仕上げ用)　1束

松の実のクスクス
クスクス　500g
松の実　75g
バター(溶かす)　50g

4人分

パスタと麺類

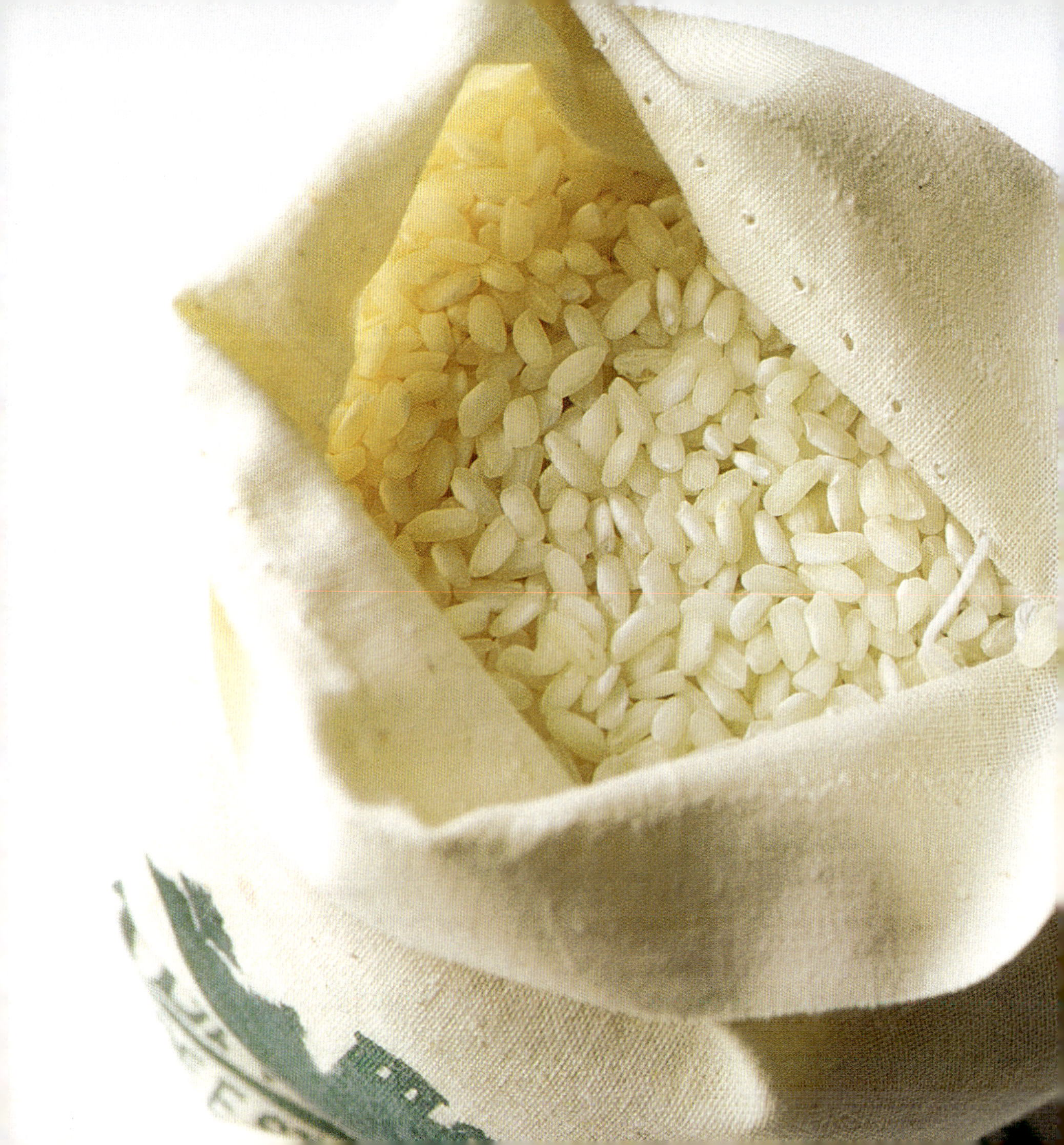

ライス

ウンブリアの市場に並ぶおいしそうな野菜やチーズを見て、このリゾットを思いつきました。とれたてのズッキーニとやわらかなリコッタチーズがおいしさの秘訣です。イタリアのデリカテッセンや大型スーパーマーケットでは、フレッシュリコッタチーズが手に入ります。

ズッキーニとリコッタチーズのリゾット

無塩バター　100g
ズッキーニ(小さめのもの。刻む)
　　　　　　4本(約200g)
ミント(ちぎる)　ひとつかみ
イタリアンパセリ(刻む)　ひとつかみ
野菜ストック(p.233参照)　900cc
オリーブオイル　大さじ1
エシャロット(みじん切り)　8本
にんにく(つぶす)　2かけ
リゾット用米
(ヴィアローネナノ、カルナローリ、
アルボリオなど)　275g
白ワイン　グラス1杯(約125cc)
リコッタチーズ　100g
パルメザンチーズ(おろす)　100g
塩
黒こしょう(挽いて使う)

4人分

バターの半量をフライパンに入れ、火にかける。バターが溶ければズッキーニを加え、やわらかくなるまで中火で5分ほど炒める。ミントとイタリアンパセリを加えてよく混ぜ、火からおろす。

なべに野菜ストックを入れる。火にかけ、沸騰直前になったら火を弱めてとろ火でとろとろ煮る。

残りのバターとオリーブオイルをソテーパンかキャセロールに入れ、中火にかける。エシャロットを加えて、焦がさないよう気をつけながら、しんなりするまで1-2分炒める。にんにくを加え、よく混ぜる。

リゾット用米を加え、木製スプーンを使って米が油で覆われるように1分ほどよく混ぜる。白ワインを注ぎ、ワインの水分を米がすべて吸うまで混ぜ続ける。

米に野菜ストックをおたまでひとすくい加え、水分を米がすべて吸うまで混ぜる。様子を見ながら野菜ストックを足しては混ぜ、18-20分かけて野菜ストックをすべて米に吸収させる。米は、形が残りながらもやわらかい状態になる。

ズッキーニ、リコッタチーズ、パルメザンチーズ、塩、こしょうを加えて、よく混ぜる。火からおろし、ふたをして2分蒸らす。

温めておいたボウルに盛り付け、すぐに出す。

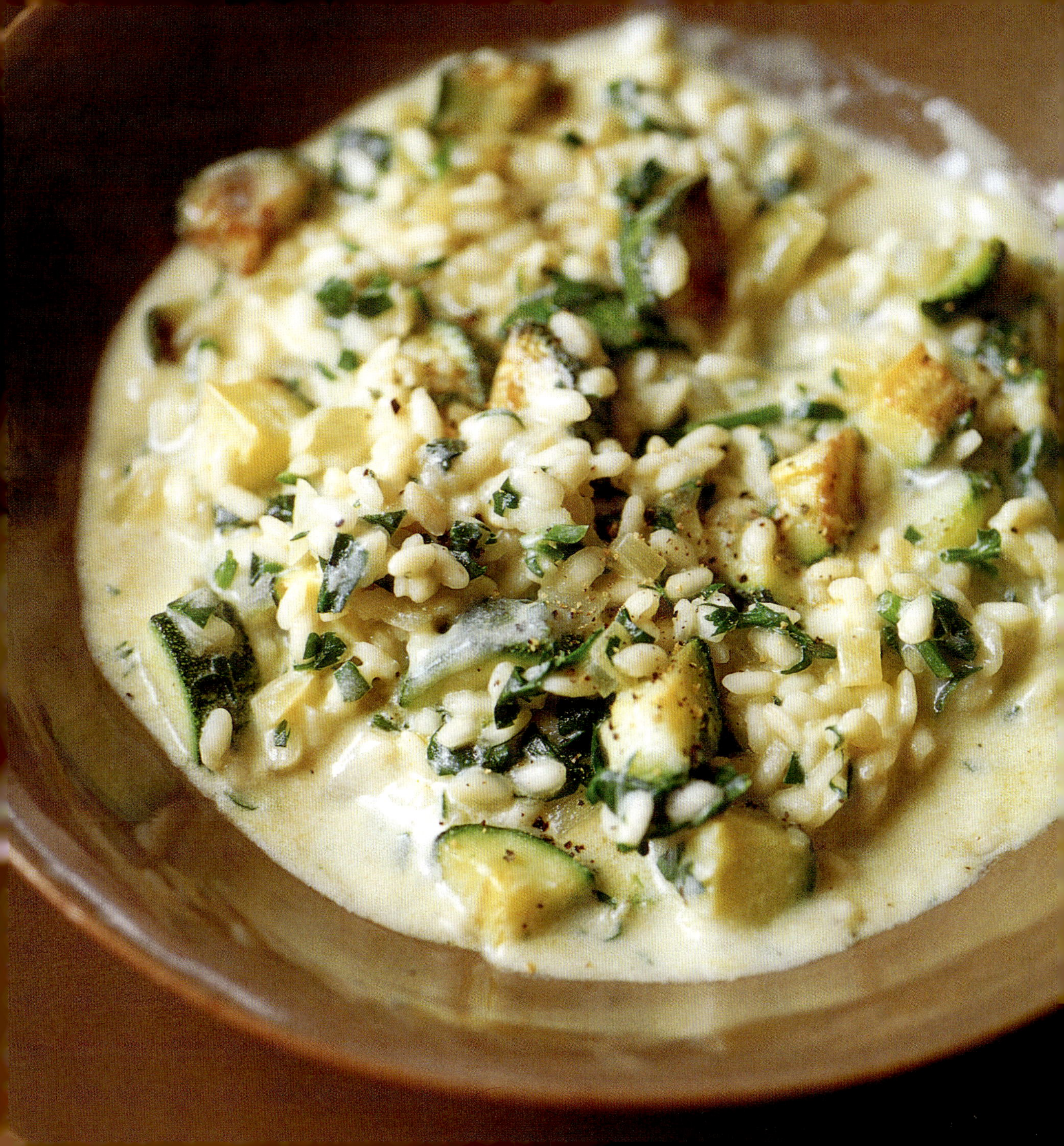

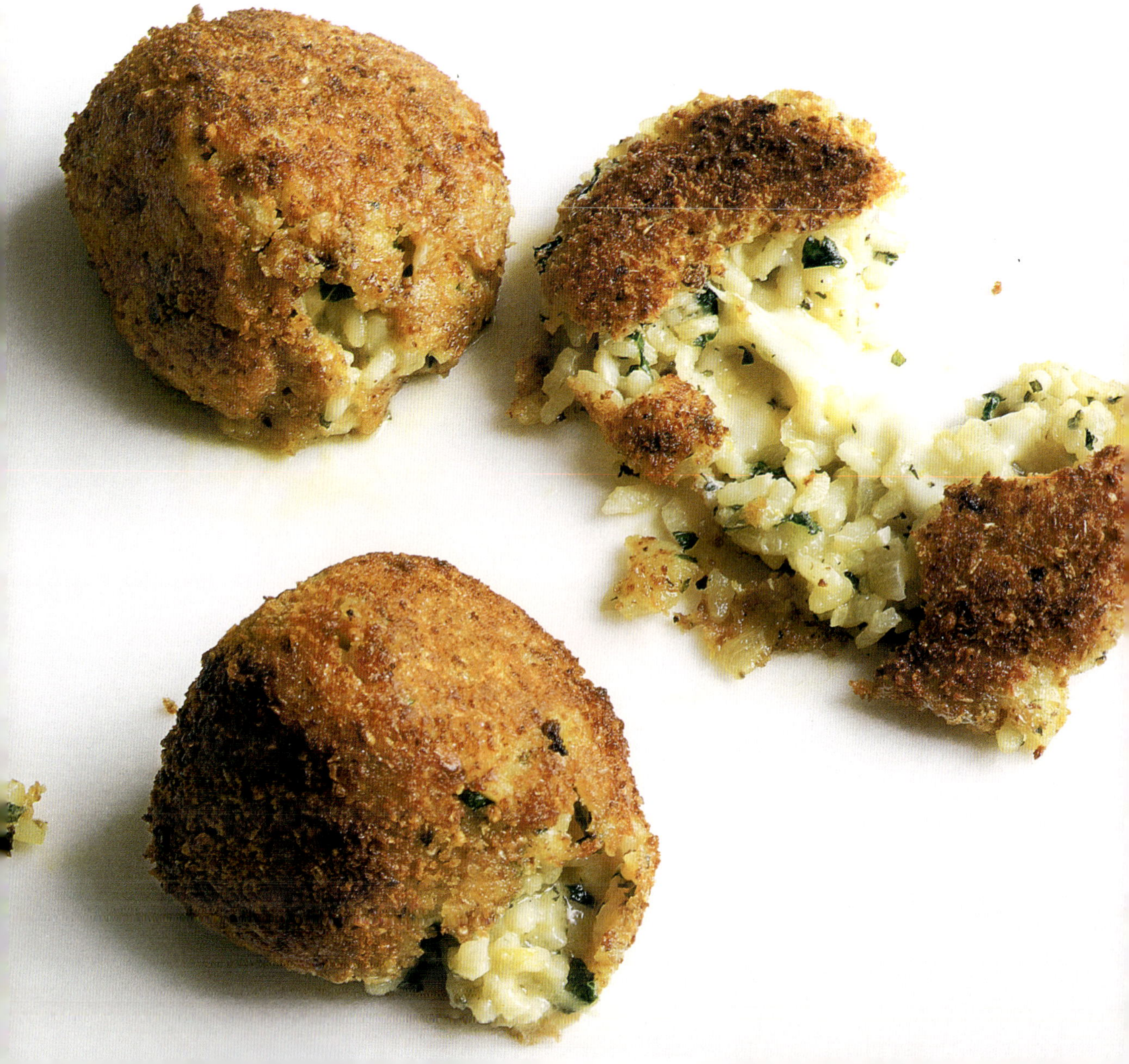

ライスコロッケ

野菜ストック(p.233参照)　800cc
無塩バター　50g
リゾット用米
(ヴィアローネナノ、カルナローリ、
アルボリオなど)　275g
モッツァレラチーズ(小さめの角切り)
1個(約125g)
エシャロット(みじん切り)　6本
ハーブ(パセリ、バジル、
オレガノなどをみじん切り)
ひとつかみ
オレンジ
(ワックスのかかっていない
おおきめのものの皮のすりおろし)
1個
パルメザンチーズ(おろす)
大さじ6
オリーブオイル　大さじ6
塩
黒こしょう(挽いて使う)

衣

卵(軽く混ぜる)　1個
生パン粉　50g

8人分

チーズ入りのライスコロッケはイタリアではスップリアルテレフォノと呼ばれていて、イタリアで人気のメニューです。シチリアではアランチーニと呼ばれますが、これは小さなオレンジという意味です。リゾットを使って作る、おいしくて楽しいパーティー料理、アンティパストです。

なべに野菜ストックを入れる。火にかけ、沸騰直前になったら火を弱めてとろ火でとろとろ煮る。

大きめのなべにバターを入れ、火にかける。リゾット用米を加え、木製スプーンを使って米が油で覆われるように1分ほどよく混ぜる。野菜ストックをおたまでひとすくい加え、水分を米がすべて吸うまで混ぜる。様子を見ながら野菜ストックを足しては混ぜ、18-20分かけて野菜ストックをすべて米に吸収させる。米は、形が残りながらもやわらかい状態になる。

モッツァレラチーズ、エシャロット、ハーブ、オレンジの皮のすりおろし、パルメザンチーズ、塩、こしょうを加え、よく混ぜる。火からおろして、冷ます。

リゾットが冷めて扱いやすくなれば、手で8つのボウルに丸める。卵液につけ、全体を卵液にひたしてから生パン粉を周りにつける。

フライパンにオリーブオイル大さじ6を入れ、火にかける。成形したライスコロッケを入れ、全面がキツネ色になるまで8分ほど揚げ焼きにする。必要なら何回かに分けて焼く。キッチンペーパーの上に置いて、油を切る。温かいうちに、あるいは冷めてから出す。

リゾットを作るときはかき混ぜ続けていなくてはいけないと言われていますが、必ずしもそんなことはありません。時間は大切です。頻繁にかき混ぜる必要はありますが、リゾットにかかりきりにならず同時にキッチンで何か他のことをしていても大丈夫です。

マッシュルームリゾット

野菜ストック(p.233参照)　1000cc
乾燥きのこ
(シャントレル、モレル、しいたけ、ポルチーニなど)　50g
バター　25g
オリーブオイル　大さじ1
にんにく(みじん切り)　1かけ
たまねぎ(みじん切り)　1個
リゾット用米
(ヴィアローネナノ、カルナローリ、アルボリオなど)　300g
辛口白ワイン、
あるいはベルモット　75cc
パルメザンチーズ(おろす)　75g
パルメザンチーズ
(削るかおろす。仕上げ用)　65g
塩
黒こしょう(挽いて使う)

4人分

なべに野菜ストックと乾燥きのこを入れ、10分つけておく。火にかけ、弱火から中火でじっくりと沸騰させる。きのこをざるなどにあけ、野菜ストックはなべに戻す。

バターの半量とオリーブオイルを大きめのなべに入れ、火にかける。にんにくとたまねぎを加え、やわらかく透明になるまで中火で炒める。リゾット用米を加え、米がバターと油で覆われるように混ぜる。

米に野菜ストックをおたまでひとすくい加え、水分を米がすべて吸うまで混ぜる。様子を見ながら野菜ストックを足しては混ぜ、15-20分かけて野菜ストックをすべて米に吸収させる。

きのこは大きければ、小さめに切る。きのこ、白ワインかベルモット、残りのバター、パルメザンチーズをなべに加える。塩とこしょうで味付けし、さっくり混ぜながらさらに2分ほど火にかける。別の皿にパルメザンチーズをおろしたもの、あるいは削ったものを入れて、リゾットとともに出す。チーズは食べるときにかける。

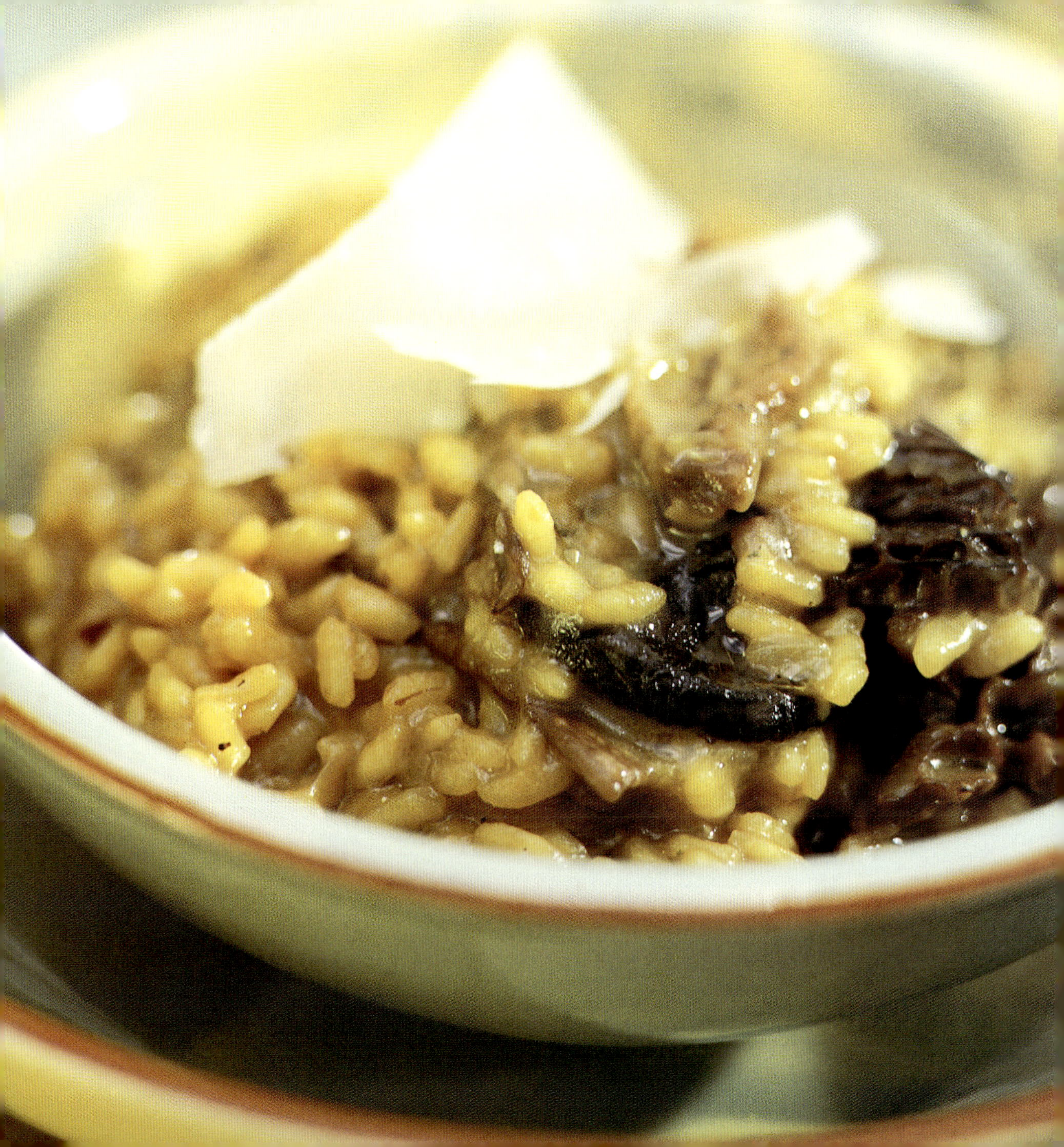

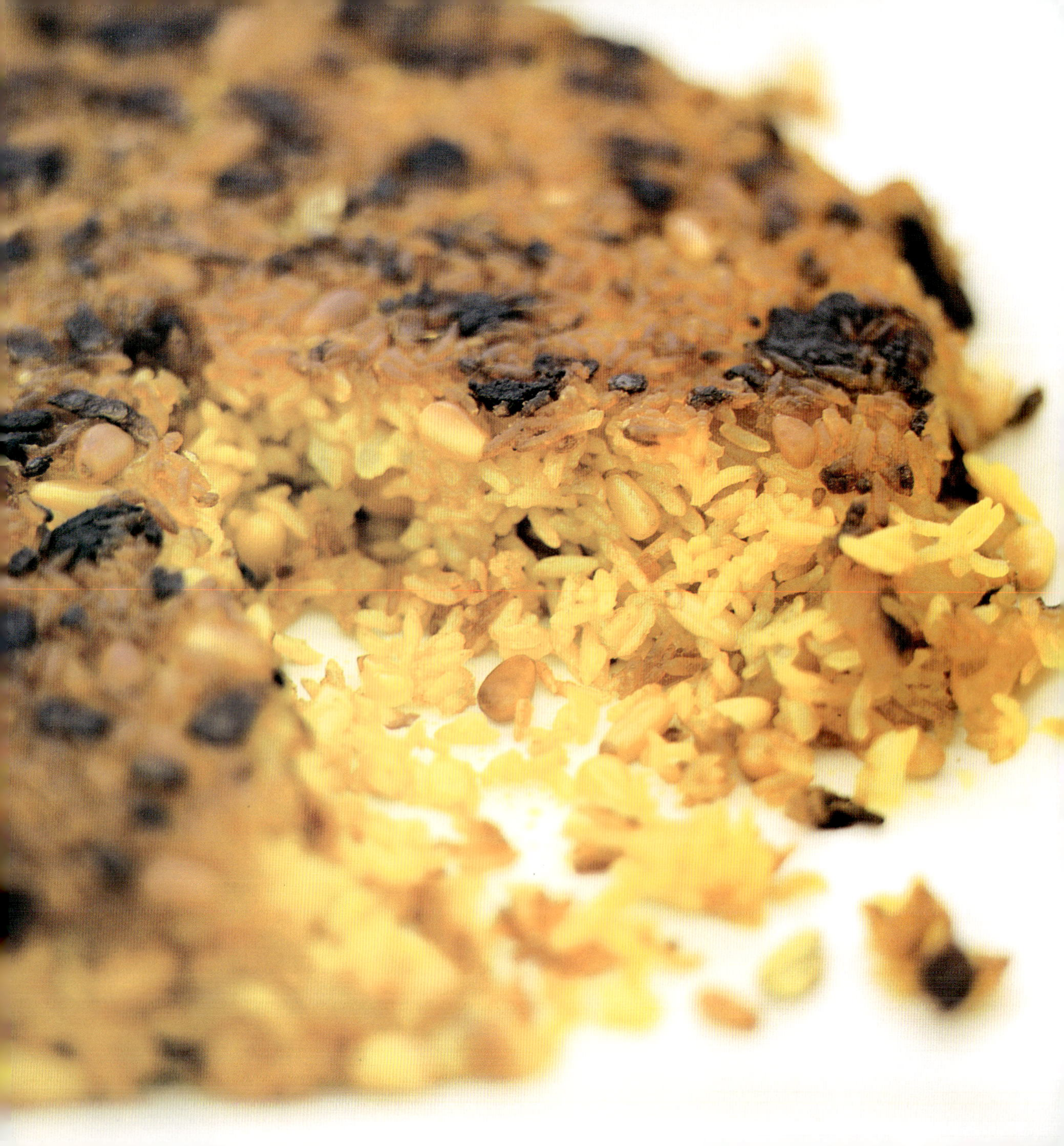

ベイクドライス

これは、ペルシャで使われている料理法にヒントを得たライスレシピです。パリパリとしたライスはおいしく、なじみのある白くてふわふわとしたごはんとは驚くほど趣が異なります。

バスマティ米　200g
オリーブオイル　大さじ3
たまねぎ(みじん切り)　2個
にんにく(みじん切り)　2かけ
ドライアプリコット(刻む)　150g
アーモンドスライス(から炒り)　50g
ターメリック　小さじ1
カルダモン　小さじ1
ガラムマサラ　大さじ1
バター(小さく角切り)　100g
塩
黒こしょう(挽いて使う)

オーブン用フライパン
(バターを塗る)

4人分

大きめのボウルにバスマティ米を入れ、何度か水を変えてとぎ、3時間水につける。

大きめのなべに水を入れ、沸騰させる。水につけておいた米を加えてよく混ぜ、5分ゆでる。

米の水けを切り、なべに冷水を注いで米を入れ、米がやわらかくなりすぎないようにする。米が十分冷えたら、水けを切る。

オーブンを180度に温めておく。なべにオリーブオイルを入れて火にかけ、たまねぎとにんにくを加えて焦がさないように気をつけながら5分炒める。ドライアプリコット、アーモンドスライス、ターメリック、カルダモン、ガラムマサラ、塩、こしょうを加えて、よく混ぜる。

炒めたたまねぎを米に加えて混ぜ、バターを塗ったフライパンに移して表面をならす。角切りバターを散らし、アルミホイルでしっかりとふたをする。

予熱したオーブンで45分焼き、アルミホイルを取ってさらに15分焼く。

オーブンから出す。大きな皿でフライパンにふたをし、皿とフライパンを一緒に上下逆さにする。フライパンをはずせば、キツネ色に焼けた面が表になる。

秋に限らず1年を通してかぼちゃを食べるイタリア北部で、とても人気のある一品です。かぼちゃは甘いお菓子から食事の一皿までさまざまな料理に使われ、スープ、シチュー、パスタのフィリング、パンやケーキに活躍します。

パンプキンリゾット

野菜ストック(p.233参照) 900cc
無塩バター 50g
オリーブオイル 大さじ1
エシャロット(みじん切り) 8本
にんにく(つぶす) 2かけ
リゾット用米(ヴィアローネナノ、カルナローリ、アルボリオなど) 275g
白ワイン グラス1杯(約125cc)
かぼちゃ、あるいはバターナッツかぼちゃ(皮をむいて種を取り1cm角に切る) 400g
イタリアンパセリ(ざく切り) ひとつかみ
パルメザンチーズ(おろす) 100g
塩
黒こしょう(挽いて使う)

4人分

なべに野菜ストックを入れる。火にかけ、沸騰直前になったら火を弱めてとろ火でとろとろ煮る。

バターとオリーブオイルをソテーパンかキャセロールに入れ、中火にかける。エシャロットを加えて、焦がさないよう気をつけながら、しんなりするまで1-2分炒める。にんにくを加え、よく混ぜる。

リゾット用米を加え、木製スプーンを使って米が油で覆われるように1分ほどよく混ぜる。白ワインを注ぎ、ワインの水分を米がすべて吸うまで混ぜ続ける。

米に野菜ストックをおたまでひとすくい加え、かぼちゃかバターナッツかぼちゃ、イタリアンパセリを加える。水分を米がすべて吸うまで混ぜる。様子を見ながら野菜ストックを足しては混ぜ、18-20分かけて野菜ストックをすべて米に吸収させる。米は、形が残りながらもやわらかい状態になり、かぼちゃにも火が通るようにする。野菜ストックは、最後におたまひとすくい分だけ使わずに残しておく。

残しておいた野菜ストック、パルメザンチーズ、塩、こしょうを加えて、よく混ぜる。火からおろし、ふたをして2分蒸らす。

温めておいたボウルに盛り付け、すぐに出す。

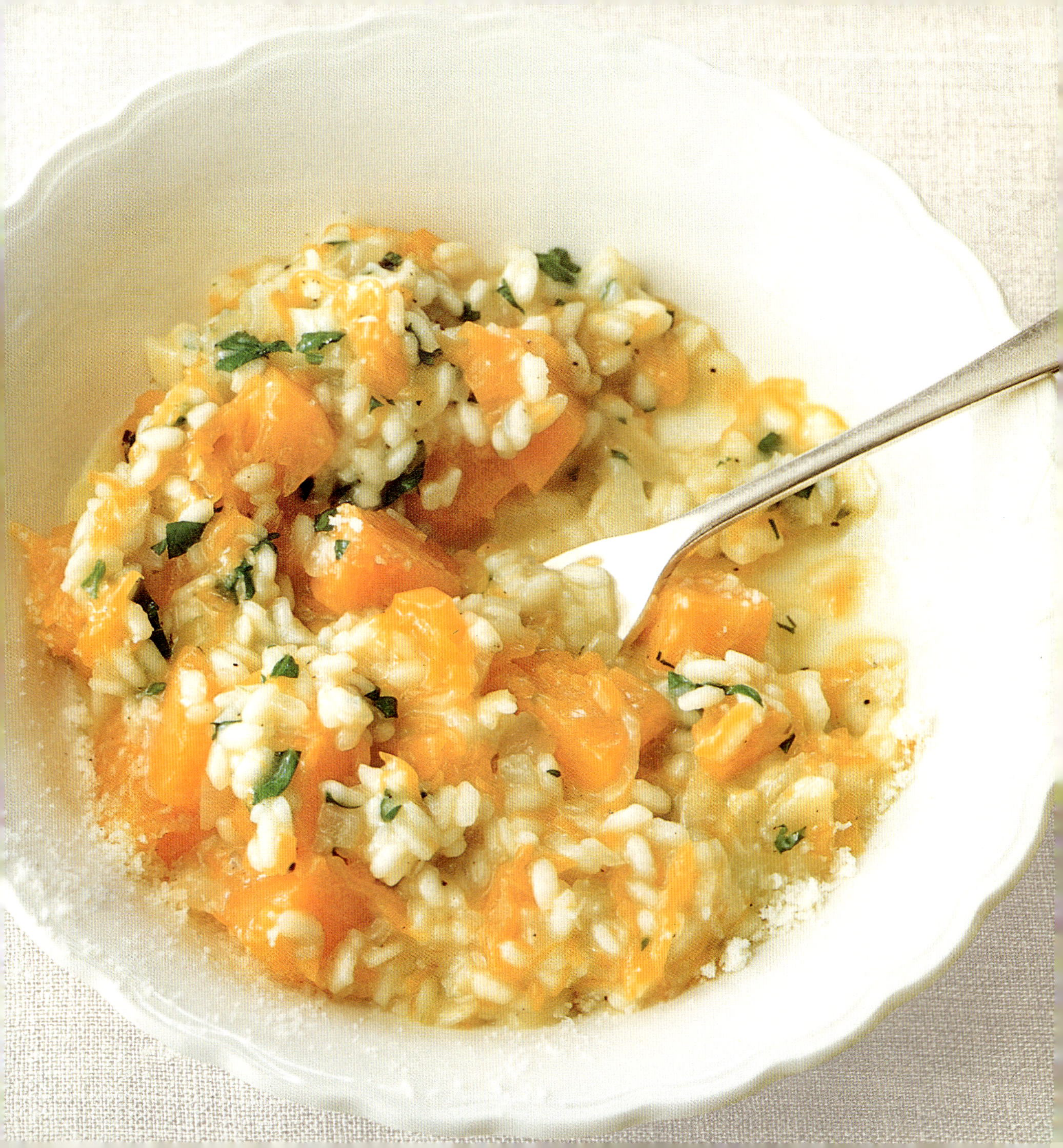

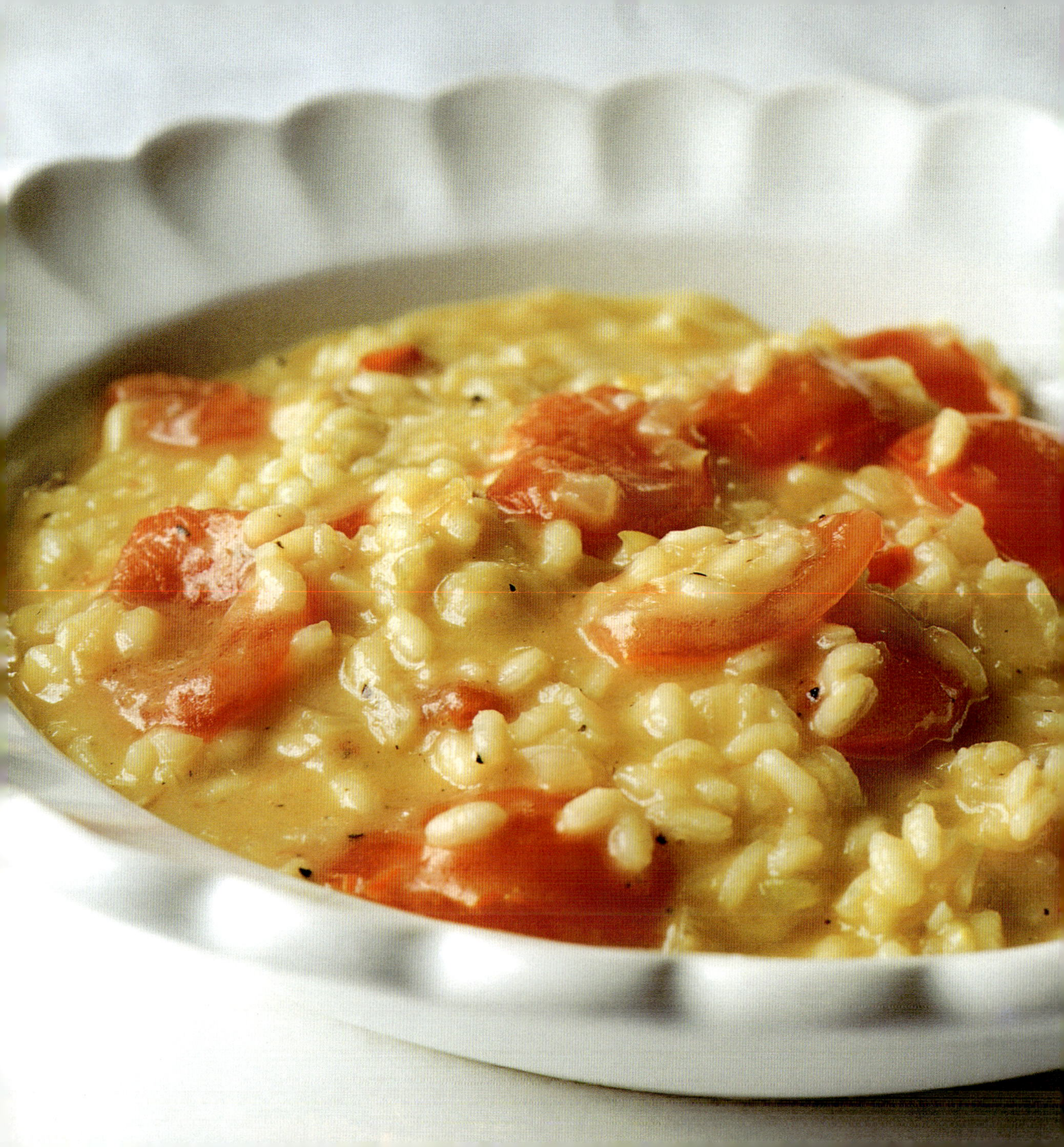

このリゾットはとてもシンプルで、そこが大人だけでなく子どもにも人気のある秘密でしょう。トマトなしのイタリア料理など、想像できません。風味がよく、赤い色が美しくて、フルーツの香り高いしっかりしたトマトを選びましょう。

トマトリゾット

野菜ストック(p.233参照)　900cc
無塩バター　50g
オリーブオイル　大さじ1
エシャロット(みじん切り)　8本
にんにく(つぶす)　2かけ
リゾット用米
(ヴィアローネナノ、カルナローリ、
アルボリオなど)　275g
白ワイン　グラス½杯(約75cc)
固めのトマト(種を取って角切り)　8個
パルメザンチーズ(おろす)
100gと仕上げ用
バジル(ちぎる)　ひとつかみ
塩
黒こしょう(挽いて使う)

4人分

なべに野菜ストックを入れる。火にかけ、沸騰直前になったら火を弱めてとろ火でとろとろ煮る。

バターとオリーブオイルをソテーパンかキャセロールに入れ、中火にかける。エシャロットを加えて、焦がさないよう気をつけながら、しんなりするまで1-2分炒める。にんにくを加え、よく混ぜる。

リゾット用米を加え、木製スプーンを使って米が油で覆われるように1分ほどよく混ぜる。白ワインを注ぎ、ワインの水分を米がすべて吸うまで混ぜ続ける。

米に野菜ストックをおたまでひとすくい加え、水分を米がすべて吸うまで混ぜる。野菜ストックを足しながら、10分たったらトマトも入れる。様子を見ながら野菜ストックを足しては混ぜ、さらに8-10分かけて野菜ストックをすべて米に吸収させる。米は、形が残りながらもやわらかい状態になり、トマトがやわらかくなるようにする。野菜ストックは、最後におたまひとすくい分だけ使わずに残しておく。

残しておいた野菜ストック、パルメザンチーズ、バジル、塩、こしょうを加えて、よく混ぜる。火からおろし、ふたをして2分蒸らす。

温めておいたボウルに盛り付け、パルメザンチーズをおろしてかけ、すぐに出す。

アーティチョークリゾット

小さめのアーティチョーク　4個
(大きめのアーティチョークなら2個)
レモン(半分に切る)　1個
野菜ストック(p.233参照)　900cc
無塩バター　50g
オリーブオイル　大さじ1
エシャロット(みじん切り)　8本
にんにく(つぶす)　1かけ
リゾット用米
(ヴィアローネナノ、カルナローリ、
アルボリオなど)　275g
白ワイン
グラス½杯(約75cc)
パルメザンチーズ(おろす)
100gと仕上げ用
マスカルポーネチーズ　大さじ2
イタリアンパセリ(ざく切り)
ひとつかみ
塩
黒こしょう(挽いて使う)

4人分

アーティチョークは、茎が長いままで切り取られていない若いものを買いましょう。茎の部分が短いアーティチョークには、固いものが多いです。また、若いもののほうが繊維が少なめです。固くしまっていれば新鮮なアーティチョーク、葉が開いていれば古くなったものです。

アーティチョークの下ごしらえをする。外側の固い葉を取り除き、穂先を切り取る。小さいアーティチョークであれば4つに、大きいアーティチョークであれば8つに切り分け、ふわふわしたとげのある中心部を切り取る。レモンでアーティチョークの切り口をこすり、変色を防ぐ。

なべに野菜ストックを入れる。火にかけ、沸騰直前になったら火を弱めてとろ火でとろとろ煮る。

バターとオリーブオイルをソテーパンかキャセロールに入れる。エシャロットを加えて、中火で焦がさないよう気をつけながら、しんなりするまで1-2分炒める。にんにくとアーティチョークを加え、2-3分炒める。

リゾット用米を加え、木製スプーンを使って米が油で覆われるように1分ほどよく混ぜる。白ワインを注ぎ、ワインの水分を米がすべて吸うまで混ぜ続ける。

米に野菜ストックをおたまでひとすくい加え、水分を米がすべて吸うまで混ぜる。様子を見ながら野菜ストックを足しては混ぜ、18-20分かけて野菜ストックをすべて米に吸収させる。米は、形が残りながらもやわらかい状態になる。

パルメザンチーズ、マスカルポーネチーズ、イタリアンパセリ、塩、こしょうを加えて、よく混ぜる。火からおろし、ふたをして2分蒸らす。

温めておいたボウルに盛り付け、パルメザンチーズをおろしてかけ、すぐに出す。

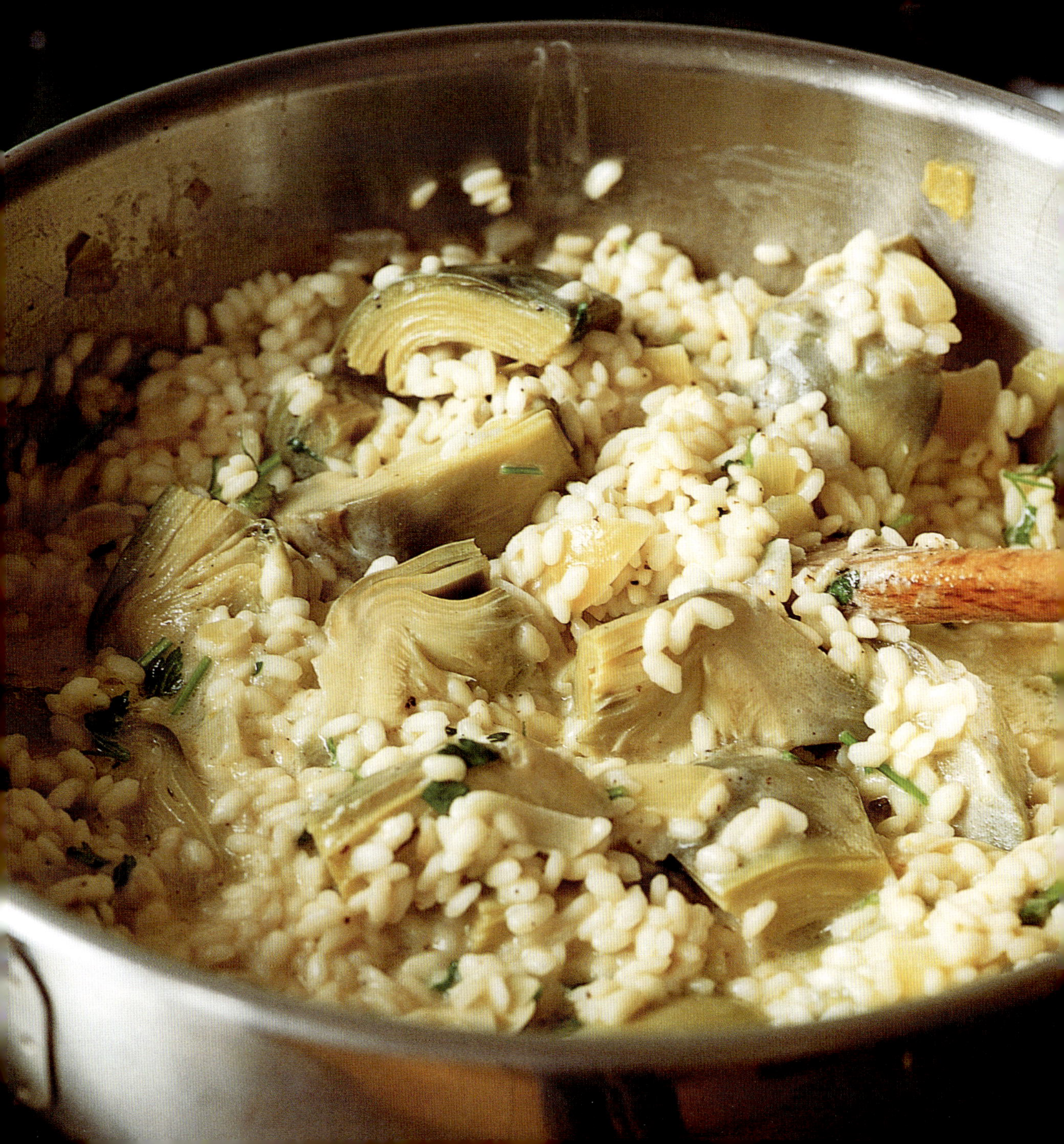

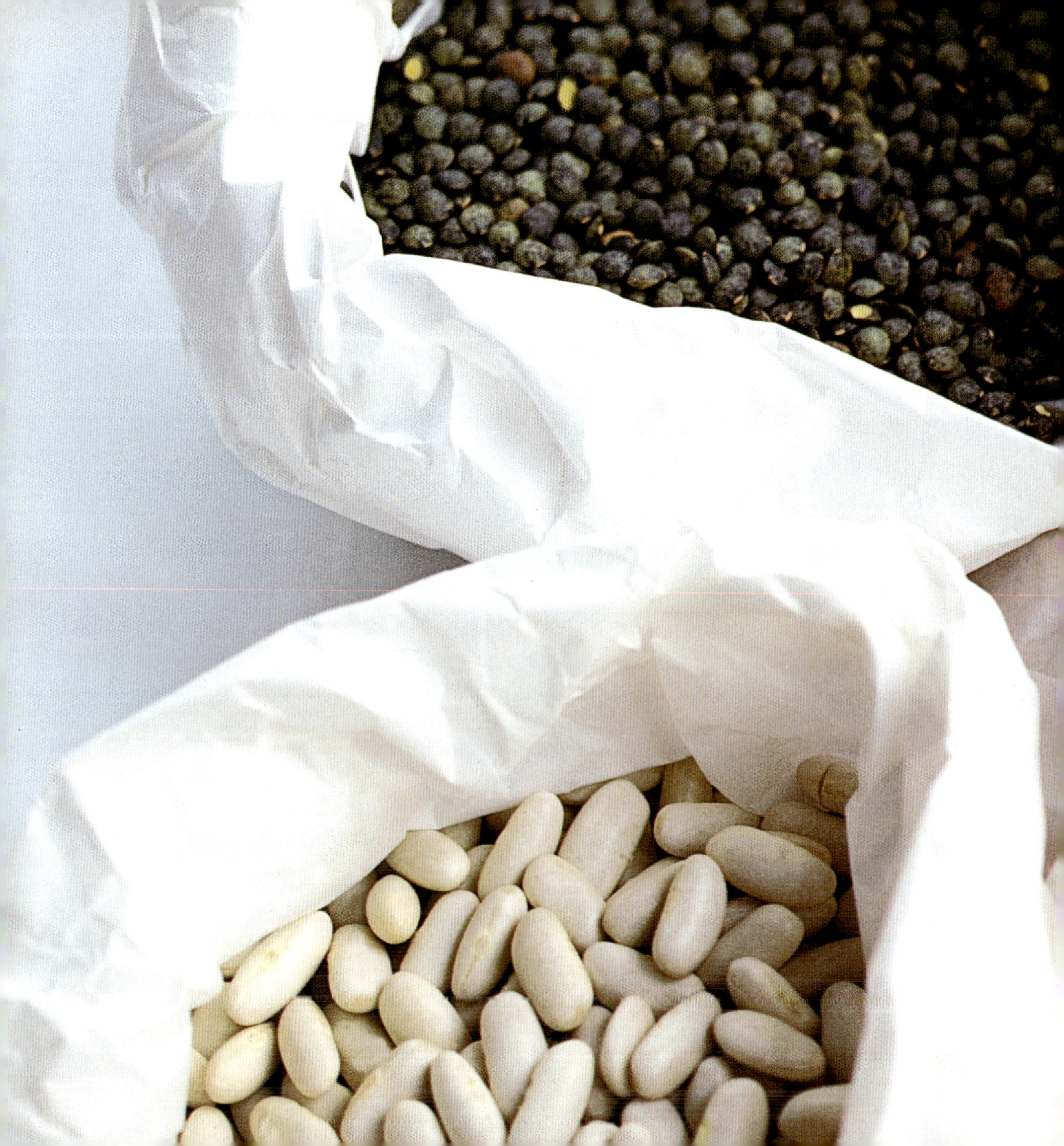

豆類

トマト入りビーンズサラダ

新じゃが(皮つき)　750g
白いんげん豆
(缶詰。水けを切って洗う)
　800g
完熟トマト(4つに切る)　500g
新たまねぎ(薄切り)　4個
イタリアンパセリ(ざく切り)　1束
エクストラバージンオイル　大さじ4
レモン(絞り汁)　1個
塩
黒こしょう(挽いて使う)

8人分

美しくてさわやかな夏のサラダは、戸外で食べるのにぴったりです。バーベキューのつけ合わせにしてもいいし、焼き立てのカントリーブレッドと一緒に手軽なランチにしてもいいでしょう。

大きめのなべに水と塩を入れて火にかけ沸騰させ、新じゃがを入れてナイフで刺してやわらかくなるまで20分ほどゆでる。水けを切る。手で触れるくらいに冷めたらくし切りにして、大きめのボウルに入れる。

白インゲン豆、トマト、新たまねぎ、イタリアンパセリを加える。エクストラバージンオリーブオイル、レモンの絞り汁、塩、こしょうを入れてざっくり混ぜ、盛り付ける。

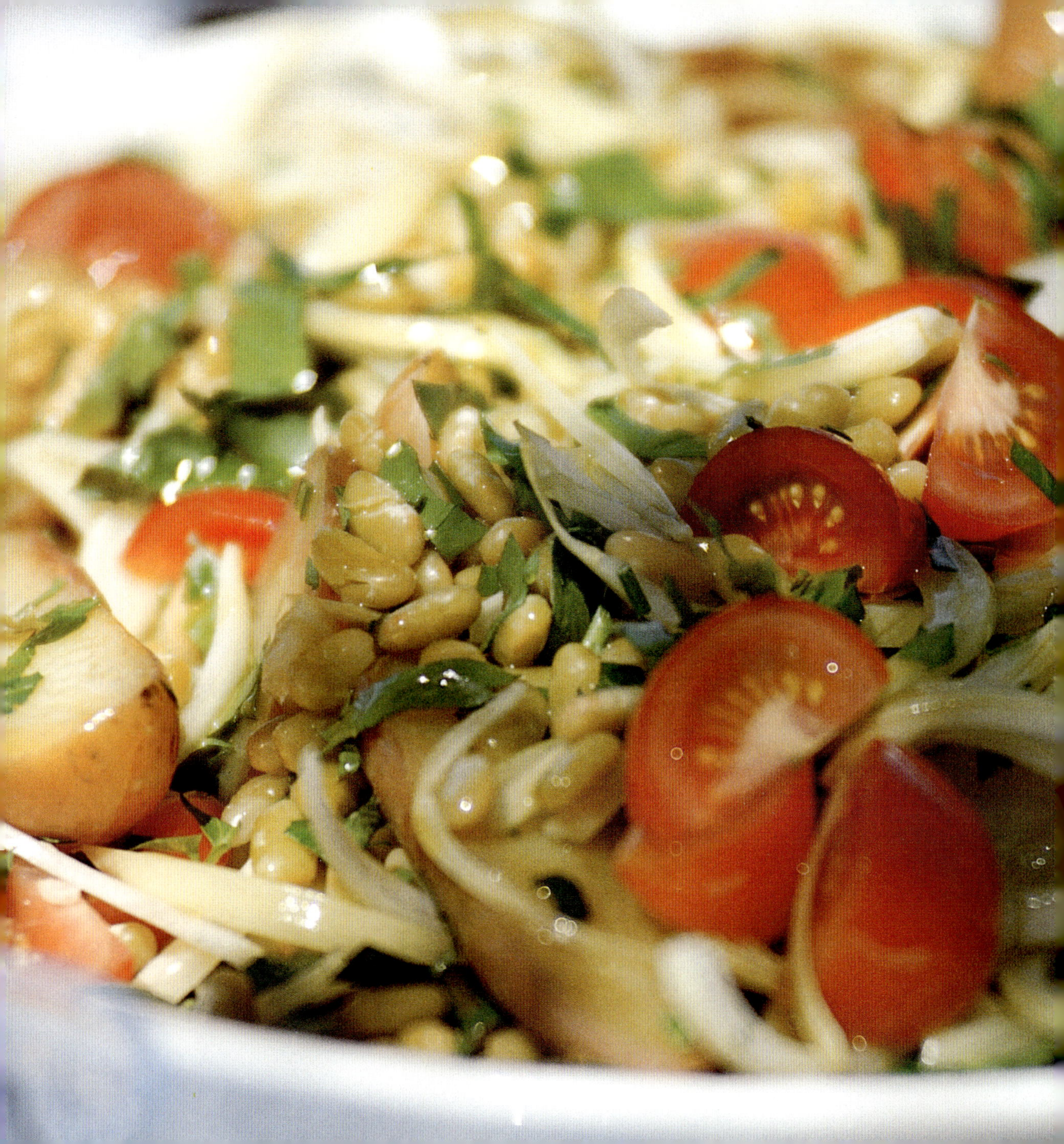

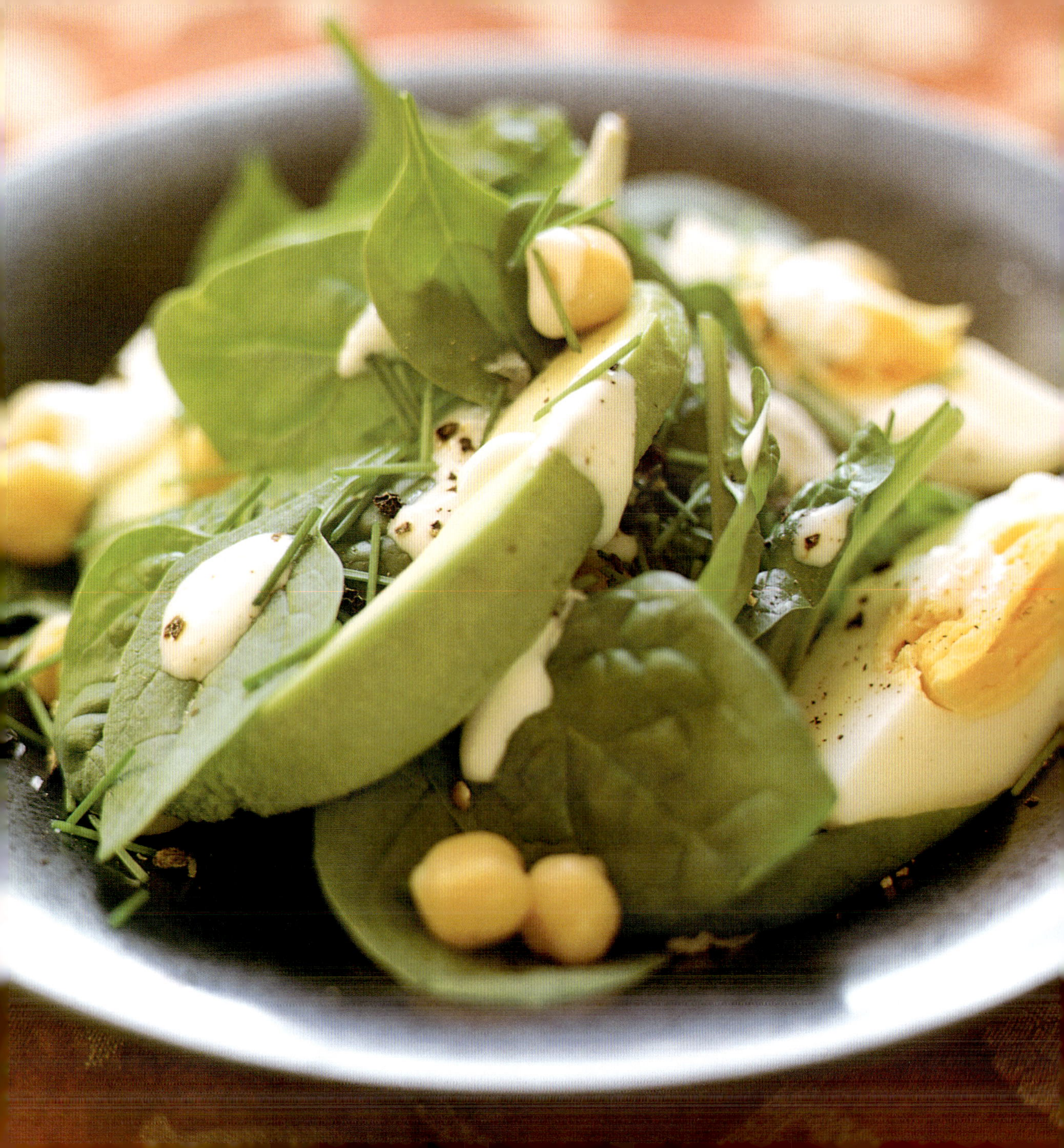

アボカドと
ヒヨコ豆のサラダ

卵　2個

ベビースピナッチ　250g

ヒヨコ豆(缶詰。水を切って洗う)
400g

アボカド
(熟したもの。半分に切って
種を取り、皮をむいてスライス)
2個

パプリカパウダー　小さじ2

パン(チャバッタ、フォカッチャなど)
適量

クリーミーチャイブドレッシング

レモン(絞り汁)　1個

牛乳　大さじ3

フロマージュブラン
あるいはグリークヨーグルト
(伝統的なギリシャ製法で作られた
水を切った濃いヨーグルト)
大さじ2

チャイブ(みじん切り)　1束

塩

黒こしょう(挽いて使う)

4人分

なんとなくやる気の起こらない夜にぴったりの、簡単にできてさわやかな一品です。アボカドを買うときには、触ると少しやわらかく、黒ずみのないものを選びましょう。

小さめのなべに卵と水を入れて火にかけ、沸騰してから8-9分ゆでて、ゆで卵を作る。水けを切り、冷水で冷やしてから殻をむいて、4等分に切る。

ドレッシングを作る。レモンの絞り汁、牛乳、フロマージュブランあるいはヨーグルト、チャイブをボウルに入れ、塩とこしょうで味付けしてなめらかになるまで混ぜる。

ベビースピナッチ、ヒヨコ豆、アボカド、卵をボウルに入れる。パプリカパウダーをふりかけ、ドレッシングをスプーンでまわしかける。パンとともに出す。

白と緑の ビーンズサラダ

このサラダは、他の材料を使って作ることもできます。たとえば白いんげん豆の代わりにヒヨコ豆を使ってもいいし、いんげんではなくスナップエンドウやきぬさやを使うのもいいでしょう。

オリーブオイル 大さじ3
バルサミコ酢 大さじ1
白いんげん豆
（缶詰。水けを切って洗う）
800g
いんげん（すじを取る） 300g
パンプキンシード 100g
塩
黒こしょう（挽いて使う）

8人分

オリーブオイルとバルサミコ酢を大きめの盛り付け用ボウルに入れる。白いんげん豆を加える。

なべに水と塩少々を入れて沸騰させ、いんげんを入れて3分ゆでる。水けを切り、冷水を何度か変えながら冷やし、再度水けを切る。

いんげんとパンプキンシードをボウルに加えて、混ぜる。塩とこしょうを振って出す。

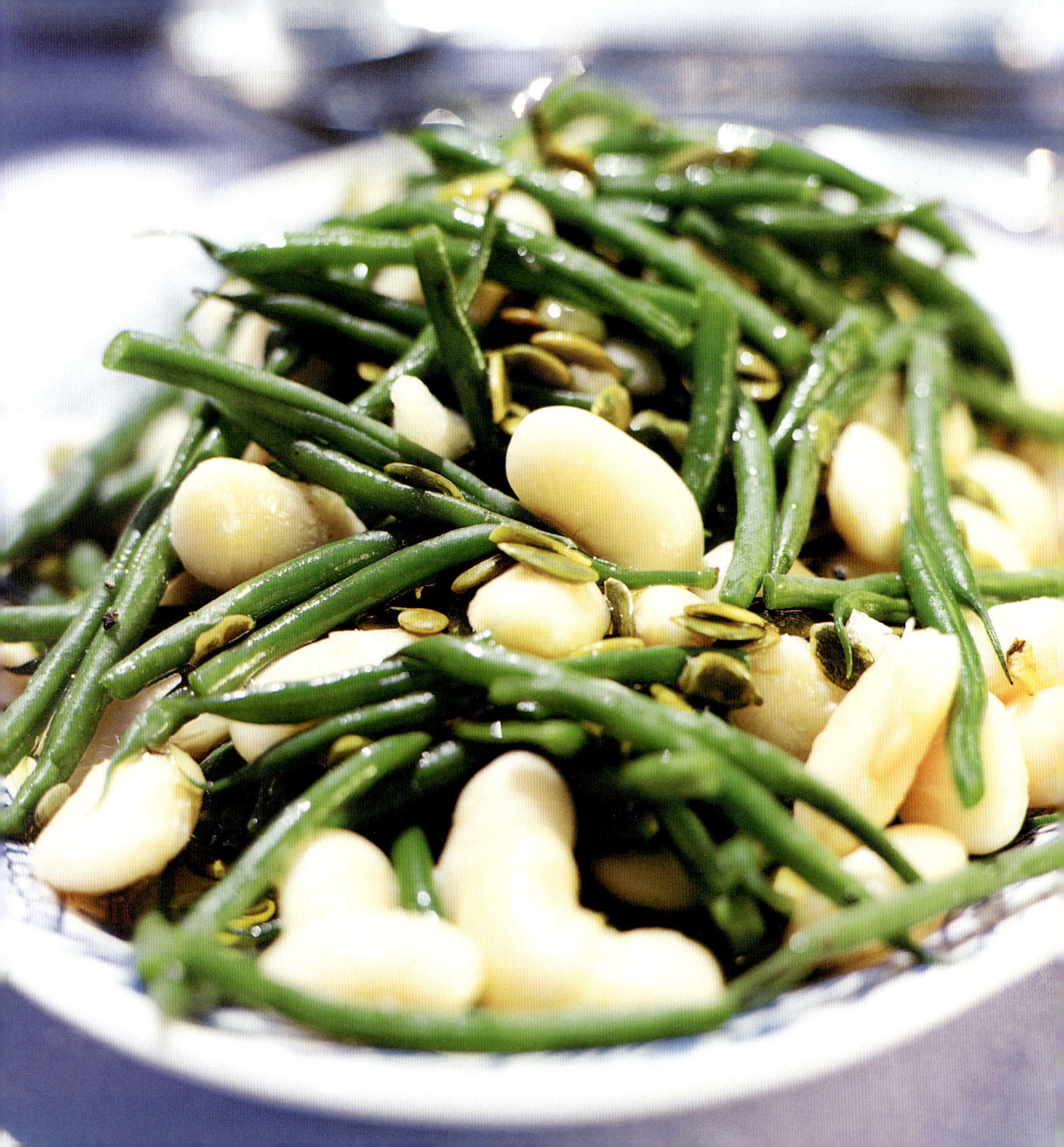

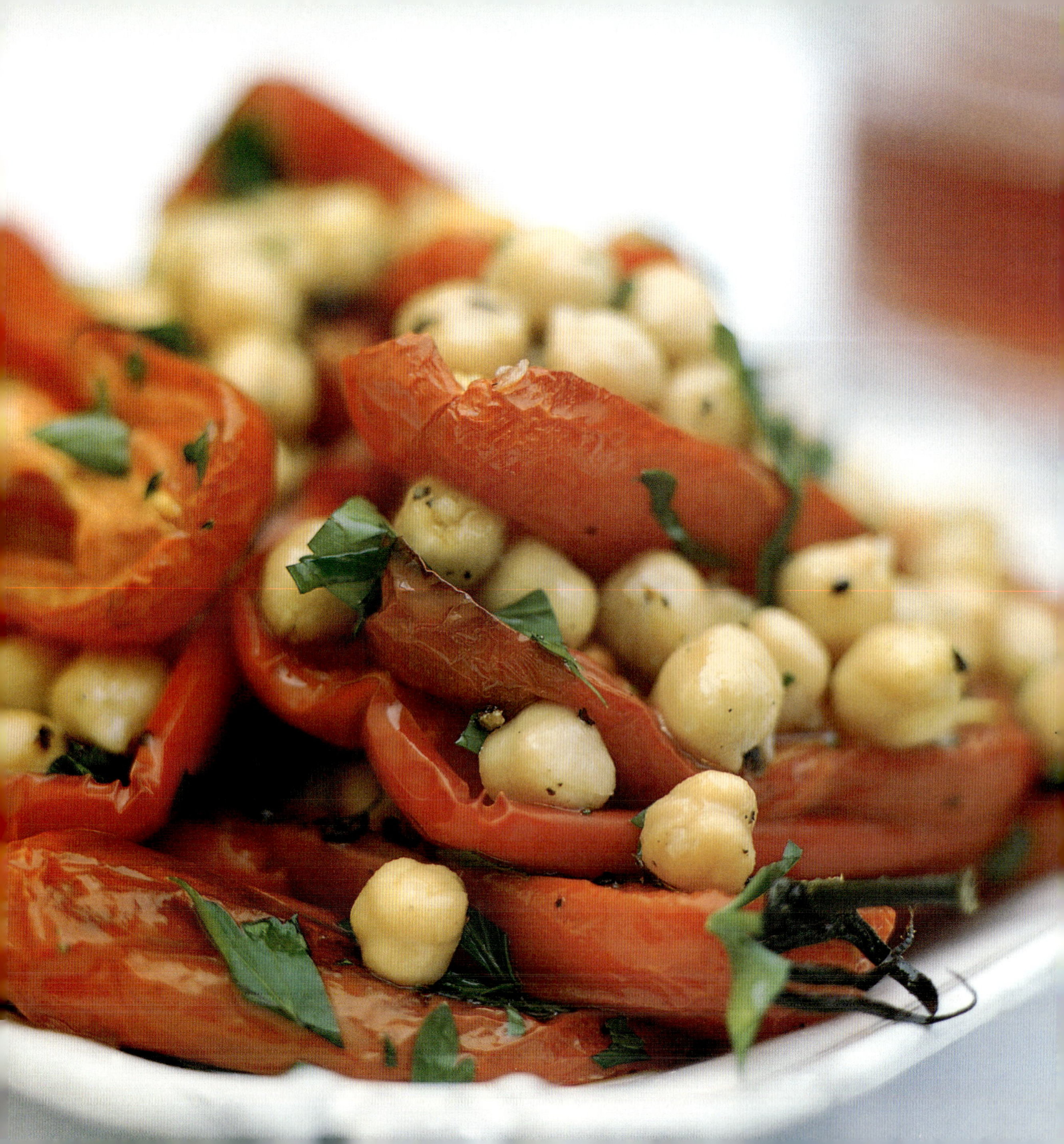

ヒヨコ豆をどんなふうに料理に使えばいいのかわからない、という人は多いかもしれません。この地中海風サラダで使っているようにヒヨコ豆の缶詰を使えば、乾燥豆のように水につけておく手間が省けます。

ヒヨコ豆、トマトと赤ピーマンのサラダ

プラムトマト
(半分に切って種を取る)
5個

赤ピーマン
(大きめのもの。
半分に切って種を取る)
3個

ヒヨコ豆
(缶詰。洗って水けを切る)
375g

イタリアンパセリ(刻む)　1束

塩

黒こしょう(挽いて使う)

エクストラバージンオリーブオイル
仕上げ用

4人分

オーブンを190度に温めておく。オーブン皿に軽く油を塗り、プラムトマトと赤ピーマンを入れる。オーブンで20分焼く。

オーブンから取り出し、プラムトマトと赤ピーマンをボウルに入れる。水切りしたヒヨコ豆、イタリアンパセリを加え、塩とこしょうを振って混ぜる。

サラダを盛り付け、エクストラバージンオリーブオイルを少しまわしかけて、室温で出す。

レンズ豆の地中海風ホットサラダ

チェリートマト　100g
レンズ豆　300g
レモン
（皮のすりおろしと絞り汁）　1個
ローリエ（できれば生葉）
1枚
にんにく（みじん切り）　2かけ
紫たまねぎ（みじん切り）　2個
ガーリックオリーブ（種を取る）　75g
イタリアンパセリ（刻む）　1束
エクストラバージンオリーブオイル
大さじ4
塩
黒こしょう（挽いて使う）
パルメザンチーズ
あるいはモッツァレラチーズ
（仕上げ用）　100g

天板（薄く油をひく）

4人分

季節を問わず楽しめて、温かくして食べるだけでなく、冷やして食べてもおいしいサラダです。きっと、テーブルに頻繁に現れるメニューとなることでしょう。

オーブンを130度に温めておく。油をひいた天板にチェリートマトをのせ、オーブンで40分焼く。

レンズ豆をなべに入れる。レモンの皮のすりおろしと絞り汁、ローリエ、にんにくを入れ、かぶるくらいの水を加えて混ぜる。火にかけ、沸騰したらレンズ豆がやわらかくなるまで40分ほど煮る。

レンズ豆の水けをしっかり切り、大きめのボウルに入れる。チェリートマト、紫たまねぎ、オリーブ、イタリアンパセリ、エクストラバージンオリーブオイル、塩、こしょうを加える。さっくり混ぜ、パルメザンチーズかモッツァレラチーズのスライスを上に散らす。

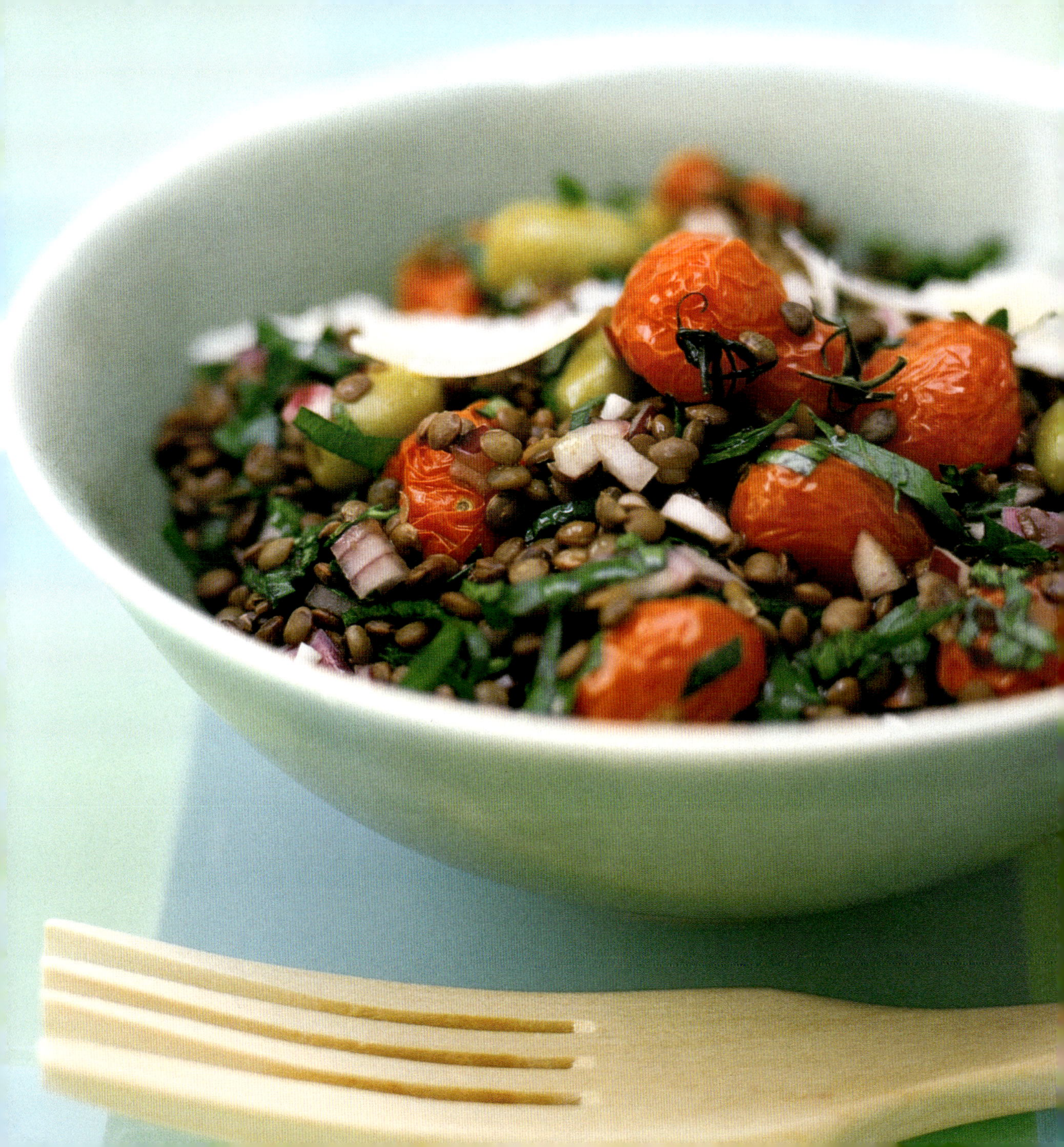

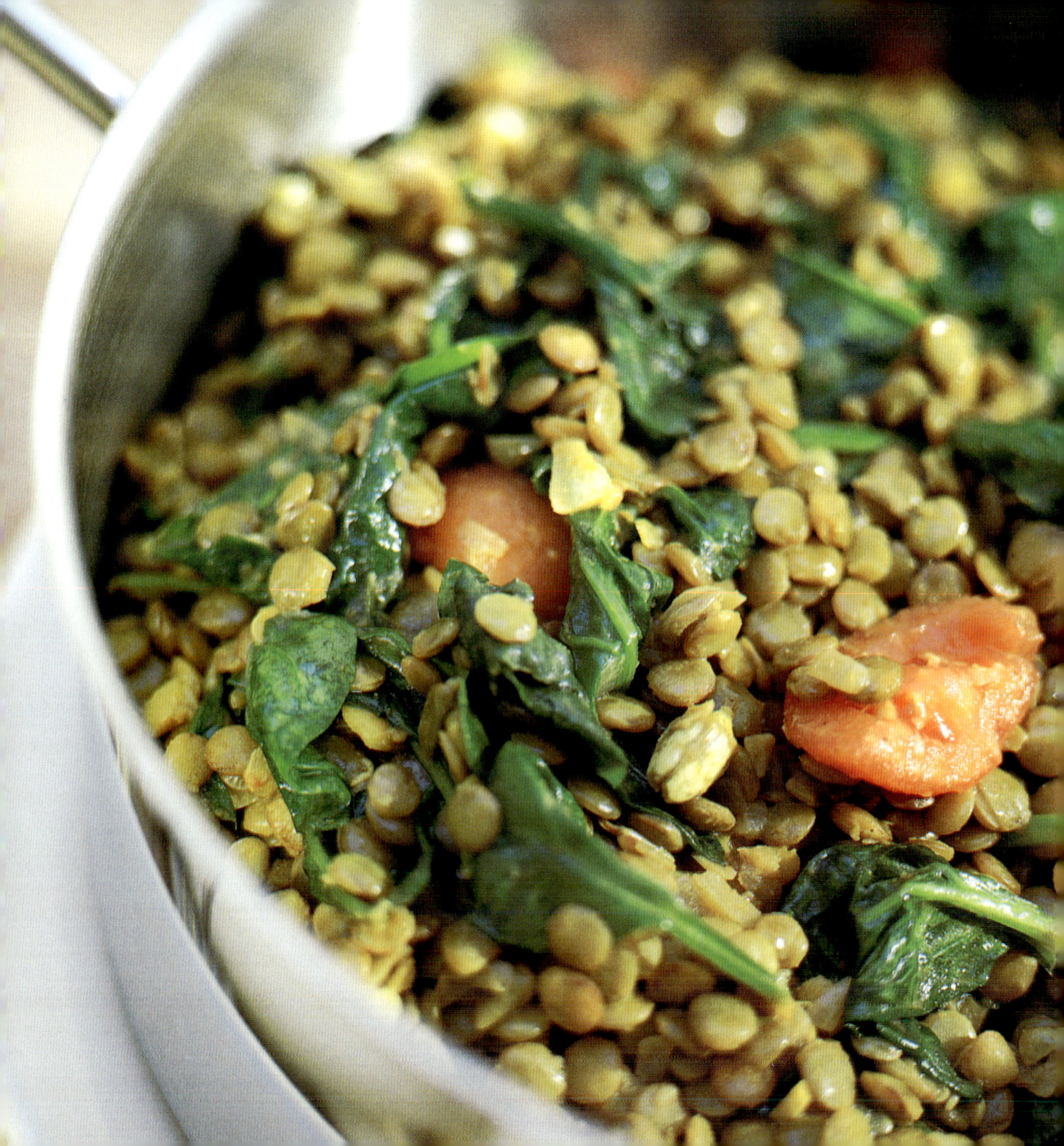

レンズ豆と
ほうれんそうのカレー風味

オリーブオイル　大さじ4
たまねぎ(みじん切り)　1個
にんにく(みじん切り)　1かけ
ガラムマサラ　小さじ1
カレーパウダー　小さじ1
カルダモン　小さじ½
レンズ豆　250g
トマト(皮をむいて刻む)　2個
ほうれんそう(ざく切り)　175g
レモン(絞り汁)　1個
塩
黒こしょう(挽いて使う)

4人分

レンズ豆料理があまり好きでない人も、そんなことは忘れましょう。これは、本当においしい一皿です。さまざまなスパイスの香りで、レンズ豆に息が吹き込まれたようです。

オリーブオイルを中くらいのなべに入れて火にかけ、たまねぎを入れて5分炒める。にんにく、ガラムマサラ、カレーパウダー、カルダモンを加えてよく混ぜ、さらに3分炒める。

レンズ豆と水500ccを加え、沸騰したら弱火にしてときどきかき混ぜながら20分煮る。レンズ豆がやわらかくなったらトマト、ほうれんそう、レモンの絞り汁、塩、こしょうを加える。よく混ぜ、温かいままで、あるいは少し冷めたものを出す。

ワンディッシュミール

かぼちゃと紫たまねぎの
トマトソース

かぼちゃ ½個、
あるいはバターナッツかぼちゃ 1個
（種をつけたままでくし型に切る）

紫たまねぎ（くし型に切る） 3個

新じゃが（小さいもの。半分に切る） 8個

フェンネル（ウイキョウ。根元と上部を切り落としてくし型に切る） 2個

オリーブオイル 大さじ3

ヒヨコ豆（缶詰。水けを切って洗う） 410g

塩

黒こしょう（挽いて使う）

パルメザンビスケット
パルメザンチーズ（おろす） 275g

トマトソース
オリーブオイル 大さじ2
たまねぎ（みじん切り） 1個
セロリ（みじん切り） 2本
リーキ（みじん切り） 1本
にんにく（みじん切り） 1かけ
角切りトマト（缶詰） 410g
トマトピューレ 大さじ1
赤ワイン 100cc
塩
黒こしょう（挽いて使う）

天板（ベーキングシートを重ねる）

4人分

簡単にできる一皿です。トマトソースは、前日に作っておいてもいいでしょう。一晩置けば、一層おいしくなります。

オーブンを200度に温めておく。かぼちゃ、あるいはバターナッツかぼちゃ、紫たまねぎ、新じゃが、フェンネルをオーブン皿に入れる。オリーブオイルをまわしかけ、塩、こしょうを振る。全体に混ぜ、オーブンで45分焼く。途中30分で野菜が均等に焼けているかどうか確認し、必要なら上下裏返す。ヒヨコ豆を加え、すべての野菜がやわらかくなって焦げ色がつくまで、さらに5-10分焼く。

パルメザンビスケットを作る。おろしパルメザンチーズをスプーンに入れ、ベーキングシートを敷いた天板にのせて平らに形作る。予熱した190度のオーブンで5分焼く。パルメザンビスケットを上に置いたままでベーキングシートを天板から取る。天板に新しいベーキングシートを敷き、同様にして残りのパルメザンチーズも焼く。焼けたら、冷ます。

トマトソースを作る。オリーブオイルをなべに入れ、火にかける。たまねぎ、セロリ、リーキ、にんにくを入れ、やわらかくなるまで5分炒める。トマト、トマトピューレ、赤ワインを加える。弱火で30分煮込み、ソースが濃くなりすぎたら途中で赤ワインを足す。ハンドミキサーを使って、なめらかなソースを作る。塩とこしょうで味付けする。ローストした野菜を盛り付けてトマトソースをかけ、パルメザンビスケットを添えて出す。

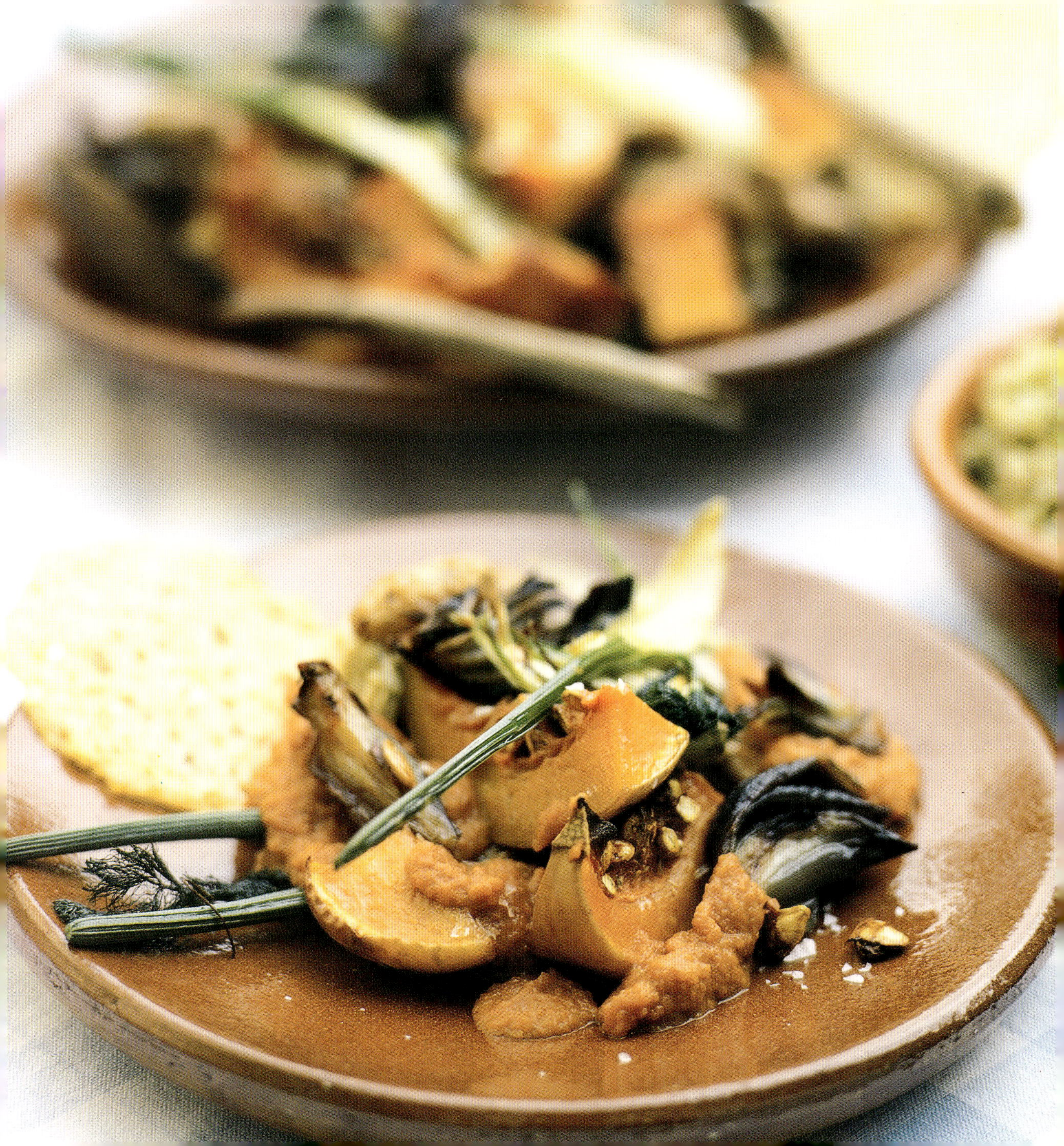

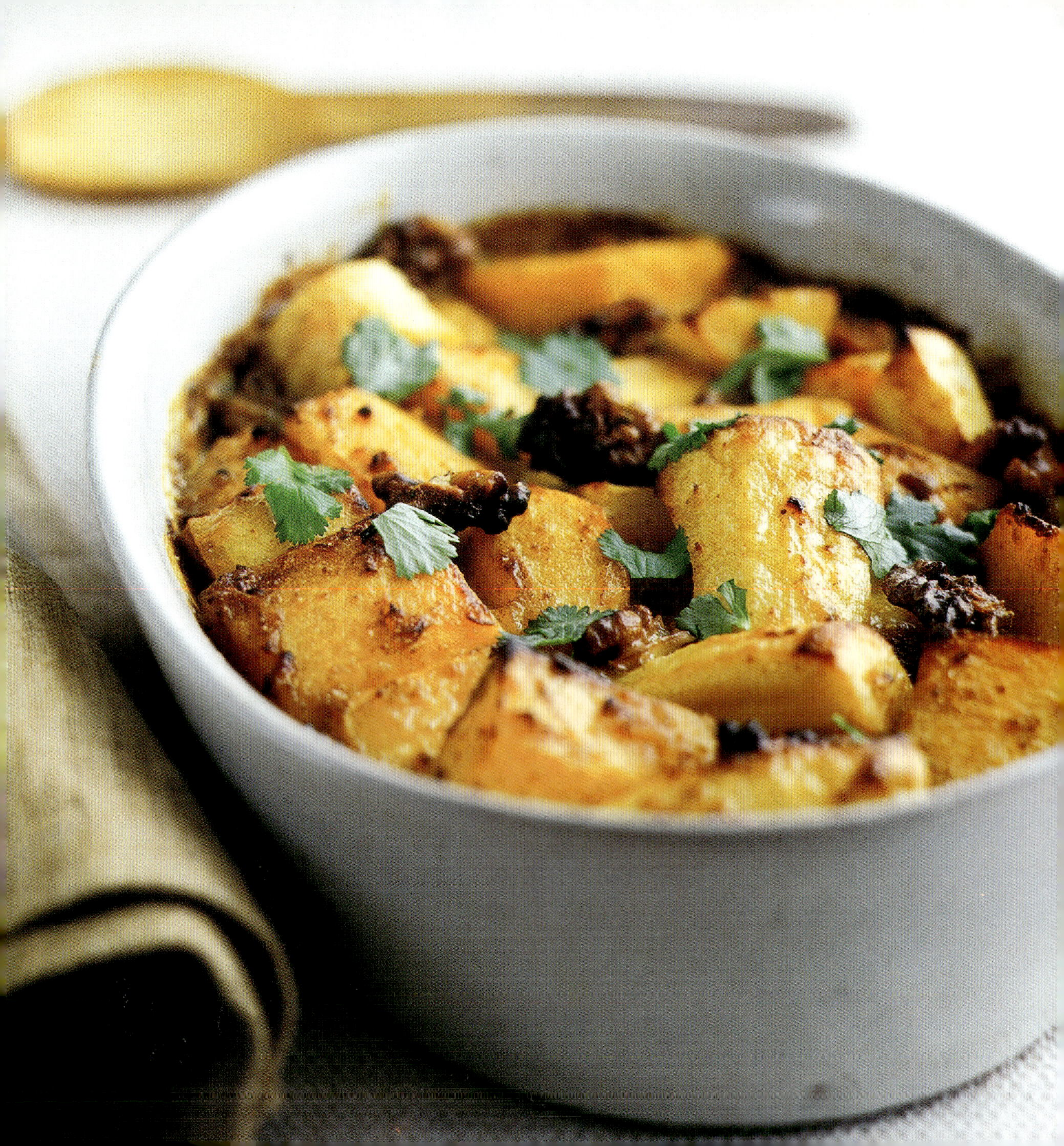

パースニップ(白にんじん) 4本
バターナッツかぼちゃ
(皮をむき種を取る)
1個
オリーブオイル 大さじ4
たまねぎ(小さめのもの。みじん切り)
1個
にんにく(みじん切り) 1かけ
ココナッツミルク(缶詰) 400cc
生クリーム 150cc
砂糖 ひとつまみ
くるみ(半分に切る) 50g
塩
4色ペッパーコーン
(入手できない場合は
黒こしょうで代用。挽いて使う)
コリアンダー(仕上げ用)

カレースパイスミックス
クミンシード 大さじ1½
コリアンダーシード 大さじ1
キャラウェイシード 小さじ1-2
カルダモン(中の黒い種を使う) 4粒
スターアニス(八角) 2粒
フェヌグリークシード 大さじ½
ナツメグ 小さじ½
カレーパウダー 大さじ1
にんにく(つぶす) 1かけ
オリーブオイル 適量

4人分

カレースパイスミックス用のスパイスは、すべての種類を用意する必要はありません。残ったスパイスミックスは、ねじぶたつきのびんに入れて冷蔵庫で保存しましょう。ソースやマリネ液を作るときに使えます。

パースニップとバターナッツかぼちゃのカレー風味

オーブンを180度に温めておく。カレースパイスミックスを作る。クミンシード、コリアンダーシード、キャラウェイシード、カルダモンの種、スターアニス、フェヌグリークシードを、スパイスミルかコーヒーミルを使って挽く。すべてボウルに入れ、ナツメグ、カレーパウダー、にんにくを加える。オリーブオイルを加えて、ペースト状にする。

パースニップとバターナッツかぼちゃを同じくらいの大きさに切りそろえる。オリーブオイルの半量をフライパンに入れて火にかけ、パースニップとバターナッツかぼちゃを入れてオイルがまわるように混ぜる。塩とペッパーコーンで軽く味付けし、オーブン用耐熱皿に入れる。

同じフライパンに残りのオリーブオイルを入れて火にかけ、たまねぎとにんにくを入れてしんなりするまで炒める。作ったカレーペーストを大さじ1加え、香りが出るまで炒める。ココナッツミルクと生クリームを加える。塩、ペッパーコーン、砂糖を加える。弱火にして少し煮詰めたら、煮詰めたソースを野菜にかける。野菜を入れた耐熱皿にアルミホイルでふたをし、野菜がやわらかくなるまで45分ほどオーブンで焼く。

オーブンから取り出し、くるみを散らす。アルミホイルをはずした状態で再びオーブンに入れ、野菜がキツネ色になってソースが少し焦げるまで15-20分ほど焼く。コリアンダーを散らして出す。

ワンディッシュミール 193

地中海沿岸では料理にオレガノがよく使われますが、このベジタブルグラタンにもオレガノが使われ、温かで自然な香りを醸し出しています。オレガノが手に入らなければ、イタリアンパセリやチャイブを代わりに使いましょう。花のついたハーブは目に美しく、食べてもとてもおいしいものなので、パープルオレガノの季節に手に入れば、花びらを最後に散らして出しましょう。

モッツァレラチーズ入りベジタブルグラタン
オレガノ添え

オーブンを200度に温めておく。黄ピーマンをグリルで焼くか、あるいは予熱したオーブンで皮が焦げて黒くなるまで10分ほど焼く。焼けたらビニール袋に入れ、封をして冷ます。皮をむいて半分に切り、種を取って細長く切る。

フライパンにオリーブオイルを入れて火にかけ、なすを入れてさっと炒める。なすを皿に出し、同じフライパンで紫たまねぎ、ズッキーニ、にんにくをキツネ色になるまで炒める。皿に出す。

同じフライパンに赤ワインを入れ、弱火にしてフライパンの焦げをこそげ落としながら混ぜる。

黄ピーマン、なす、紫たまねぎ、ズッキーニ、にんにくとプラムトマトを浅めのオーブン用耐熱皿に入れる。ブラックオリーブを散らし、煮詰めた赤ワインを加える。バルサミコ酢をまわしかけ、オレガノの半量を散らす。塩、こしょうを振る。

予熱したオーブンで20分焼く。オーブンから出してモッツァレラチーズを散らし、チーズが溶けて野菜に焦げ色がつくまでさらに10-15分オーブンで焼く。

残りのオレガノを散らし、カントリーブレッドとともに出す。グラタンのソースは、カントリーブレッドに吸わせて食べるとおいしい。

黄ピーマン　2個
オリーブオイル　大さじ6
なす(長くて細いもの。輪切り)　1本
紫たまねぎ(4つ切り)　2個
ズッキーニ(乱切り)　2本
ピンクガーリック
(入手できない場合は
普通のにんにくで代用)
　12かけ
赤ワイン　250cc
完熟プラムトマト(半分に切る)
　12個
ブラックオリーブ(種を取る)　12個
バルサミコ酢　大さじ2
オレガノ(みじん切り)　大さじ1
水牛モッツァレラチーズ
(入手できない場合は
牛乳モッツァレラで代用。
水けを切って、厚めにスライスする)
　2個(1個約150g)
塩
黒こしょう(挽いて使う)
カントリーブレッド

4人分

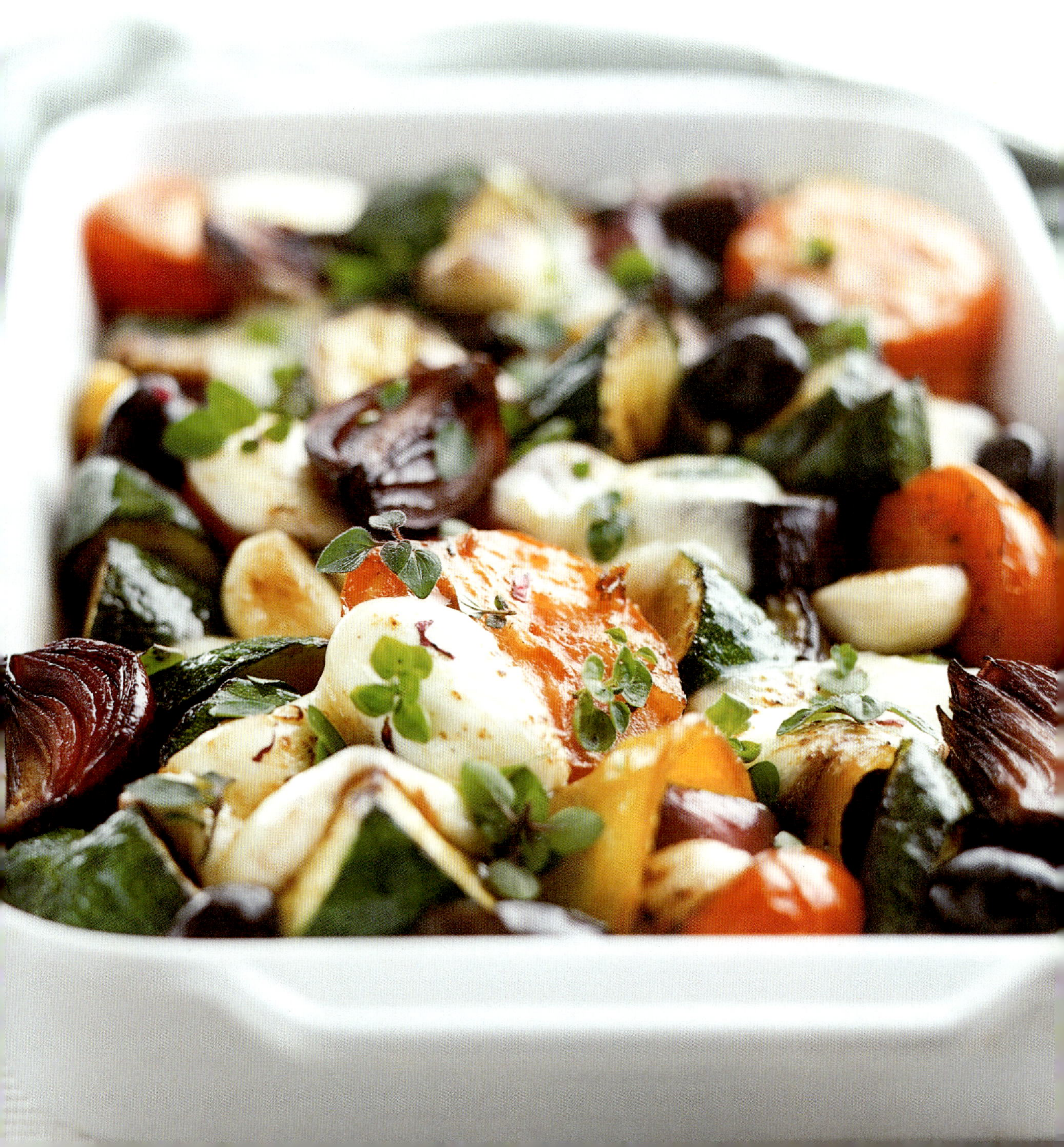

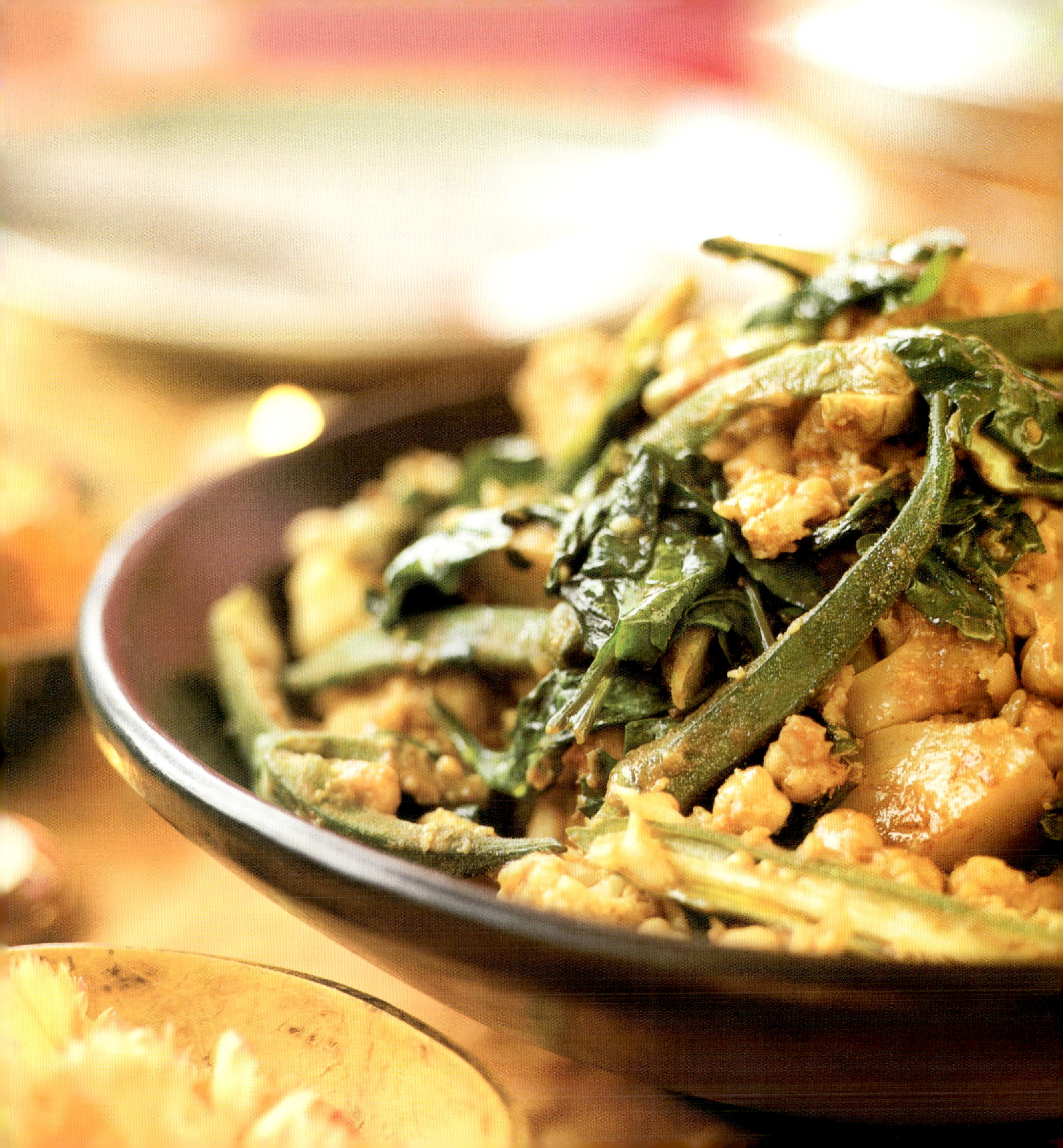

ヒヨコ豆と野菜のカレー

サラダ油　大さじ3
にんにく(つぶす)　2かけ
紫たまねぎ(みじん切り)　2個
しょうが(皮をむいてみじん切り)　4cm
カレーパウダー　大さじ1
コリアンダーパウダー　小さじ2
フェヌグリーク　小さじ½
チリペッパー　小さじ½
角切りトマト(缶詰)　410g
じゃがいも(2.5cm角に切る)　800g
カリフラワー(小房に分けて切る)　1個
ヒヨコ豆(缶詰。水けを切って洗う)　800g
ほうれんそう(ざく切り)　500g
オクラ(縦に半分に切る)　250g

仕上げ
ナン
パパダム

12人分

このカレーは簡単に作れ、その上材料も手元にある野菜で代用して作ることができます。前もって作っておくことができ、一晩置けば香りはますます深みを増します。p.167のベイクドライスと一緒に食べても、いいでしょう。

大きめのなべにサラダ油を入れて火にかけ、にんにく、紫たまねぎ、しょうがを加えてやわらかくなるまで弱火で10分炒める。カレーパウダー、コリアンダーパウダー、フェヌグリーク、チリペッパーを加え、よく混ぜてさらに4分炒める。

トマトと水100ccを加え、じゃがいも、カリフラワー、ヒヨコ豆を入れる。よく混ぜながら15分ほど煮込む。

ほうれんそうとオクラを加え、よく混ぜてさらに5分煮る。必要であれば、少し水を足す。ナンとパパダムを添えて出す。

セージとりんご入りポテトグラタン

じゃがいも(薄切り)
1.5kg
たまねぎ(みじん切り)　1個
セージ(葉)　3-4束
無塩バター　大さじ1
りんご(種を取って厚めに切る)
4個
生クリーム　250cc
卵　1個
ナツメグ　ひとつまみ
塩
黒こしょう(挽いて使う)

グラタン皿(油をひく)

4人分

オーブンを190度に温めておく。なべに水と塩を入れて火にかけ、沸騰したらじゃがいもを加えて5分ゆでる。水けを切り、数分冷ます。

グラタン皿にじゃがいもを並べ、上にたまねぎをのせる。セージの葉を少し散らし、塩、こしょうを振る。もう1度繰り返し、最後にじゃがいもを並べる。

フライパンにバターを入れて火にかけ、溶かす。りんごを加え、バターが絡まるように炒める。じゃがいもの上にりんごをずらしながら並べる。生クリームと卵を泡立て器で混ぜ、混ざればナツメグ、塩、こしょうを加えてもう1度混ぜる。りんごの上からまわしかける。

予熱したオーブンでじゃがいもがやわらかくなるまで50分から1時間焼く。焼けているかどうか、くしで刺して確認する。焼けていれば、オーブンから出す。

焦げ色をつけ風味よくするために、最後に熱くしたグリルでさっと焼く。ブロートーチを使ってもいい。

あらかじめグラタン皿に野菜をすべて並べておくことができるので、忙しい日にはぴったりの一皿です。りんごは焼く前、一番上にのせましょう。そのまま食べてももちろんおいしいのですが、ベジタリアンソーセージを添えてもいいでしょう。

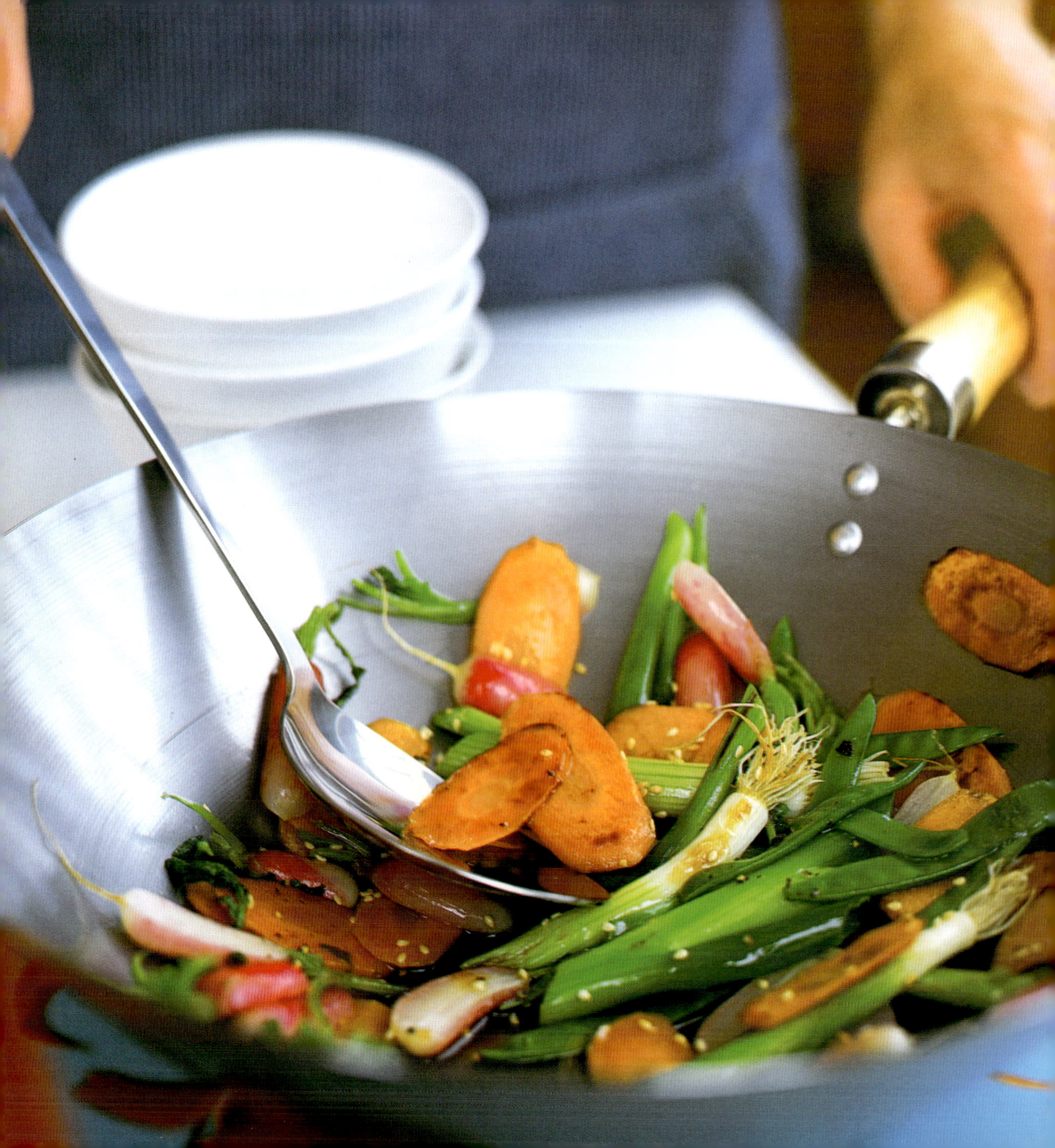

テリヤキソースは酒、みりん、しょうゆ、砂糖で作る日本のたれです。

はちみつ入り
テリヤキベジタブル

サラダ油　小さじ2
ラディッシュ
（葉を取って半分に切る）
1束
にんじん（斜め切り）　4本
万能ねぎ（半分に切る）　1束
きぬさや（半分に切る）　125g
いりごま（仕上げ用）　大さじ1

ドレッシング
はちみつ　大さじ1
テリヤキソース
（しょうゆ、酒、みりん、
砂糖を同量で混ぜ合わせる）
大さじ2
黒こしょう（挽いて使う）

4人分

ドレッシングを作る。はちみつとテリヤキソースを小さめのボウルに入れて混ぜる。こしょうを加える。

中華なべにサラダ油を入れ、火にかける。ラディッシュ、にんじん、万能ねぎ、きぬさやと水大さじ2を加えて、野菜に歯ごたえが残る程度まで3分ほど炒める。温めておいた皿に盛り付ける。

火を弱め、中華なべにドレッシングを入れて弱火のまま少し温める。ドレッシングを野菜にまわしかけ、炒りごまを散らして出す。

ワンディッシュミール　201

ヒヨコ豆が入ると香ばしい香りがして、しっとりした舌触りになります。先に野菜をソテーすれば、野菜が焦げて甘くなり風味が増します。パリッとしたパンと一緒に出しましょう。

根菜の蒸し煮
ヒヨコ豆とタイム添え

セレリアック(セロリの根)
1個(約500g)
にんじん　3本
リーキ　4本
パースニップ(白にんじん)　2本
エシャロット　12本
無塩バター　50g
ブラウンシュガー　小さじ2
ヒヨコ豆
(缶詰。洗って水けを切る)
400g
野菜ストック(p.233参照)　500cc
タイム　4-5束
ローリエ
(できれば生葉。半分に切る)
1枚
塩
黒こしょう(挽いて使う)

仕上げ
チャイブ
皮のパリッと固いパン(なくてもよい)

4人分

オーブンを150度に温めておく。セレリアック、にんじん、リーキ、パースニップの皮をむき、一口サイズに切る。エシャロットは、そのまま切らずにおく。

大きめのフライパンにバターを入れて火にかけ、セレリアック、にんじん、リーキ、パースニップ、エシャロットを加えて強火で軽く焦げ色がつくまで炒める。塩、こしょうで味付けし、ブラウンシュガーを加えて野菜が焦げて甘くなるまで炒める。炒めた野菜をキャセロールに入れ、ヒヨコ豆を加える。

同じフライパンに野菜ストック、タイム、ローリエを入れて沸騰させ、キャセロールに移してふたをし、予熱したオーブンで1時間焼く。オーブンの温度を200度に上げ、キャセロールのふたをはずす。野菜がやわらかくなり照りが出て、水分が少し煮詰まるまでさらに15-20分焼く。塩、こしょうで味付けする。

チャイブを散らし、好みでパンを添えて出す。

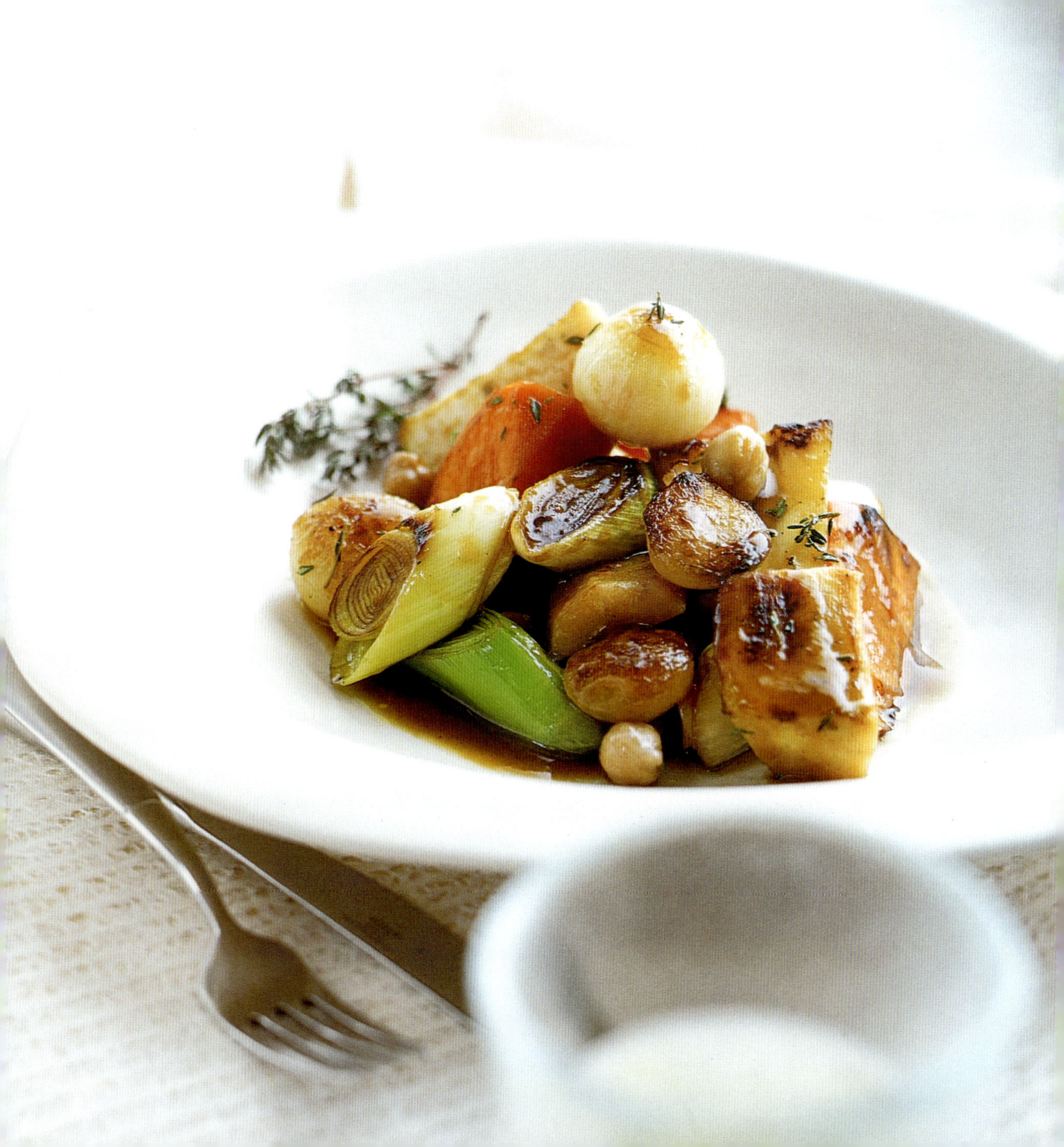

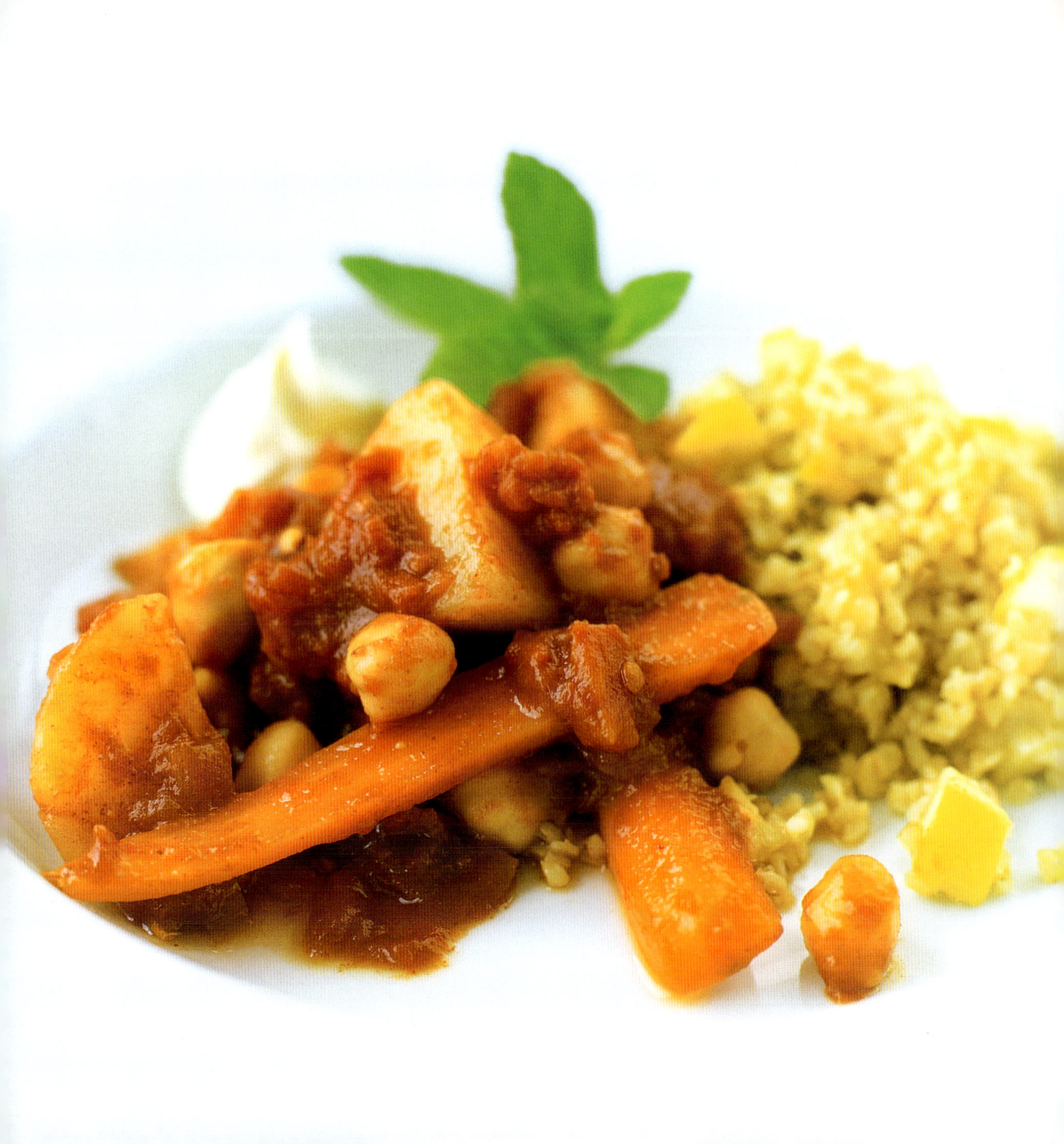

ベジタブルグーラッシュ
レモンとクミンの粗挽き小麦添え

オリーブオイル　大さじ2
たまねぎ(大きめのもの。みじん切り)　1個
ブラウンシュガー　小さじ山盛り1
にんにく(つぶす)　3かけ
赤唐辛子(熱湯につける)　5本
スモークパプリカパウダー　大さじ3
パースニップ(白にんじん。大きめのものを2cm角に切る)　1本
じゃがいも(大きめのもの。角切り)　1個
ベビーキャロット(葉を取って縦半分に切る)　200g
角切りトマト(缶詰)　800g
赤ワイン　約300cc
ヒヨコ豆(缶詰。水けを切って洗う)　410g
黒こしょう(挽いて使う)

レモンとクミンの粗挽き小麦
バルガー小麦　300g
エクストラバージンオリーブオイル　大さじ2
ノーワックスレモン(みじん切り)　1個
クミンパウダー　小さじ3
にんにく(つぶす)　2かけ
黒こしょう(挽いて使う)

仕上げ
グリークヨーグルト
(伝統的なギリシャ製法で作られた水を切った濃いヨーグルト)
あるいはサワークリーム　大さじ2
ミント(ざく切り)　1束

4人分

ハンガリアングーラッシュは、パプリカを入れると赤くおいしそうになり風味も増します。ここではスペインでよく使われるスモークパプリカを使いましたが、一層深みのある味わいになります。

オリーブオイルを大きめのなべに入れて、火にかける。たまねぎを加え、ふたをして中火で10-15分、たまねぎがやわらかくなるまで蒸し焼きにする。ふたを取ってブラウンシュガーを加える。火を強くし、キツネ色になるまで5分炒める。

にんにく、水けを切った赤唐辛子、スモークパプリカパウダーを加えて、30秒炒める。パースニップ、じゃがいも、ベビーキャロット、トマト、赤ワインと水300ccを加える。沸騰したら火を弱めて、ふたをせずに野菜がやわらかくなるまで35-40分煮る。途中、水分が足りなくなれば水を足す。ヒヨコ豆とこしょうを加え、さらに5-10分煮る。

レモンとクミンの粗挽き小麦を作る。バルガー小麦をボウルに入れ、熱湯を加えてふたをする。やわらかくなるまで15-20分お湯につけ、ざるで水けを完全に切る。

大きめのなべにエクストラバージンオリーブオイルを入れて、火にかける。レモンを加えて2分炒め、クミンパウダーとにんにくを加えて30秒さっと炒める。バルガー小麦を加え、さらに1-2分炒める。こしょうをたっぷり加える。

グーラッシュを皿に盛り、ヨーグルトかサワークリームをスプーンですくって添える。刻んだミントを散らし、レモンとクミンの粗挽き小麦を添えて出す。

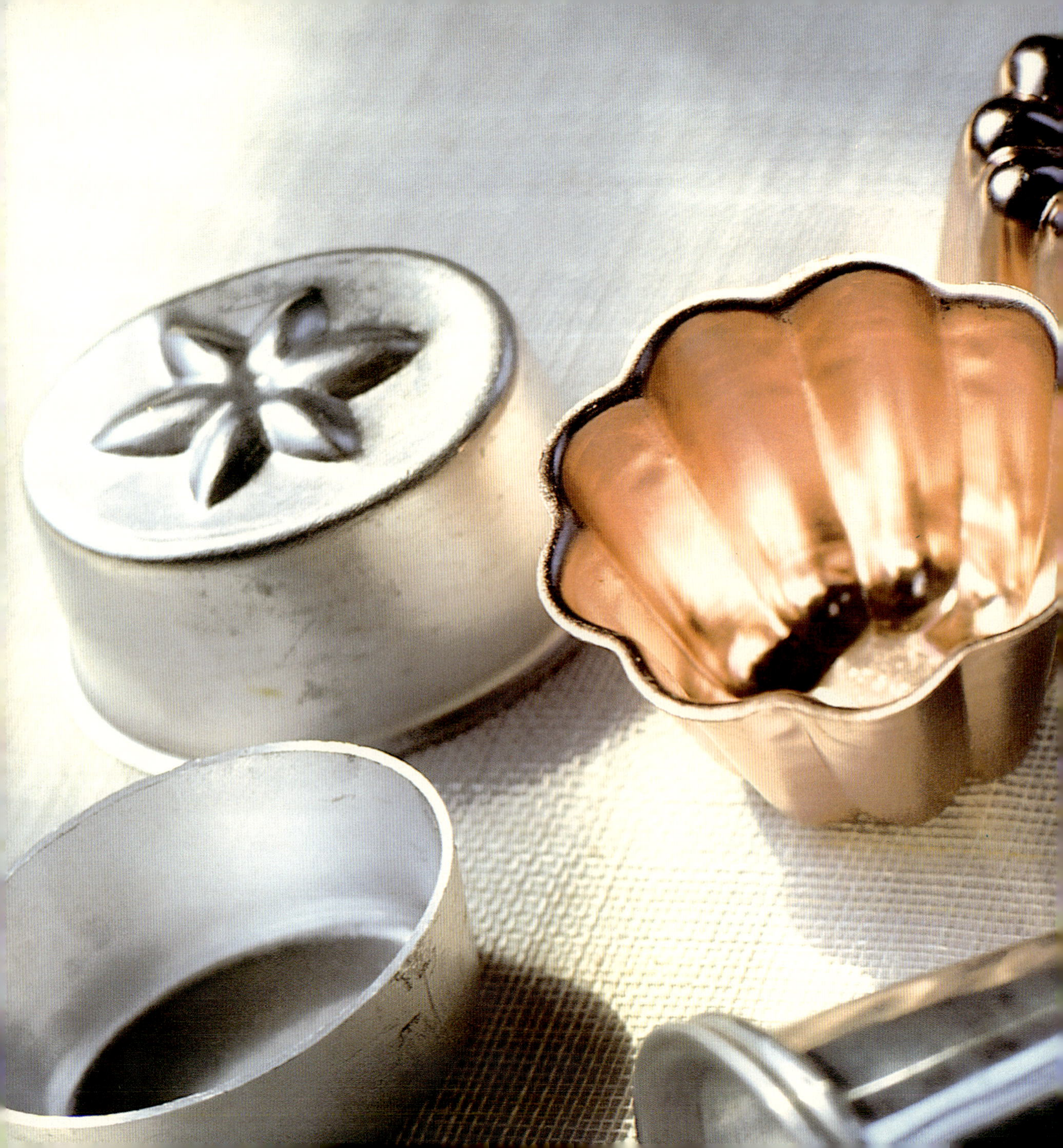

デザート

はちみつとアーモンドのパンナコッタ
すいかとローズウォーターのサラダ添え

アガー(粉末寒天)　7g
生クリーム　200cc
グリークヨーグルト
(伝統的なギリシャ製法で作られた水を切った濃いヨーグルト。入手できない場合はサワークリームで代用)
250g
上白糖　25g
はちみつ　大さじ6
アーモンドプードル　50g
バニラビーンズ(種を取り出す)　1本

すいかとローズウォーターのサラダ
ピンクのバラの花びら
(殺虫剤などのかかっていないもの)
8-12枚
卵白(泡立てる)　1個
上白糖　大さじ1
すいか
(小さめのもの。冷やしておく)
1個(約1.5kg)
ローズウォーター　大さじ2

金属製か陶器のプリン型
(薄く油を塗ってラップを敷く)
4個

4人分

とてもかわいらしく、しかも簡単に作れるプディングです。前もって作っておくことができるので、おもてなしにもぴったりです。個別のプリン型がなければ、パンナコッタを大きなボウルで作ってもいいでしょう。

パンナコッタを作る。小さめのボウルにお湯大さじ3を入れてアガーを振り入れ、ふやけるまで5分ほど置いておく。

生クリームをボウルに入れる。グリークヨーグルト、上白糖、はちみつを加え、なめらかになるまで混ぜる。アーモンドプードル、バニラビーンズ(種)、ふやかしたアガーを加えて混ぜる。

型に分けて入れ、固まるまで4時間ほど冷蔵庫で冷やす。

すいかとローズウォーターのサラダを作る。バラの花びらを泡立てた卵白に浸し、上白糖を振りかけてそのまま1時間ほど乾かす。

すいかを上下切ってから薄いくし切りにし、種を取る。大きな皿にすいかを並べ、ローズウォーターを振りかける。ラップをかけて冷蔵庫に冷やしておく。

パンナコッタを型から出して小皿に盛り付け、すいかのスライスを添えてバラの花びらを飾る。

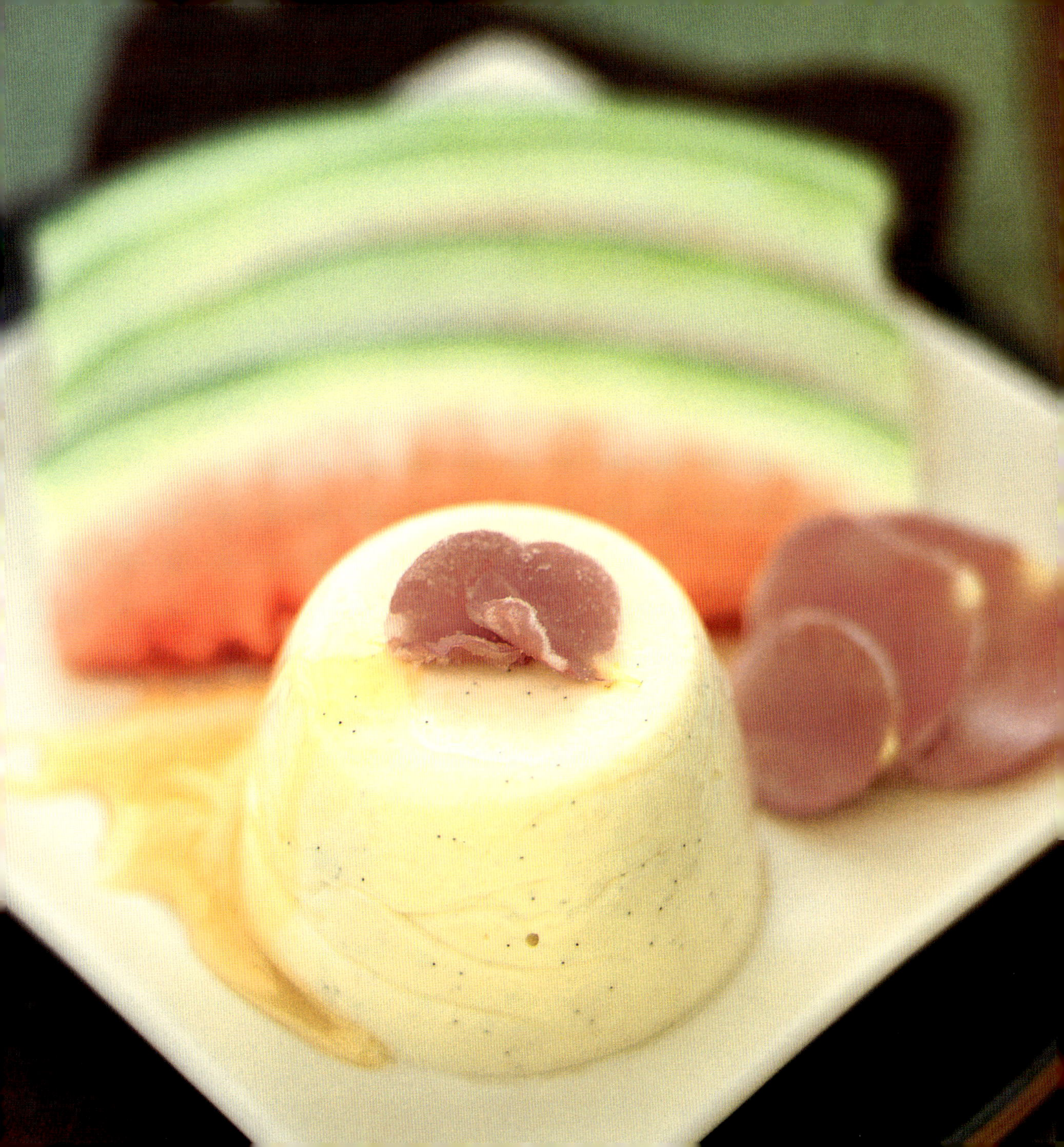

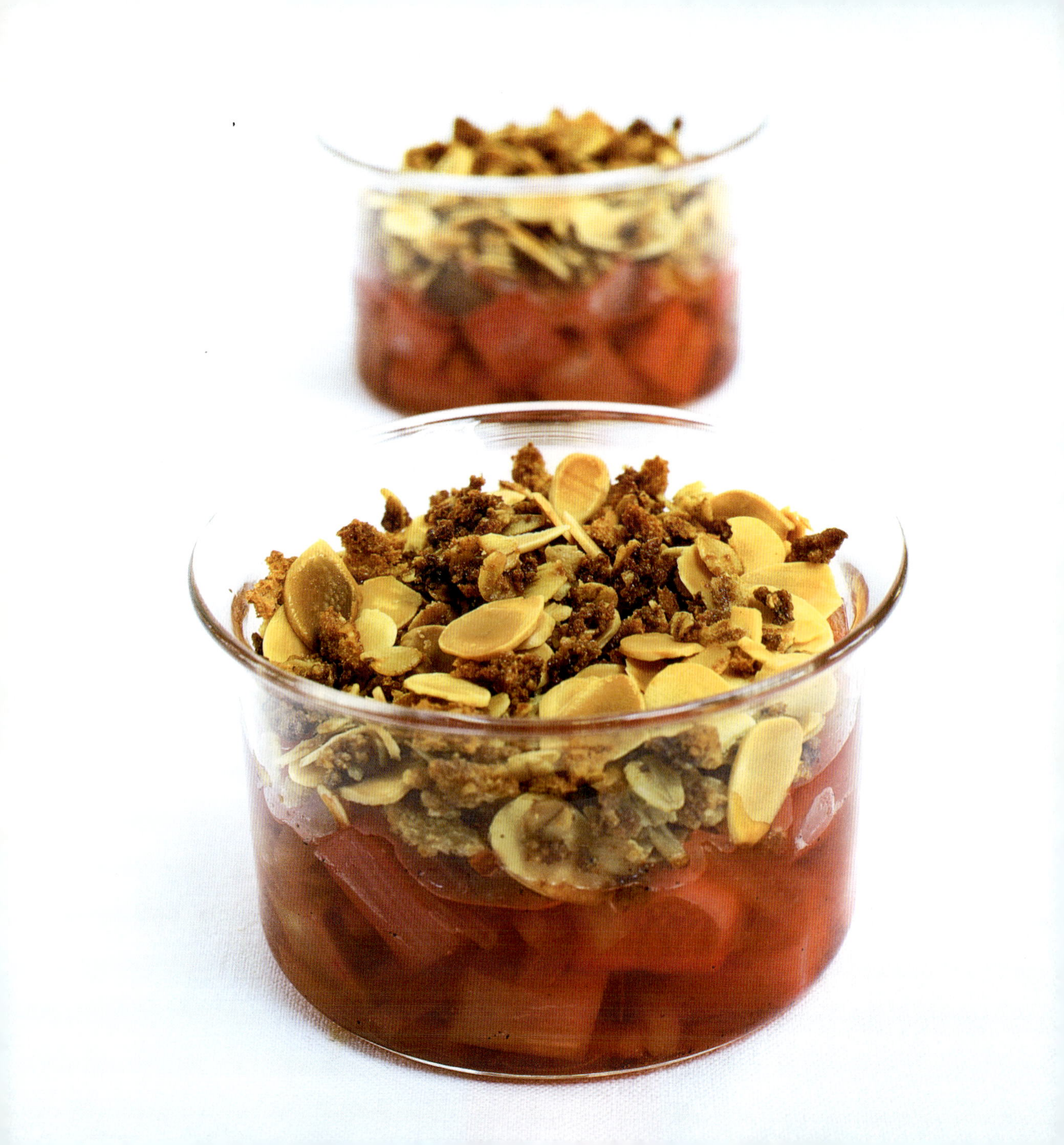

これは厳密にはクランブルとは言えませんが、トッピングがパリパリとしてとてもおいしいプディングです。特にしょうがが好きでなければ、代わりにオレンジの皮を細かくすりおろして使ってもいいでしょう。しょうがもオレンジも、ルバーブとよく合います。

ルバーブクランブル
しょうがとバニラ添え

ルバーブ
（できれば軟化栽培のもの。
2cmに切る）
675g

しょうがの砂糖漬け（千切り）
3切れ

上白糖　115g

バニラビーンズ（種を取り出す）
1本

クランブルトッピング

アーモンド薄切り　85g

無塩バター　85g

パン粉　115g

ロールドオーツ　55g

ブラウンシュガー　55g

オーブン用耐熱容器
4個、あるいは浅めのオーブン皿

4人分

オーブンを200度に温めておく。ルバーブ、しょうが、上白糖、バニラビーンズ（種）をなべに入れて、弱火でルバーブから水分が出てルバーブがやわらかくなるまで煮る。オーブン用耐熱容器かオーブン皿に入れる。

クランブルトッピングを作る。アーモンド薄切りをフライパンに入れて弱火にかけ、かき混ぜながらほのかにキツネ色になるまでから炒りする。焦げないように、よく気をつける。フライパンから取り出す。

同じフライパンにバターを入れて火にかけ、バターを溶かす。パン粉、ロールドオーツ、ブラウンシュガーを加える。火を強めて常にかき混ぜながら、パン粉とロールドオーツがカラメルに覆われ、一つ一つ分かれた状態になるまでさっと炒める。フライパンから取り出してアーモンド薄切りに加える。

ルバーブの上に、周囲から中心に向けてクランブルトッピングをのせ、しっかりと押さえる。予熱したオーブンに入れ、表面がキツネ色にパリッとなるまで10分ほど焼く（軟化栽培ルバーブは大変やわらかいので、これで火が通る）。

ネクタリンタルト

さくさくした甘いペストリー生地とジューシーなネクタリンが、素晴らしいおいしさのタルトです。秋には、ネクタリンの代わりにプラムを使ってもおいしくできます。

薄力粉　240gと打ち粉用
バター(やわらかくして小さく切る)　250g
粉砂糖　100gと飾り用
卵黄　2-3個
ネクタリンあるいは桃　1.25kg
バニラアイスクリーム、グリークヨーグルト(伝統的なギリシャ製法で作られた水を切った濃いヨーグルト)とはちみつ、あるいはクレームフレッシュ 仕上げ用

底取タルト型(20cm)

6-8人分

薄力粉、バター、粉砂糖をフードプロセッサーに入れ、パン粉のようになるまでかける。卵黄を加え、生地がひとまとまりになるまで再度フードプロセッサーにかける。生地をラップで包み、30分以上冷蔵庫で冷やす。

オーブンを190度に温めておく。生地をさっとこねてやわらかくし、軽く打ち粉をしたところに生地を置いてタルト型の底より5cm以上大きな円に伸ばす。

生地をめん棒にかけるようにして気をつけて持ち上げ、タルト型にのせる。空気が入らないように注意して、生地をタルト型に押し込む。破れやすいので、気をつける。できるだけタルト型全部に生地がいきわたるようにし、足りないところは余った生地で埋める。よく切れるナイフで、タルト型から出た生地を切り取る。冷蔵庫で15分冷やす。

ネクタリンあるいは桃を半分に切り、種をねじり取ってスライスする。冷やしたタルト生地を冷蔵庫から出し、ネクタリンを周囲から丸く飾る。

予熱したオーブンで30分焼き、オーブンの温度を150度に下げて、ネクタリンがやわらかくなってキツネ色になりタルト生地がかりっとなるまで、さらに40分焼く。

焼き上がったタルトに粉砂糖を振る。熱いうちに、あるいは冷やして、バニラアイスクリーム、はちみつとグリークヨーグルト、あるいはクレームフレッシュを添えて出す。

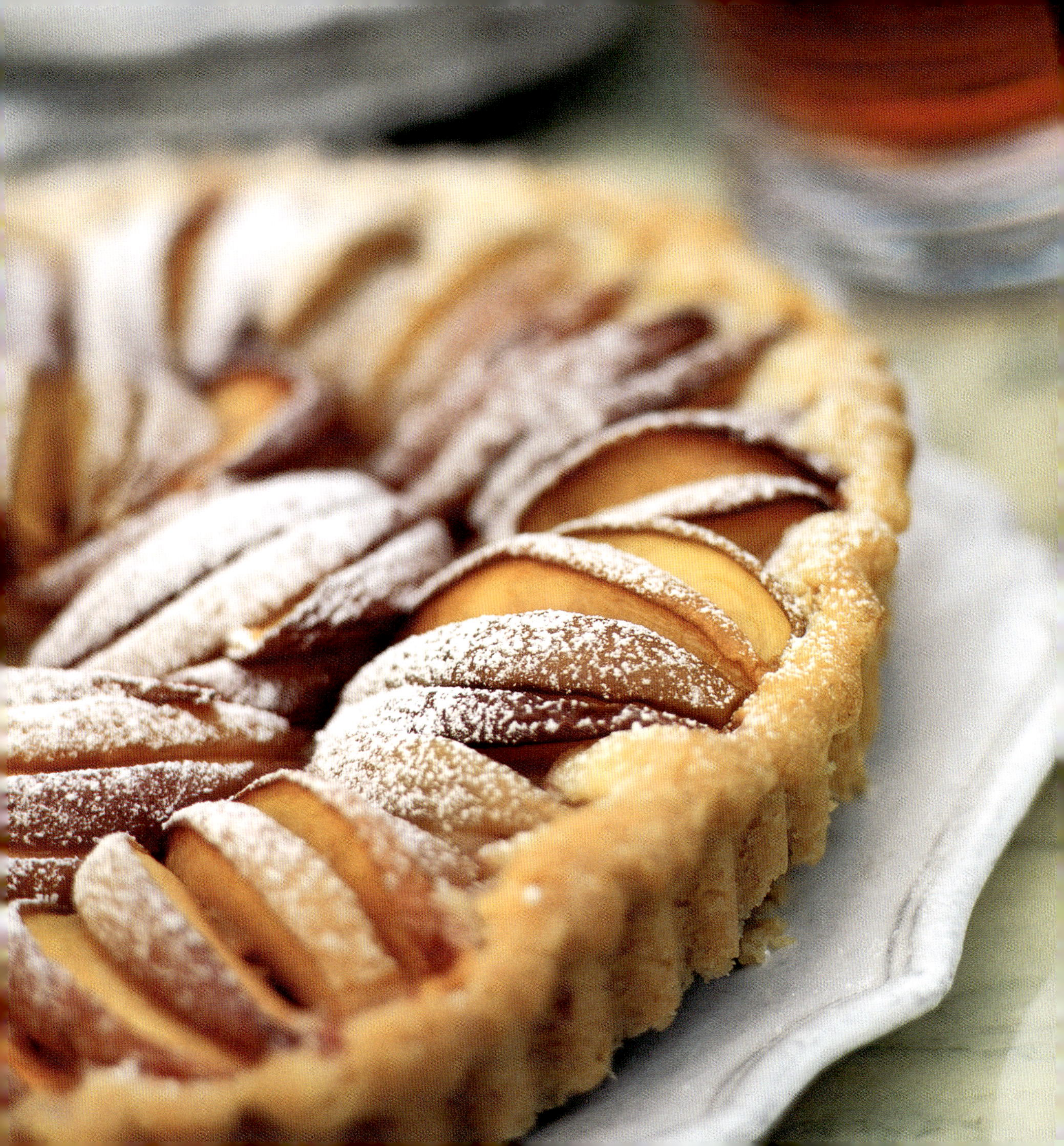

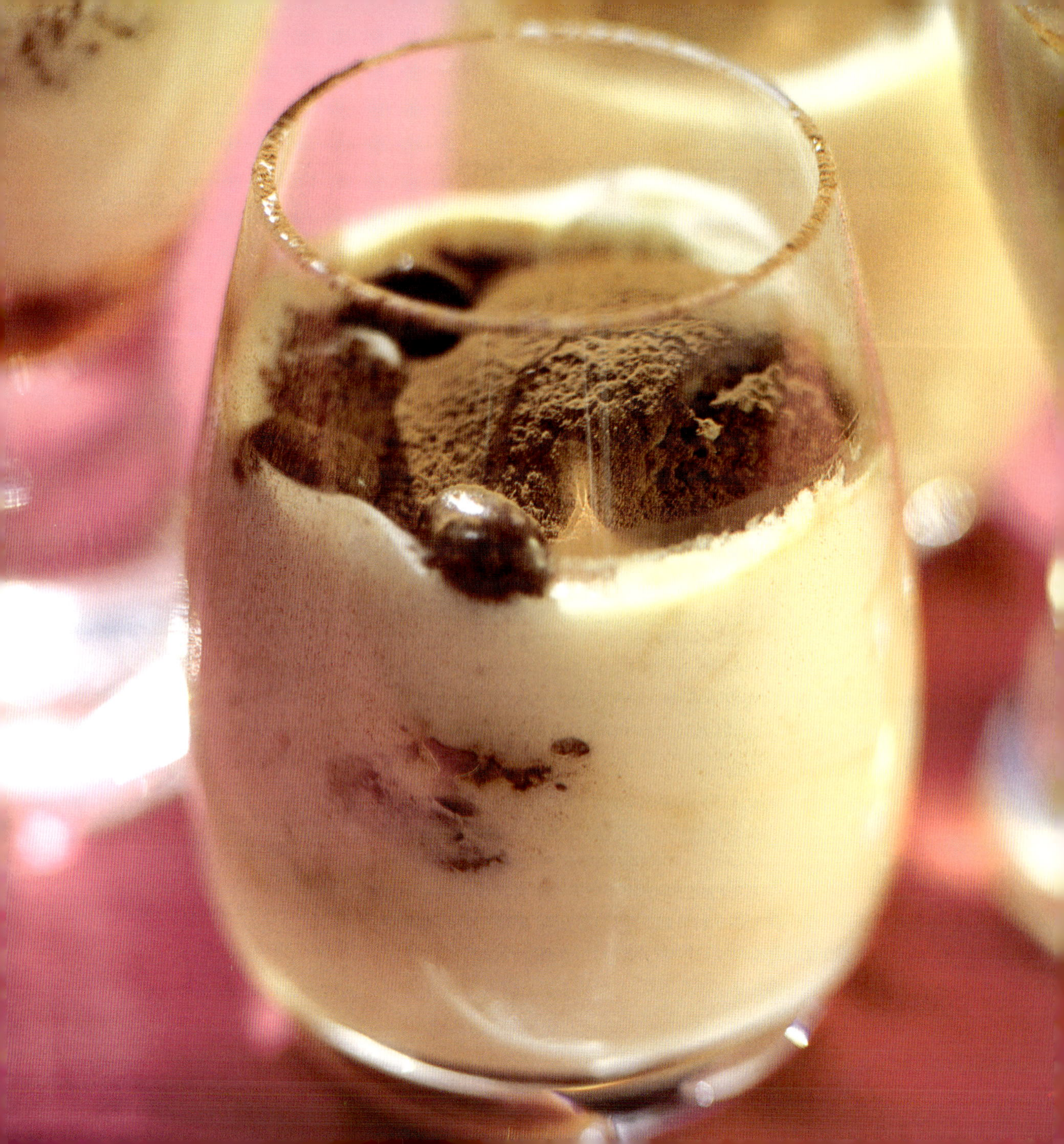

誰にでもあっという間に作れるティラミスは、大人数に出すデザートとしてはぴったりです。前もって作っておくことができ、火を使う必要もなく、その上とてもおいしく皆に喜ばれます。それぞれグラスに入れて作ってもいいし、大きな器に入れて作ってもいいでしょう。

ティラミス

アマレッティビスケット
(砕く。入手できない場合は
フィンガービスケットで代用)
50g

カルーア(コーヒーリキュール)
200cc

ブランデー　大さじ6

濃いブラックコーヒー　100cc

マスカルポーネチーズ　1kg

卵(卵白と卵黄に分ける)　8個

上白糖(ふるいにかける)　100g

ダークチョコレート(おろす)
250g、あるいは
ココアパウダー　大さじ4

グラス20個あるいは大きな器

20人分

砕いたアマレッティビスケットの¼をグラス、あるいは器の底に敷く。カルーア、ブランデー、コーヒーを小さめのボウルに入れて混ぜ、その¼をアマレッティビスケットを入れたグラス、あるいは器に注ぐ。

マスカルポーネチーズ、卵黄、上白糖をボウルに入れ、均一になめらかになるまで泡立て器で混ぜる。別のボウルに卵白を入れ、しっかり泡立てたら、マスカルポーネチーズに切るようにして混ぜ込む。

この¼をグラスのビスケットの上に入れる。ビスケット、カルーア、マスカルポーネチーズと層にして入れるのを後3回繰り返す。

一番上の層のマスカルポーネチーズの上に、チョコレートあるいはココアパウダーを振りかけ、一晩冷蔵庫で冷やす。冷たいまま、あるいは室温に戻して出す。

ホットチョコレート・コーヒープディング

インスタントコーヒー　小さじ1
バター　175g
砂糖(できれば未精製のもの)
175g
卵(大きめのもの)　2個
セルフレージング粉
(ベーキングパウダー、食塩などの入った小麦粉。入手できない場合はホットケーキミックスで代用)
225g
ココアパウダー　50g
牛乳　適量
生クリーム
(乳脂肪分の低いものを選ぶ)
仕上げ用

チョコレートソース
チョコレート
(カカオ70%のもの。刻む)
100g
バター　100g
砂糖(できれば未精製のもの)
50g
生クリーム　200cc

プディング型
(1ℓサイズ。バターを塗る)

8人分

このプディングは、前もって作っておいて食べるときに温め直すことができます。チョコレートソースの材料は、よいものを使いましょう。濃厚でリッチでつややかで、お気に入りのソースとなるはずです。このソースは洋ナシのポシェやアイスクリーム、その他いろいろなプディングに添えてもいいでしょう。

インスタントコーヒーを小さめのカップに入れ、熱湯を小さじ1加えてかき混ぜ溶かす。プディング型が十分入るくらいのなべに、底から10cmくらいまで水を入れる。バターと砂糖をボウルに入れ、クリーム状になりふわりと白っぽくなるまで電動泡立て器でかき混ぜる。卵とコーヒーを加え、再び泡立てる。

セルフレージング粉とココアパウダーをふるいながら加え、大きめの金属スプーンで切るように混ぜる。生地が固すぎる場合には、牛乳を加える。バターを塗ったプディング型に入れ、バターを塗ったアルミホイルかクッキングシートをぴったりかぶせる。先の水を入れたなべにプディング型を入れ、ふたをして火にかける。沸騰したら火を弱めて1時間半火を通す。ときどき水の量を確かめ、必要なら水を足す。

チョコレートソースを作る。チョコレート、バター、砂糖、生クリームを小さめのなべに入れる。弱火にかけ、常にかき混ぜながらチョコレートを溶かす。火からおろす。

プディング型をなべから取り出し、プディングを大皿に出す。熱いうちに、あるいは少し温かいくらいの状態で、チョコレートソースと生クリームを添えて出す。

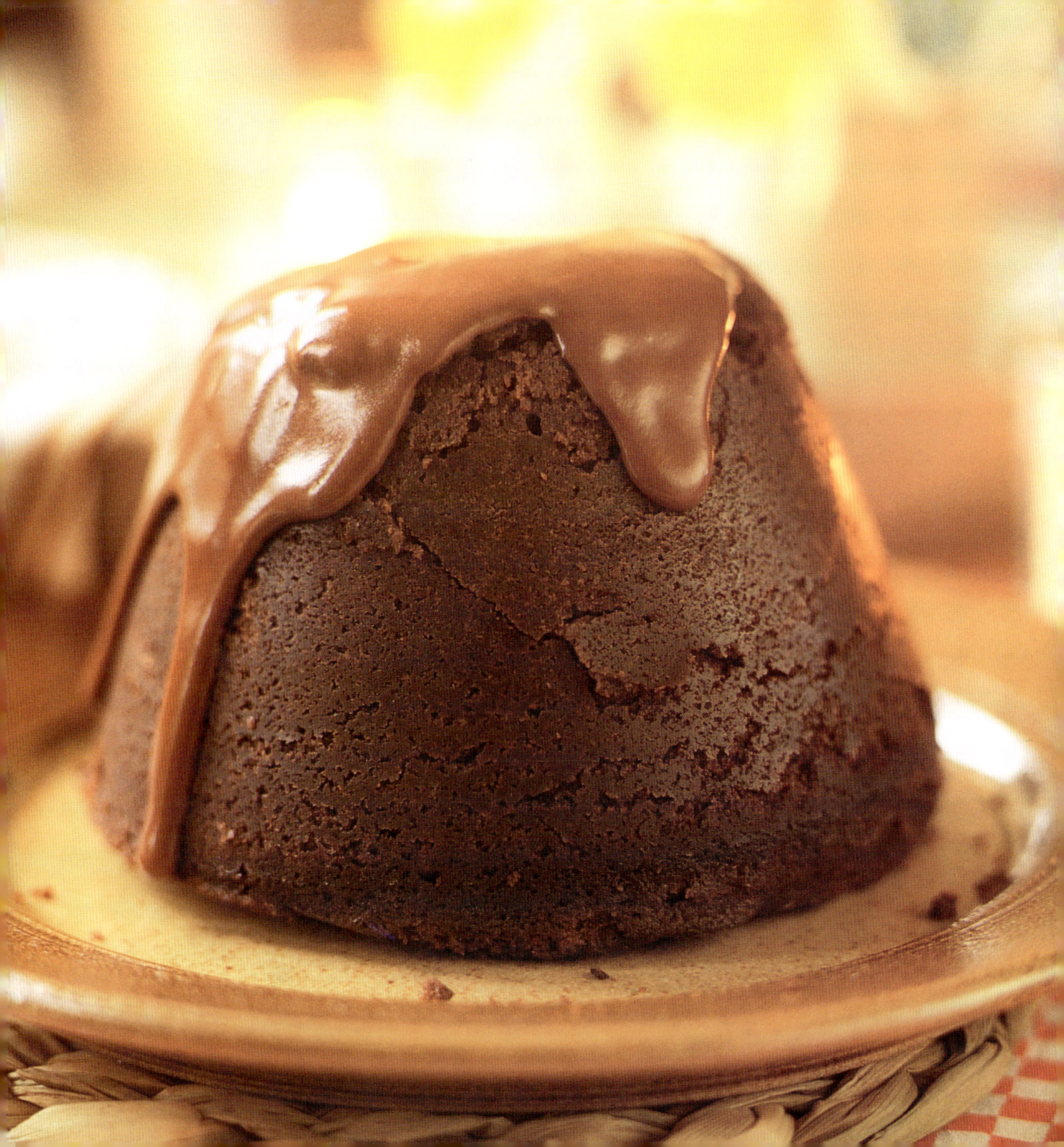

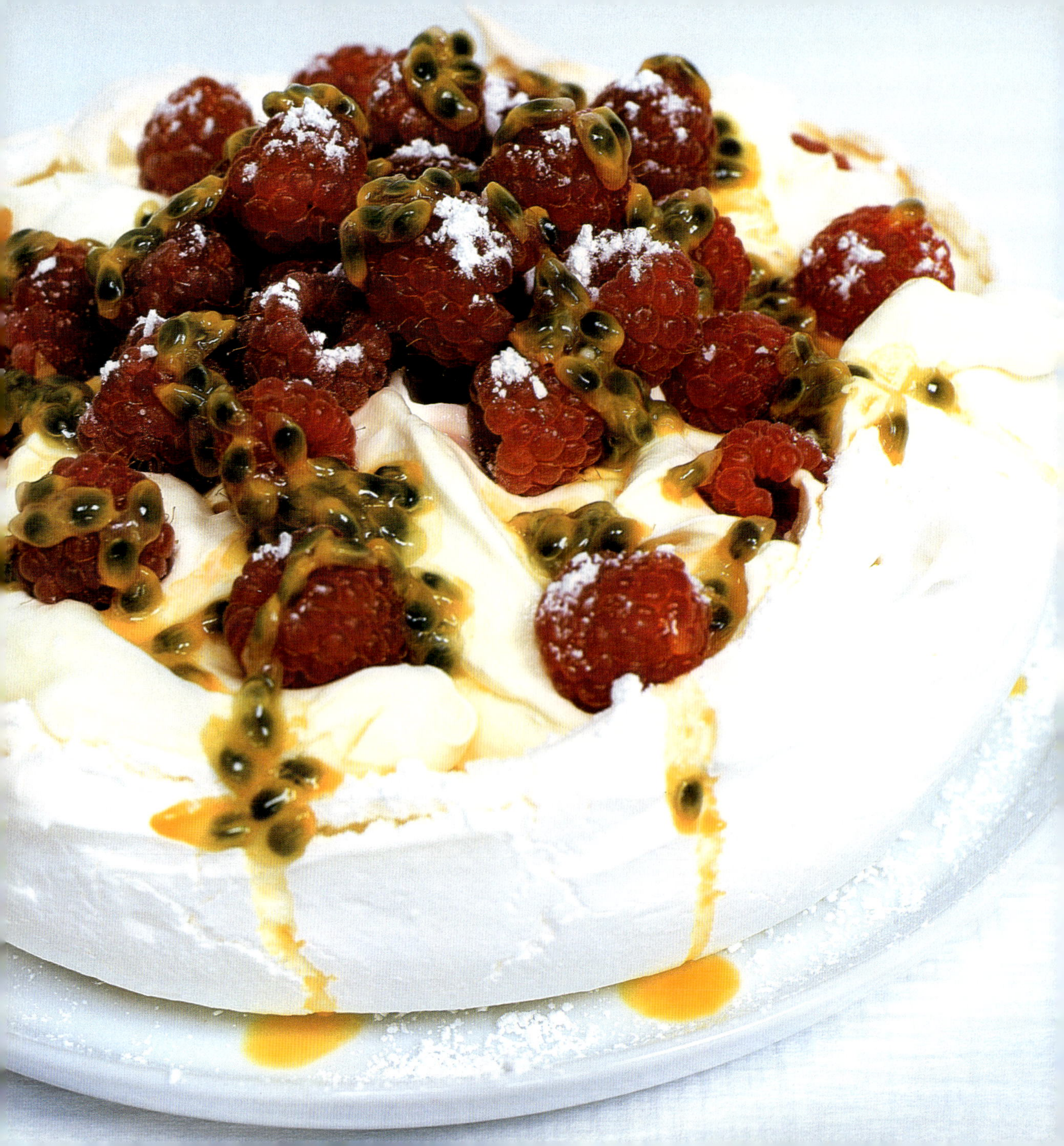

とてもぜいたくなデザートで、メレンゲの甘さとフルーツのシャープさがうまくマッチしています。いろいろな種類のフルーツを使ってみるのもいいでしょう。

ラズベリーとパッションフルーツのパブロバ

卵白(大きめの卵) 4個
塩 ひとつまみ
上白糖 375g
砂糖 大さじ1
コーンスターチ 大さじ1
レモン(絞り汁) 小さじ2
ミント(仕上げ用。なくてもよい) 適量

フィリング
生クリーム(泡立てる) 300cc
ラズベリー 300g
パッションフルーツ 3-4個

**ラズベリーピューレ
(なくてもよい)**
ラズベリー 300g
粉砂糖(ふるう) 大さじ1-2

天板
(クッキングシートを敷いて
コーンスターチを振る)

6-8人分

オーブンを120度に温めておく。卵白と塩を大きめのボウルに入れ、電動泡立て器でしっかり泡立てる。上白糖の2/3を少しずつ加える。加えるたびにメレンゲがつやつやするまで、しっかり泡立てる。残りの上白糖も加え、泡立てる。

砂糖とコーンスターチを、一緒に小さめのボウルにふるい入れる。半量をメレンゲに加えて切るように混ぜ、レモン汁を小さじ1加える。残りの半量も加え、レモン汁小さじ1も加えて切るように混ぜる。

メレンゲの半量をクッキングシートを敷いた天板に入れ、直径18cmの円筒に伸ばす。上面、側面をならす。残りのメレンゲを円の周囲に広げ、メレンゲの周囲の部分が6cm厚さになるようにする。

予熱したオーブンで1時間から1時間15分焼く。オーブンから取り出して、冷ます。オーブンを切って、冷めるまでメレンゲをオーブンの中に入れたままにしておいてもよい。このほうが、メレンゲが割れにくい。

ラズベリーピューレを作る。ラズベリーをフォークかハンドミキサーを使ってつぶし、ざるに入れてこしてピューレ状にする。種は捨てる。粉砂糖を加え、甘く味付けする。

パブロバ(メレンゲを焼いたもの)が冷めれば、クッキングシートをパブロバごとはずしてパブロバを盛り付け皿に出す。中央に泡立てた生クリームを入れ、その上にラズベリーを飾る。パッションフルーツを半分に切り、果肉と種をすくいだしてラズベリーの上にかける。使う場合は上にミントを飾り、ラズベリーピューレをかけて出す。

子どもが食べる典型的なプディング、そして確かにほっとする味です。簡単に作れるデザートですが、このレシピのように表面をキャラメルでコーティングしてあると、おしゃれなディナーパーティーにも出せます。

ライスプディング
キャラメライズドパイナップルとバナナ添え

無塩バター 25g
上白糖 大さじ1と飾り用
リゾット用米
（ヴィアローネナノ、カルナローリ、アルボリオなど）
75g
牛乳 500cc
生クリーム
（乳脂肪分の低いものを選ぶ）
250cc
レモンの皮 1切れ
塩 ひとつまみ
バニラビーンズ（半分に裂く） 1本
パイナップル 4切れ（厚切り）
バナナ 2本
粉砂糖 適量

プリン型（大きめのもの） 4個
竹串（水に20分つけておく） 8本

4人分

オーブンを140度に温めておく。バターと上白糖をなべに入れて火にかけ、ふつふつと泡立ってきたらリゾット用米を入れる。米がつやつやとしてくるまで、混ぜる。別のなべに牛乳を入れて火にかけ、沸騰したら、よくかき混ぜながら少しずつ米を加える。生クリーム、レモンの皮、塩を加える。

バニラビーンズの種を取って米に加え、さやも加える。沸騰直前になったら火からおろし、深めののオーブン用耐熱皿に入れる。プディングの表面が焦げないようにクッキングシートをかぶせ、予熱したオーブンで2時間から2時間半、クリーミーでもったりとした状態になるまで焼く。

オーブンから出して、レモンの皮とバニラビーンズのさやを取り出す。プディングをプリン型に分け入れ、少し冷ます。

パイナップルとバナナを同じ大きさに切りそろえ、竹串に刺す。串に刺したパイナップルとバナナに粉砂糖を振りかけ、熱くしたグリルかブロートーチで表面を焼く。

プディングに粉砂糖と上白糖をたっぷり振りかけ、熱くしたグリルかブロートーチで表面を焼く。少し冷まし、キャラメライズドフルーツを添えて出す。

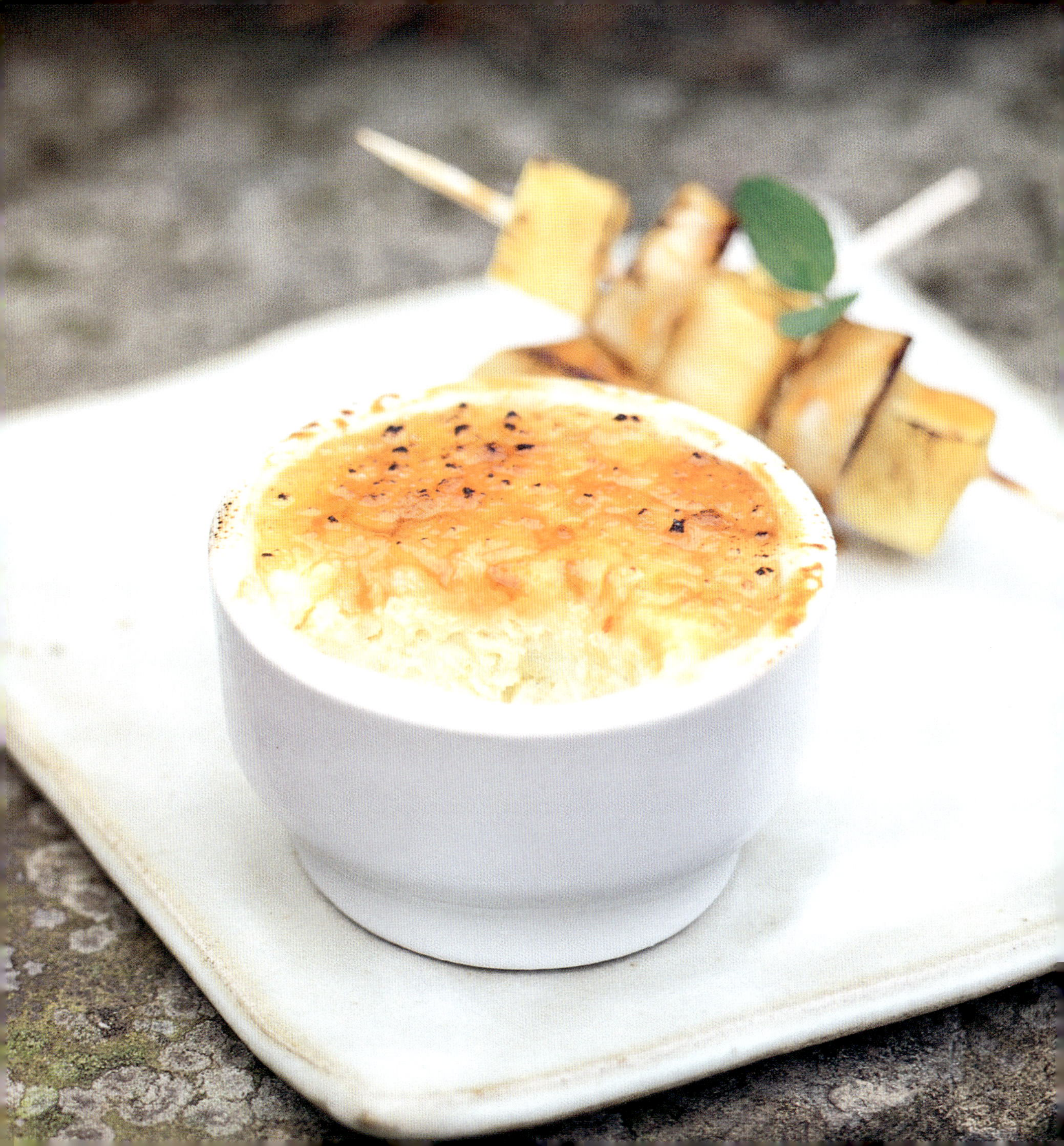

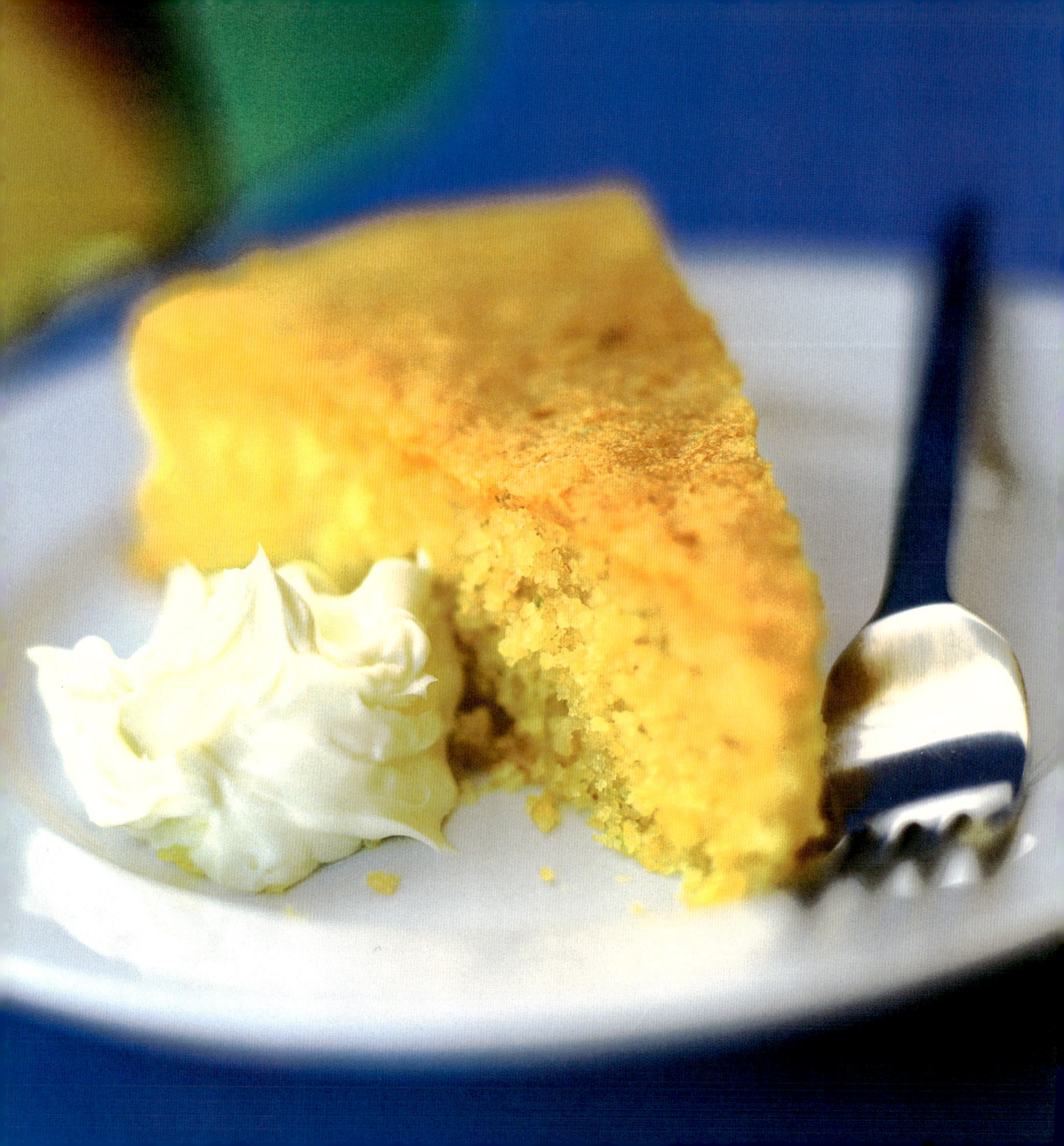

ライムポレンタケーキ

しっとりとおいしいプディングで、ライムがピリッと効いています。マスカルポーネチーズではなく、アイスクリームを添えて食べてもいいでしょう。ココナッツアイスクリームなら、ライムとの相性は抜群です。

無塩バター　225g
上白糖　225g
卵（泡立て器で混ぜる）　3個
バニラエッセンス　小さじ½
アーモンドプードル　225g
ライム（皮のすりおろしと絞り汁）　3個
ポレンタ粉　115g
ベーキングパウダー　小さじ1
塩　ひとつまみ
マスカルポーネチーズ　仕上げ用

ライムクラスト
ライム（絞り汁）　2個
上白糖　大さじ3

底取ケーキ型
（直径25cmのもの。
バターを塗って粉をはたく）

8-10人分

オーブンを170度に温めておく。バターと上白糖を大きめのボウルに入れ、ふんわりと白っぽくなるまで電動泡立て器で混ぜる。卵を、よく混ぜながら少しずつ加える。バニラエッセンスとアーモンドプードルを加え、大きめの金属スプーンを使って混ぜる。ライムの皮のすりおろしと絞り汁、ポレンタ粉、ベーキングパウダー、塩を加えて、切るように混ぜる。

生地をケーキ型に流し込む。火が通りキツネ色になるまで、1時間15分ほどオーブンで焼く。

ライムクラストを作る。ライムの絞り汁と上白糖をボウルに入れ、よく混ぜる。

ケーキが焼けたら串でまんべんなく刺し、ライムクラストを注ぐ。ケーキ型の中に入れた状態のまま、15分冷ます。

型からケーキを取り出し、温かいうちに、あるいは完全に冷めてから出す。ケーキをスライスして、マスカルポーネチーズを添える。

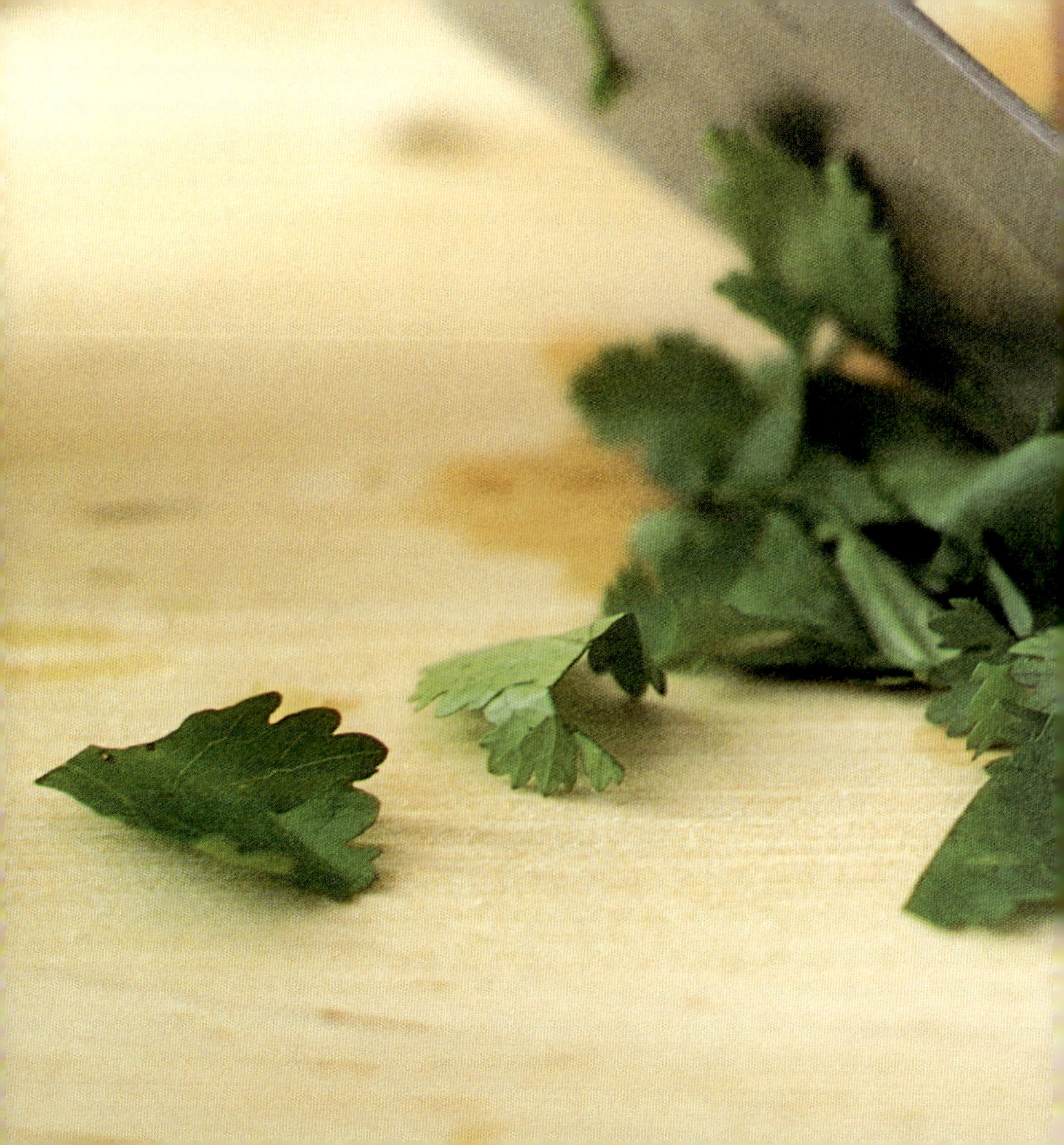

基本のレシピ

本格的でおいしいピザ生地を作りたければ、スーパーファインデュラム粉"00"を使いましょう。手に入らなければ、強力粉を使います。刻みハーブやおろしチーズを生地に加えるレシピもありますが、生地をシンプルにしておくほうがトッピングがきわだちます。

基本のピザ生地

Tipo "00"あるいは強力粉
250gと打ち粉用
食卓塩　小さじ½
ドライイースト　7g
オリーブオイル　大さじ2
ぬるま湯　125cc

4人分

粉、塩、ドライイーストを大きめのボウルに入れて混ぜ、中央をくぼませる。中央のくぼませたところにオリーブオイルとぬるま湯を注ぎ、徐々に粉と混ぜてやわらかな生地を作る。生地がくっつきすぎると感じる場合は少し粉を振ってもいいが、固くなりすぎないように気をつける。なめらかで成形しやすい生地を作る。

軽く打ち粉をしたところに生地を置き、必要であれば途中で粉を振りながら、生地がなめらかに伸びやかになるまで10分ほどこねる。

生地の表面にオリーブオイルを塗りつけ、生地をボウルに戻す。乾いたふきんをかけ、生地が2倍に膨れるまで1時間ほど置いておく。

軽く打ち粉をしたところに生地を置き、余分な空気が抜けるまで2分こねる。レシピに従って、生地を伸ばす。

ポレンタピザ生地

ポレンタピザ生地を作るには、50gのポレンタ粉あるいはコーンミールと200gのTipo "00"あるいは強力粉を使って、同様に作る。

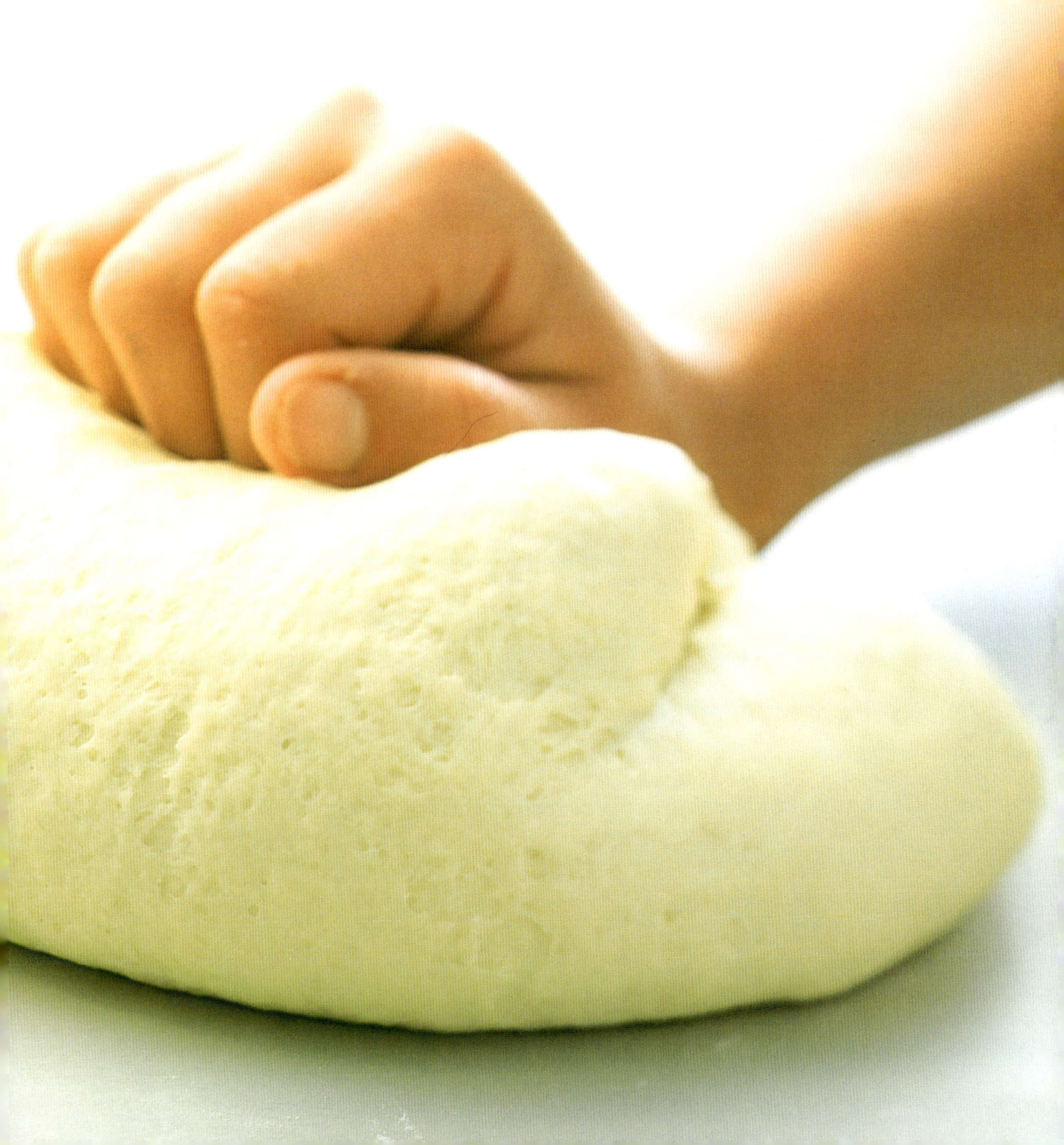

基本のトマトソース

オリーブオイル
大さじ1

エシャロット
(みじん切り) 1本

にんにく(みじん切り)
2かけ

ホールプラムトマト
(缶詰) 400g

ローズマリー
あるいはタイム 1枝、
あるいはオレガノ
(フリーズドライ)
ひとつまみ

砂糖 ひとつまみ

塩

黒こしょう(挽いて使う)

4人分

オリーブオイルを小さめのなべに入れ、火にかける。エシャロットとにんにくを加え、しんなりするまで3-4分炒める。トマトを木のスプーンでつぶしながら加える。ハーブを加え、砂糖、塩、こしょうで味付けする。

沸騰したら、ずらしてふたをする。ごく弱火にしてときどきかき混ぜ、スプーンの背でトマトをつぶしながら、ソースが深い赤色になってオイルがふつふつと表面に現れるまで30-60分煮る。

ハーブの枝が入っている場合は、取り出す。味を調え、少し冷ましてから使う。

このソースはシンプルで、ピザやパスタの基本ソースとして使うのにぴったりです。缶詰のトマトは、角切りのものではなくホールのタイプを選びましょう。ホールタイプのほうが、少し苦味があります。ソースは、30分以上煮込みましょう。濃厚さが増します。

ホットトマトソース

なめらかでつややかなトマトソースが、チリペッパーが入ることでピリッと引き締まります。この本にあるピザのレシピを作る際に、基本のトマトソースの代わりにこのソースを使ってみてください。バジルは入れるほうがいいですが、なくてもかまいません。

パッサータ、オリーブオイル、にんにく、バジル、ドライチリペッパー、砂糖をなべに入れ、塩、こしょうで味付けする。

火にかけ、沸騰したらずらしてふたをする。ごく弱火にしてときどきかき混ぜながら、ソースが深い赤色になってオイルがふつふつと表面に現れるまで30-60分煮る。

味を調え、ふたをして少し冷ましてから使う。

パッサータ
(裏ごししたトマトピューレ)
またはトマトピューレ 500g

オリーブオイル 大さじ2

にんにく(みじん切り) 2かけ

バジル(ちぎる) 6枚

クラッシュタイプの
ドライチリペッパー ひとつまみ

砂糖 小さじ¼

塩

黒こしょう(挽いて使う)

4-6人分

バジル入りトマトソース

夏には、生の完熟トマトで作ってください。ない場合は、プラムトマト缶を使いましょう。バジルは、2段階に分けて加えます。最初は味に深みを出すために、そして最後にもう1度バジルを入れることでフレッシュな香りを引き出します。パスタとおろしパルメザンチーズを添えて、出しましょう。

オリーブオイル　大さじ3
にんにく（みじん切り）　2かけ
エシャロット（みじん切り）　1本
バジル　25g
完熟トマト（角切り）　500g、
あるいはプラムトマト（缶詰）　400g
砂糖　ひとつまみ
塩
黒こしょう（挽いて使う）

4人分

なべにオリーブオイルを入れて火にかけ、エシャロット、にんにく、バジルの半量を加える。エシャロットがキツネ色になるまで、3-4分炒める。

トマトを加え、とろりと煮詰まるまでかき混ぜながら10分ほど煮る。砂糖、水100ccを加え、塩、こしょうで味付けする。

沸騰したらずらしてふたをし、とろ火にしてソースが深い赤色になりとろりと煮詰まって、オイルがふつふつと表面に現れるまで1時間煮る。

食べる直前に、残りのバジルをちぎりながらトマトソースに加える。

クリスピークラム

クリスピークラムは、トマトベースのパスタなら何にでもよく合います。

オリーブオイルを大さじ2-3フライパンに入れて火にかけ、生パン粉をひとつかみかふたつかみ、加える。強火でかき混ぜながら、キツネ色に焦げ色がつくまで炒める。小さめのパン粉はフライパンの底で焦げがちだが、それはかまわない。クラムが熱くジュッと音を立てているうちに、パスタの上にかける。

基本のバジルペースト

バジル　50g
松の実　大さじ2
にんにく　2かけ
オリーブオイル　大さじ2
バター（やわらかくする）　50g
パルメザンチーズ（おろす）　50g
黒こしょう（挽いて使う）

4人分

熱々のパスタやライス料理にのせたり、焼き野菜に添えたりしましょう。松の実をキツネ色になるまでフライパンでから炒りしてから使っても、また違ったおいしさのバジルペーストになります。

バジル、松の実、にんにくをフードプロセッサーに入れ、みじん切りの状態になるまでプロセッサーにかける。オリーブオイル、バター、パルメザンチーズ、こしょうを加え、全体が混ざるまでさっとプロセッサーにかける。

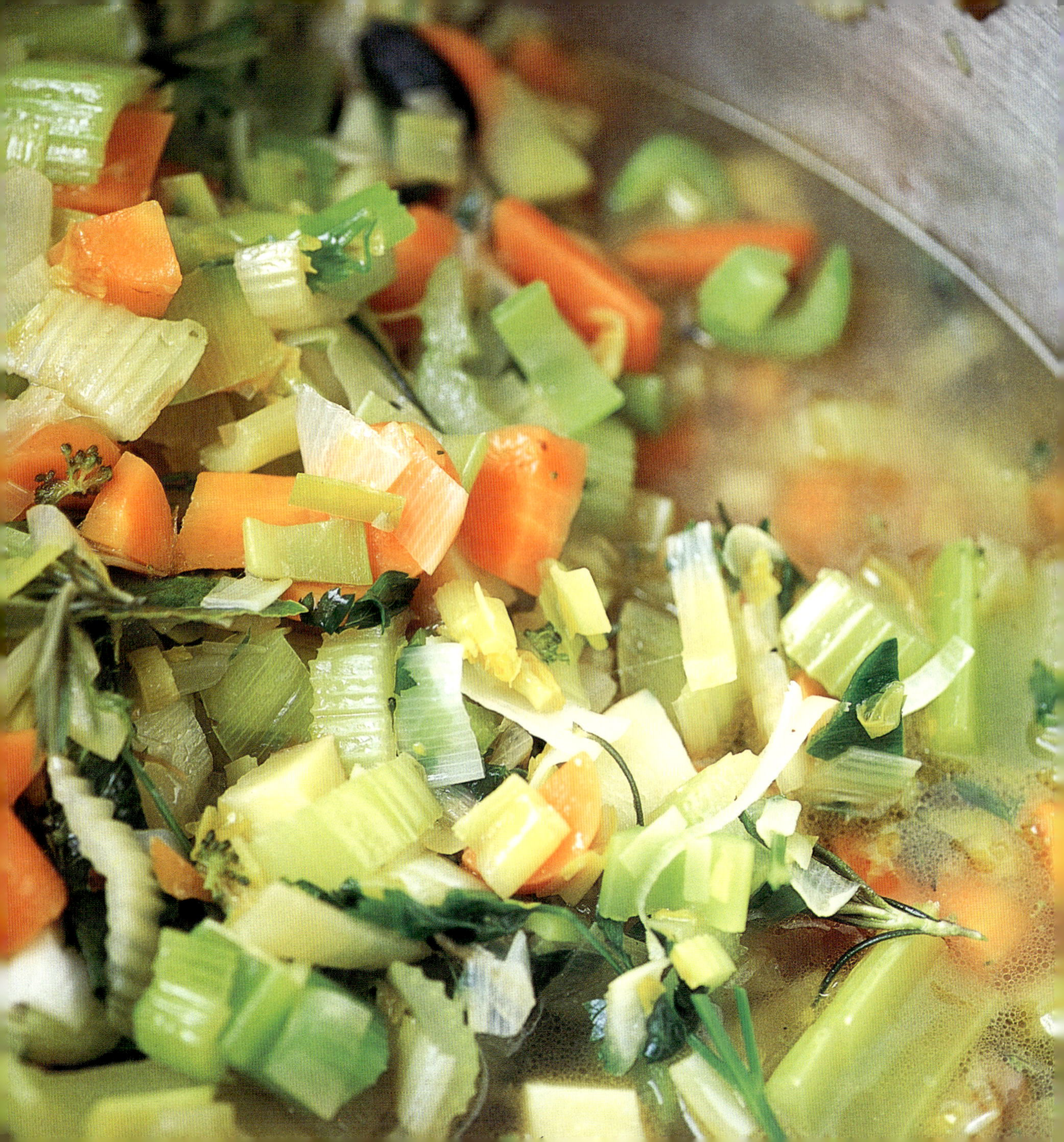

リゾットやスープを作るときには、できれば自家製野菜ストックを使うと風味がぐっとよくなります。家にある野菜を何でも使って、作りましょう。できたものは、冷蔵庫や冷凍庫で保存します。

野菜ストック

無塩バター　40g
オリーブオイル　大さじ1
にんにく(つぶす)　3かけ
たまねぎ
(大きめのもの。角切り)　1個
リーキ(角切り)　4本
にんじん(角切り)　2本
セロリ(角切り)　2本
フェンネル
(ウイキョウ。角切り)　1個
イタリアンパセリ
(ざく切り)　ひとつかみ
ローリエ(生)　4枚、
あるいはローリエ(乾燥)　2枚
タイム　2枝

約1000cc分

バターとオリーブオイルを大きめのしっかりしたなべに入れ、火にかけてバターを溶かす。にんにくを加えて2分炒め、次に残りの材料をすべて加えて、かき混ぜながらやわらかくなるまで炒める。焦げないように、気をつける。

水を3000cc加える。沸騰したら火を弱め、ふたをして1時間半煮込む。火を止めて、冷ます。

もう1度なべを火にかけ、15分煮る。ストックをこし、なべに戻す。野菜くずは捨てる。なべを火にかけ、ストックが半量になるまで強火で煮詰める。できあがった野菜ストックは、冷まして冷蔵庫で3日間保存できる。

ディジョンドレッシング

シンプルで、どんなサラダにもよく合います。いろいろと、アレンジしてみてください。たとえば、マスタードを粒マスタードに変えたり、白ワインビネガーではなくシェリー酒、サイダー、赤ワイン、酢などを使ってみてもいいでしょう。

ディジョンマスタード 大さじ1	ボウルに、ディジョンマスタード、白ワインビネガー、エクストラバージンオリーブオイル、にんにくを入れ、フォークか小さめの泡立て器で混ぜる。
白ワインビネガー 大さじ1	
エクストラバージンオリーブオイル 大さじ4	
にんにく(つぶす) 1かけ	
塩	
黒こしょう (挽いて使う)	なめらかになるように水を大さじ1-2加え、塩、こしょうで味付けする。
4人分	
	ドレッシングが残ったら、ねじぶたつきのびんに入れて冷蔵庫で保存する。

フレッシュ赤ピーマンジャム

パスタやトーストにのせ、チーズを削ったものを添えて食べましょう。

オリーブオイル
大さじ2

赤ピーマン
(半分に切って
種を取りみじん切り)
2個

黄ピーマン
(半分に切って
種を取りみじん切り)
2個

オレンジピーマン
(半分に切って
種を取りみじん切り)
2個

赤唐辛子
(半分に切って
種を取り斜め薄切り)
1本

にんにく(皮をむく)
2かけ

砂糖 大さじ1

レモン(半分に切る)
1個

塩

黒こしょう
(挽いて使う)

4人分

オリーブオイルを大きめのなべに入れ、火にかける。赤ピーマン、黄ピーマン、オレンジピーマン、赤唐辛子、にんにく、砂糖を加える。レモンを絞って絞り汁を加え、レモンも入れて混ぜる。

クッキングシートを折り曲げ、広げたものを濡らして、落としぶたにする。ふたをして、ピーマンがやわらかくなるまで弱火で35-40分煮る。落としぶたにしたクッキングシートを取り出し、火を強めて3-4分煮詰める。塩とこしょうで味付けし、火からおろす。冷めれば、消毒したびんに入れる。冷蔵庫で、1-2週間保存できる。

索引

あ

アーティチョーク
　アーティチョークとチーズのパイ
　　129
　アーティチョークリゾット　172
　バーベキューアーティチョーク
　　58
アーモンド
　ブルーベリーとアーモンドの
　　マフィン　14
　ライムポレンタケーキ　223
　ルバーブクランブル
　　しょうがとバニラ添え　211
　秋のゴートチーズラザニア　141
アスパラガス
　アスパラガスとローストピーマン
　　のサラダ　92
　ジンジャーアスパラガス
　　カシューナッツ入り　26
アペタイザーとスナック　25-59
アボカドとヒヨコ豆のサラダ　179
アマレッティビスケット
　ティラミス　215
エシャロット
　エシャロットジャム　57
　バシュランフォンデュ
　　キャラメライズドエシャロット
　　添え　82
オーツ
　シナモングラノーラ　10
　ルバーブクランブル
　　しょうがとバニラ添え　211
オリーブ
　ケッパーとオリーブの
　　シンプルスパゲティ　146
　トマトタプナードサラダ　111
　パンツァネッラ　104
オリーブオイル
　オリーブドレッシング　99
　クリスピークラム　231

か

カシューナッツ
　ジンジャーアスパラガス
　　カシューナッツ入り　26
　バターナッツかぼちゃと
　　カシューナッツのスープ　65
かぼちゃ
　かぼちゃと紫たまねぎの
　　トマトソース　190
　パンプキンリゾット　168
　ローストパンプキンのパスタ
　　セージ、レモン、モッツァレラ
　　バターあえ　145
カレー
　パースニップとバターナッツ
　　かぼちゃのカレー風味　193
　ヒヨコ豆と野菜のカレー　197
　レンズ豆とほうれんそうの
　　カレー風味　187
きぬさや
　豆とクスクスのサラダ　108
　豆とハーブのスープ　66
きのこのフリタータ　89
基本のピザ生地　226
クスクス
　ベジタブルクスクス　157
　豆とクスクスのサラダ　108
クリーミーチャイブドレッシング
　179
クリスピークラム　231
クレソンスープ　74
グラタン
　セージとりんご入り
　　ポテトグラタン　198
グレモラータ
　チーズとグレモラータの
　　カルツォーネ　123
ケッパー
　ケッパーとオリーブの
　　シンプルスパゲティ　146
　トマトタプナードサラダ　111
コーヒー
　ティラミス　215
　ホットチョコレート・
　　コーヒープディング　216
ココナッツミルク
　パースニップとバターナッツ
　　かぼちゃのカレー風味　193
コリアンダーマヨネーズ　54
根菜
　根菜スープ　69
　根菜チップス　54
　根菜の蒸し煮
　　ヒヨコ豆とタイム添え　202
根菜チップス　54
ゴートチーズ
　秋のゴートチーズラザニア
　　141
　クリーミーエッグ
　　ゴートチーズ添え　85
　たまねぎ、タイムと
　　ゴートチーズのパイ　126
　ビーツ、ゴートチーズと
　　松の実のサラダ　100
　ブルスケッタ
　　紫たまねぎマーマレードと
　　ゴートチーズのせ　50

さ

さつまいも
　根菜チップス　54
サラダ　91-112
　アスパラガスとローストピーマン
　　のサラダ　92
　アボカドとヒヨコ豆のサラダ
　　179
　いんげんとミントのサラダ
　　112
　きのこのサラダ　ビーツとしょう
　　があえ　95
　サラダリーフとハーブのサラダ
　　107
　白と緑のビーンズサラダ　180
　新じゃがのサラダ　ガスパチョド
　　レッシング　96
　トマト入りビーンズサラダ
　　176
　トマトタプナードサラダ　111
　なすのステーキ　フェタチーズ
　　サラダ添え　103
　パスタ、バターナッツかぼちゃと
　　フェタチーズのサラダ　99
　パンツァネッラ　104
　ヒヨコ豆、トマトと
　　赤ピーマンのサラダ　183
　ビーツ、ゴートチーズと
　　松の実のサラダ　100
　豆とクスクスのサラダ　108
　レンズ豆の地中海風
　　ホットサラダ　184
　サラダリーフとハーブのサラダ
　　107
シナモングラノーラ　10
シナモングラノーラ
　フレッシュフルーツ添え　10
しょうゆ
　ライスペーパー包み
　　しょうゆディップ添え33
白インゲン豆
　赤ピーマンと豆のスープ　73
　白と緑のビーンズサラダ　180
白と緑のビーンズサラダ　180
新じゃがのサラダ
　ガスパチョドレッシング　96
じゃがいも
　かぼちゃと紫たまねぎの
　　トマトソース　190
　新じゃがのサラダ
　　ガスパチョドレッシング　96
　セージとりんご入り
　　ポテトグラタン　198
　トマト入りビーンズサラダ
　　176
　ハーブポテトロスティ　115
　マッシュルームと
　　じゃがいものパイ　130
　モッツァレラチーズ　フェンネル
　　と新じゃが添え　38
ジンジャーアスパラガス
　カシューナッツ入り　26

236　索引

スープ　61-75
　赤ピーマンと豆のスープ　73
　クレソンスープ　74
　根菜スープ　69
　バターナッツかぼちゃと
　　カシューナッツのスープ　65
　パスタと豆のスープ　63
　豆とハーブのスープ　66
　ワイルドマッシュルームスープ
　　70
すいかとローズウォーターのサラダ
　208
スナップエンドウ
　豆とクスクスのサラダ　108
スパゲティ
　ケッパーとオリーブの
　　シンプルスパゲティ　146
　バジル入りトマトソース　230
ズッキーニ
　ズッキーニとチェダーチーズの
　　トースト　49
　ズッキーニとリコッタチーズの
　　リゾット　160
全粒粉
　粗挽き小麦
　　ベジタブルグーラッシュ
　　　レモンとクミンの粗挽き
　　　小麦添え　205
ソース
　基本のトマトソース　228
　基本のバジルペースト　231
　トマトソース　190
　バジル入りトマトソース　230
　ホットトマトソース　229
ソーダブレッド　134
そらまめ
　いんげんとミントのサラダ
　　112
　豆とクスクスのサラダ　108
　豆とハーブのスープ　66

た
ターキッシュブレッドトースト　45
タプナード
　トマトタプナードサラダ　111
卵
　きのこのフリタータ　89
　クリーミーエッグ

　ゴートチーズ添え　85
　ハーブオムレツ　22
　フィオレンティーナ　125
　ルッコラエッグ
　　サルサベルデ添え　86
たまねぎ
　かぼちゃと紫たまねぎの
　　トマトソース　190
　たまねぎ、タイムと
　　ゴートチーズのパイ　126
　紫たまねぎマーマレード　50
チーズ
　アーティチョークと
　　チーズのパイ　129
　アーティチョークリゾット　172
　赤ピーマンのチーズフォンデュ
　　81
　基本のバジルペースト　231
　3種のチーズのベイクドペンネ
　　142
　スタッフドピーマン　37
　ズッキーニとチェダーチーズの
　　トースト　49
　ズッキーニとリコッタチーズの
　　リゾット　160
　チーズとグレモラータの
　　カルツォーネ　123
　ティラミス　215
　トマトのモッツァレラチーズ焼き
　　41
　トマトリゾット　171
　なすのステーキ　フェタチーズ
　　サラダ添え　103
　ハニーローストピーチ　18
　バシュランフォンデュ
　　キャラメライズド・エシャロット
　　添え　82
　パスタ、バターナッツかぼちゃと
　　フェタチーズのサラダ　99
　パルメザンビスケット　190
　パンプキンリゾット　168
　フィオレンティーナ　125
　フォンドゥータ　78
　ベジタブルポレンタピザ　120
　ほうれんそうとリコッタチーズの
　　フィロ　30
　モッツァレラチーズ　フェンネル
　　と新じゃが添え　38

　モッツァレラチーズ入り
　　ベジタブルグラタン
　　オレガノ添え　194
　ライスコロッケ　163
　レンズ豆の地中海風
　　ホットサラダ　184
　ローストパンプキンのパスタ
　　セージ、レモン、モッツァレラ
　　バターあえ　145
チーズとグレモラータの
　カルツォーネ　123
チョコレート
　ティラミス　215
　ホットチョコレート・
　　コーヒープディング　216
ティラミス　215
テリヤキソース
　はちみつ入りテリヤキ
　　ベジタブル　201
ディジョンドレッシング　234
デザート　207-223
唐辛子
　赤ピーマンのチーズフォンデュ
　　81
　ターキッシュブレッドトースト
　　45
　バーベキューアーティチョーク
　　チリライムマヨネーズ添え
　　58
　ホットトマトソース　229
豆腐
　ひらたけとしいたけ、
　　豆腐のそば　149
トマト
　基本のトマトソース　228
　新じゃがのサラダ
　　ガスパチョドレッシング　96
　トマト入りビーンズサラダ
　　176
　トマトソース　190
　トマトタプナードサラダ　111
　トマトのモッツァレラチーズ焼き
　　41
　トマトリゾット　171
　バジル入りトマトソース　230
　パンツァネッラ　104
　ヒヨコ豆、トマトと
　　赤ピーマンのサラダ　183

　フレンチトーストの
　　フライドトマトのせ　21
　ホットトマトソース　229
　レンズ豆の地中海風
　　ホットサラダ　184
　トマト入りビーンズサラダ　176
　トマトのモッツァレラチーズ焼き
　　41
ドレッシング
　オリーブドレッシング　99
　クリーミーチャイブドレッシング
　　179
　ディジョンドレッシング　234
　ハニーレモンドレッシング　107

な
なすのステーキ　フェタチーズサラ
　ダ添え　103
ナッツ
　シナモングラノーラ　10
生クリーム
　はちみつとアーモンドのパンナ
　　コッタ　208
　ラズベリーとパッションフルーツ
　　のパブロバ　219
にんにく
　ガーリックブレッド　42
　ガーリックマヨネーズ　57
ヌードルマウンテン　154
ネクタリンタルト　212

は
ハーブオムレツ　22
ハーブポテトロスティ　115
はちみつ
　はちみつ入りテリヤキ
　　ベジタブル　201
　はちみつとアーモンドの
　　パンナコッタ　208
　ハニーレモンドレッシング　107
　ハニーローストピーチ　18
はちみつとアーモンドの
　パンナコッタ　208
ハニーローストピーチ　18
ハリッサ
　ターキッシュブレッドトースト
　　45

索　引　**237**

バーベキューアーティチョーク 58
バシュランフォンデュ
　キャラメライズドエシャロット添え 82
バジル
　基本のバジルペースト 231
　バジル入りトマトソース 230
バター入りほうれんそうの
　マッシュキャロットあえ 116
バタートースト
　マッシュルームのせ 46
バターナッツかぼちゃ
　かぼちゃと紫たまねぎの
　　トマトソース 190
　バターナッツかぼちゃと
　　カシューナッツのスープ 65
　パースニップとバターナッツ
　　かぼちゃのカレー風味 193
　パスタ、バターナッツかぼちゃと
　　フェタチーズのサラダ 99
バナナ
　ライスプディング
　　キャラメライズドパイナップル
　　とバナナ添え 220
パースニップ
　根菜スープ 69
　根菜チップス 54
　パースニップとバターナッツ
　　かぼちゃのカレー風味 193
パースニップとバターナッツ
　かぼちゃのカレー風味 193
パイ
　アーティチョークとチーズの
　　パイ 129
　たまねぎ、タイムと
　　ゴートチーズのパイ 126
パスタ
　秋のゴートチーズラザニア 141
　基本のバジルペースト 231
　ケイパーとオリーブの
　　シンプルスパゲティ 146
　3種のチーズの
　　ベイクドペンネ 142
　バジル入りトマトソース 230

パスタ、バターナッツかぼちゃと
　フェタチーズのサラダ 99
パスタと豆のスープ 63
ブロッコリーと松の実の
　ペーストパスタ 138
ローストパンプキンのパスタ
　セージ、レモン、モッツァレラ
　バターあえ 145
パルメザンビスケット 190
パン
　ガーリックブレッド 42
　クリスピークラム 231
　ズッキーニとチェダーチーズの
　　トースト 49
　ソーダブレッド 134
　ターキッシュブレッドトースト 45
　トマトタプナードサラダ 111
　バタートースト
　　マッシュルームのせ 46
　パンツァネッラ 104
　フォカッチャ 133
　フムス（ヒヨコ豆のペースト）と
　　サラダのフラットブレッド巻き 53
　フレンチトーストの
　　フライドトマトのせ 21
　ブルスケッタ　紫たまねぎマー
　　マレードとゴートチーズのせ 50
　メルバトースト 100
パンツァネッラ 104
パンプキンシード
　白と緑のビーンズサラダ 180
ヒヨコ豆
　アボカドとヒヨコ豆のサラダ 179
　かぼちゃと紫たまねぎのトマト
　　ソース 190
　根菜の蒸し煮　ヒヨコ豆とタイ
　　ム添え 202
　ヒヨコ豆、トマトと赤ピーマンの
　　サラダ 183
　ヒヨコ豆と野菜のカレー 197
　ベジタブルクスクス 157

ビーツ
　きのこのサラダ　ビーツと
　　しょうがあえ 95
　ビーツ、ゴートチーズと
　　松の実のサラダ 100
ビーンズ
　赤ピーマンと豆のスープ 73
　いんげんとミントのサラダ 112
　白と緑のビーンズサラダ 180
　トマト入りビーンズサラダ 176
　パスタと豆のスープ 63
　豆とクスクスのサラダ 108
ピーマン
　アーティチョークとチーズの
　　パイ 129
　赤ピーマンと豆のスープ 73
　赤ピーマンのチーズフォンデュ 81
　アスパラガスとローストピーマン
　　のサラダ 92
　スタッフドピーマン 37
　ヒヨコ豆、トマトと赤ピーマンの
　　サラダ 183
　フレッシュ赤ピーマンジャム 235
ピザ
　基本のピザ生地 226
　チーズとグレモラータの
　　カルツォーネ 123
　フィオレンティーナ 125
　ベジタブルポレンタピザ 120
フィオレンティーナ 125
フェンネル
　かぼちゃと紫たまねぎの
　　トマトソース 190
　ベイクドフェンネル
　　エシャロットとスパイシー
　　ドレッシング添え 34
　モッツァレラチーズ　フェンネル
　　と新じゃが添え 38
フォカッチャ 133
フォンデュ
　赤ピーマンのチーズフォンデュ 81

バシュランフォンデュ
　キャラメライズドエシャロット
　添え 82
フォンドゥータ 78
フムスとサラダのフラットブレッド
　巻き 53
フレッシュ赤ピーマンジャム 235
フレンチトーストフライドトマトのせ 21
ブラックベリーバターミルク
　パンケーキ 13
ブランチ 9-23
ブルーベリー
　ブラックベリーバターミルク
　　パンケーキ 13
　ブルーベリーとアーモンドの
　　マフィン 14
　ベリーのはちみつヨーグルト 17
ブルーベリーとアーモンドの
　マフィン 14
ブルスケッタ
　ブルスケッタ　紫たまねぎマー
　　マレードとゴートチーズのせ 50
ブロッコリーと松の実のペーストパ
　スタ 138
プディング
　ホットチョコレート・コーヒープ
　　ディング 216
ベジタブルグーラッシュ 205
ベリーのはちみつヨーグルト 17
ペースト
　基本のバジルペースト 231
　ブロッコリーと松の実の
　　ペーストパスタ 138
　ポートベロマッシュルームの
　　バジルペースト詰め 29
ペンネ
　3種のチーズのベイクドペンネ 142
　パスタ、バターナッツかぼちゃと
　　フェタチーズのサラダ 99
ほうれんそう
　アボカドとヒヨコ豆のサラダ 179

バター入りほうれんそうの
　　マッシュキャロットあえ　116
フィオレンティーナ　125
ほうれんそうとリコッタチーズの
　　フィロ　30
レンズ豆とほうれんそうの
　　カレー風味　187
ほうれんそうとリコッタチーズの
　　フィロ　30
ポレンタ
　ベジタブルポレンタピザ　120
　ポレンタピザ生地　226
　ライムポレンタケーキ　223

ま

マッシュルーム
　秋のゴートチーズラザニア
　　141
　きのこのサラダ　ビーツと
　　しょうがあえ　95
　きのこのフリータ　89
　スタッフドピーマン　37
　バタートースト
　　マッシュルームのせ　46
　ひらたけとしいたけ、
　　豆腐のそば　149
　ポートベロマッシュルームの
　　バジルペースト詰め　29
　マッシュルーム入り中華麺
　　153
　マッシュルームとじゃがいもの
　　パイ　130
　マッシュルームバーガー　57
　マッシュルームリゾット　164
　ワイルドマッシュルームスープ
　　70
マッシュルームとじゃがいもの
　　パイ　130
マッシュルームバーガー　57
松の実
　基本のバジルペースト　231
　ビーツ、ゴートチーズと
　　松の実のサラダ　100
　ブロッコリーと松の実の
　　ペーストパスタ　138
　ベジタブルクスクス　157

豆
　赤ピーマンと豆のスープ　73
　いんげんとミントのサラダ
　　112
　白と緑のビーンズサラダ　180
　豆とハーブのスープ　66
　豆とクスクスのサラダ　108
豆とクスクスのサラダ　108
マヨネーズ
　ガーリックマヨネーズ　57
　コリアンダーマヨネーズ　54
　チリライムマヨネーズ　58
メルバトースト　100
メレンゲ
　ラズベリーとパッション
　　フルーツのパブロバ　219
麺
　ヌードルマウンテン　154
　ひらたけとしいたけ、
　　豆腐のそば　149
　ベジタブル焼きそば　150
　マッシュルーム入り中華麺
　　153
モッツァレラチーズ　フェンネルと
　　新じゃが添え　38
もやし
　ヌードルマウンテン　154

や

野菜
　根菜の蒸し煮　ヒヨコ豆と
　　タイム添え　202
　はちみつ入り
　　テリヤキベジタブル　201
　ヒヨコ豆と野菜のカレー　197
　フォンドゥータ　78
　ベジタブルクスクス　157
　ベジタブルグーラッシュ
　　レモンとクミンの粗挽き小麦
　　添え　205
　ベジタブルポレンタピザ　120
　ベジタブル焼きそば　150
　マッシュルーム入り中華麺
　　153

モッツァレラチーズ入り
　ベジタブルグラタン
　オレガノ添え　194
野菜ストック　233
ライスペーパー包み
　しょうゆディップ添え　33
野菜ストック　233
ヨーグルト
　はちみつとアーモンドの
　　パンナコッタ　208
　ベリーのはちみつヨーグルト
　　17

ら

ライス　159-173
ライス
　ベイクドライス　167
　ライスコロッケ　163
　ライスプディング
　　キャラメライズドパイナップル
　　とバナナ添え220
ライスプディング
　キャラメライズドパイナップルと
　　バナナ添え　220
ライスペーパー包み
　しょうゆディップ添え　33
ライム
　チリライムマヨネーズ58
　ライムポレンタケーキ　223
ライムポレンタケーキ　223
ラザニア
　秋のゴートチーズラザニア
　　141
ラズベリーとパッションフルーツの
　　パブロバ　219
リゾット
　アーティチョークリゾット　172
　ズッキーニとリコッタチーズの
　　リゾット　160
　トマトリゾット　171
　パンプキンリゾット　168
　マッシュルームリゾット　164
りんご
　アップルバター　13
　セージとりんご入り
　　ポテトグラタン　198-9

ルタバガ
　根菜スープ　69
ルッコラエッグ
　サルサベルデ添え　86
ルバーブクランブル
　しょうがとバニラ添え　211
レモン
　ハニーレモンドレッシング　107
レンズ豆
　レンズ豆とほうれんそうの
　　カレー風味　187
　レンズ豆の地中海風
　　ホットサラダ　184
ローストパンプキンのパスタ
　セージ、レモン、
　モッツァレラバターあえ　145

わ

ワイン
　赤ピーマンのチーズフォンデュ
　　81
　トマトソース　190
　バシュランフォンデュ
　　キャラメライズドエシャロット
　　添え　82
　ベジタブルグーラッシュ
　　レモンとクミンの粗挽き小麦
　　添え　205
　モッツァレラチーズ入り
　　ベジタブルグラタン
　　オレガノ添え　194
ワンディッシュミール　189-205

索引　239

credits

Recipes

Tessa Bramley: pages 193, 194, 198, 202, 211, 219, 220

Ursula Ferrigno: pages 160, 163, 168, 171, 172, 233

Silvana Franco: pages 62, 120, 123, 125, 138, 142, 145, 226, 228, 229, 230, 231

Alastair Hendy: pages 29, 46, 95, 130, 141, 149

Louise Pickford: pages 10, 13, 14, 17, 18, 22, 57, 58, 85, 89, 99, 107, 126

Fiona Smith: pages 78, 81, 82

Fran Warde: pages 21, 26, 30, 33, 34, 37, 38, 41, 42, 45, 49, 53, 65, 66, 69, 74, 92, 100, 104, 108, 112, 116, 129, 133, 134, 150, 153, 154, 157, 164, 167, 176, 179, 180, 183, 184, 187, 190, 197, 208, 212, 215, 216

Lesley Waters: pages 50, 54, 70, 73, 86, 96, 103, 111, 115, 146, 201, 205, 223, 234, 235

Photographs

Peter Cassidy: Endpapers, pages 1, 2, 3, 4–5, 51, 55, 60–61, 71, 72, 87, 90–91, 97, 102, 105, 110, 114, 147, 200, 204, 222, 224–225, 234, 235

Christine Hanscomb: Pages 206–207, 210, 218

William Lingwood: Pages 62–63, 76–77, 79, 80, 82–83, 118–119, 121, 122–123, 124, 136–137, 138–139, 142–143, 144, 226–227, 228–229, 230–231

Jason Lowe: Pages 158–159, 161, 162, 168–169, 170, 173, 232–233

Craig Robertson: Pages 188–189, 192–193, 195, 198–199, 202–203, 221

Debi Treloar: Pages 6, 20, 24–25, 27, 31, 32, 35, 36, 39, 40, 43, 44, 48, 52, 64, 67, 68, 74, 93, 101, 109, 113, 117, 128, 132, 135, 151, 152, 155, 156, 165, 166, 177, 178, 181, 182, 185, 186, 191, 196, 209, 213, 214, 217

Ian Wallace: Pages 8–9, 11, 12, 15, 16, 19, 23, 56, 59, 84, 88, 98, 106, 127

Simon Walton: Pages 28, 47, 94, 131, 140, 148

Philip Webb: Pages 174–175

Easy Vegetarian
シンプルでおしゃれなレシピ
106ベジタリアン

発　　　行	2011年5月1日
発 行 者	平野　陽三
発 行 元	ガイアブックス
	〒169-0074 東京都新宿区北新宿3-14-8
	TEL.03(3366)1411　FAX.03(3366)3503
	http://www.gaiajapan.co.jp
発 売 元	産調出版株式会社

Copyright SUNCHOH SHUPPAN INC. JAPAN2011
ISBN978-4-88282-786-3 C2077
Printed in China

落丁本・乱丁本はお取り替えいたします。
本書を許可なく複製することは、かたくお断わりします。

著者：

テッサ・ブラムリー(Tessa Bramley)：イギリスのリッジウェイにあるミシュラン星付きのレストラン、オールドビカラッジのシェフであり経営者。イギリスでミシュランの星を持つ、唯一の女性シェフ。

アーシュラ・フェリグノ(Ursula Ferrigno)：才能ある料理人、フードライター、そして講師。ロンドンと母国のイタリアに居住。ロンドンとトスカーナで人気料理クラスを主催。

シルバナ・フランコ(Silvana Franco)：雑誌『Food and Travel』や『Ideal Home』にレシピを提供。BBCテレビの料理番組にも登場。

アラステア・ヘンディ(Alastair Hendy)：BBCの『Good Food』、ウェイトローズの『Food Illustrated』(現『Waitrose Kitchen』)、『Vogue Entertaining』などの雑誌にレシピを提供。テレビの料理番組にも登場。

ルイーズ・ピックフォード(Louise Pickford)：イギリス人フードライターで、現在はシドニーに在住。著書に10冊以上の料理集があり、『Food and Travel』などの雑誌にもレシピを提供。

フィオナ・スミス(Fiona Smith)：ニュージーランド出身のフードライター、フードスタイリストで、書籍、雑誌、広告、テレビなどを中心に現在はヨーロッパでも活躍。

フラン・ウォード(Fran Warde)：プロ料理人であり、イギリスで経営するレストラン、ケータリングサービスの成功で料理学校を設立。

レスリー・ウォーターズ(Lesley Waters)：イギリスで大変著名なテレビ番組シェフであり料理講師。リース・スクール・オブ・フード・アンド・ワインで主任講師を務めた後、BBCの『Ready Steady Cook』でテレビクッキングのスターに。

翻訳：

加野敬子(かの けいこ)：神戸大学教育学部英語科卒業。訳書に『自然(ナチュラル)ヨーガの哲学』『ワンランクアップシリーズ　実践　クリスタル』(いずれも産調出版)など。